本专著受上海市教师专业发展工程领导小组办公室资助

国际化：
让教育走向

GUOJIHUA RANG JIAOYU
ZOUXIANG ZHUOYUE

卓越

杨 龙◎著

上海教育出版社
SHANGHAI EDUCATIONAL
PUBLISHING HOUSE

目录 CONTENT

序一　　　　　　　　　　　　　　　　　　　　　　　/ 1

序二　　　　　　　　　　　　　　　　　　　　　　　/ 1

前言　　　　　　　　　　　　　　　　　　　　　　　/ 1

第一篇　国际化：学校的使命

第一部分　我校的社区环境及使命

我校的社区环境　　　　　　　　　　　　　　　　　/ 3

我校的使命　　　　　　　　　　　　　　　　　　　/ 6

第二部分　我校教育国际化的筹划

营造多元文化氛围　推进国际理解教育　　　　　　/ 11

基于"崇尚理性"学校文化系统的设计　　　　　　　/ 14

　　　附："崇尚理性"的学校文化系统　　　　　　/ 20

推进课程建设　提升办学品质　　　　　　　　　　/ 23

弘扬中华传统文化　培养学生地球公民意识　　　　　　　　/ 37

引领教师个性化发展　走"实践＋反思"之路　　　　　　/ 40

第二篇　外出学习:感受"陶森教育"

第一部分　专家报告

大卫·维克博士(Dr.David Vocke)的报告　　　　　　　/ 47

　　附:读《最棒的学校》"学业成就信念"有感　　　　　/ 49

莫丽·米博士(Dr.Molly Mee)的报告　　　　　　　　/ 52

　　附:美国初等教育学制　　　　　　　　　　　　　/ 52

史蒂芬·埃德加先生(Mr.Steve Edgar)的报告　　　　　/ 59

瑞·罗瑞恩博士(Dr.Ray Lorion)的报告　　　　　　　/ 62

迈克尔·希基博士(Dr.Michael Hickey)的报告　　　　　/ 65

　　附1:巴尔的摩公办学校校长助理(副校长)评价表(粉页纸)　/ 66

　　附2:教师评价表(黄页纸)　　　　　　　　　　　/ 67

布伦达·康利博士(Dr.Brenda Conley)的报告　　　　　/ 70

罗克斯·戴尔维克亚(Dr.Roxi Dellervechia)博士的报告　/ 75

　　附:教学菜单　　　　　　　　　　　　　　　　/ 82

罗恩·托马斯博士(Dr.Ron Thomas)的报告　　　　　　/ 84

简·纳布列斯博士(Dr.Jane Neopolitan)的报告　　　　　/ 88

杰克·科尔博士(Dr.Jack Cole)的报告　　　　　　　　/ 91

山姆·戴尔维克亚博士(Dr.Sam Dellervechia)的报告　　/ 95

第二部分　访问学校

访问贝丝托夫私立宗教学校(Beth Tfiloh Private Religious School)　/ 101

访问公办里奇利初中（Ridgely Middle School）　　　　　/ 104

访问公办帕克维尔中学（Parkville Middle School）　　　/ 111

访问公办温德森米尔中学（Windsor Mill Middle School）　　/ 119

　　　附1：学校学生每天的宣誓（承诺）内容　　　　　/ 123

　　　附2：关于创设良好的考试环境的规定　　　　　/ 123

访问公办战役纪念碑学校（Battle Monument School）　　/ 125

　　　附：学习美国特殊教育立法的感想　　　　　/ 129

访问公办川山高中（River Hill High School）　　　　　/ 131

访问公办陶森高中（Towson High School）　　　　　/ 138

访问公办纽敦高中（Newtown High School）　　　　　/ 143

访问公办东方科技高中（Eastern Technical High School）　　/ 148

访问公办赫里福德高中（Hereford High School）　　　　/ 151

访问公办邓多克高中（Dundalk High School）　　　　　/ 157

访问公办帕塔普斯克高中（Patapsco High School）　　　/ 164

拜访美国联邦教育部　　　　　/ 170

第三部分　学习沙龙

第一次学习沙龙　　　　　/ 174

第二次学习沙龙　　　　　/ 181

第三次学习沙龙　　　　　/ 187

第四次学习沙龙　　　　　/ 191

第五次学习沙龙　　　　　/ 194

第三篇 实践探索:提升学校教育品质

第一部分 学校文化建设

坚持文化立校与学校特色发展 / 199

基于"崇尚理性"学校文化的核心内容与标识 / 208

第二部分 学校多样化课程

基础型课程:课堂教学方式校本化的变革 / 211

拓展型课程:学生走班制的尝试 / 220

附:上海市进才实验中学拓展型课程方案(节选) / 223

探究型课程:学生学会自主探究 / 225

附:上海市进才实验中学探究型课程方案(节选) / 229

梦想课程:学生自信从容有尊严地成长 / 231

第三部分 发展国际理解教育

公办初中的国际视野 / 232

——杨龙、张文慧接受上海广播电台 990 成长热线主播旭东的专访

走上双语实践之路 / 242

D+T 友好学校发展计划 / 254

第四部分 组织国际交流

中外学生交流调研 / 258

难忘的巴黎之行　　　　　　　　　　　　　　　/ 261

　　——2013年上海市进才实验中学法语课程班师生赴法游学活动纪实

　　附:"中外学生交流"实施方案设计(法国方案)　　　/ 262

友好互访　促进友谊　　　　　　　　　　　　　/ 263

　　——记 2013 年法国德比西中学来访我校

中法学生共上一节剪纸课　　　　　　　　　　　/ 265

中外学生国际交流制度与管理机制研究　　　　　/ 266

　　附 1:上海市进才实验中学"中外学生国际交流管理制度"(节选) / 267

　　附 2:上海市进才实验中学"中外学生国际交流操作规程"　/ 269

　　附 3:上海市进才实验中学"国际交流应急处理规程"(略)　/ 270

　　附 4:上海市进才实验中学"学生国际交流文明礼仪规范"(节选)　/ 270

　　附 5:上海市进才实验中学"学生出国游学中介机构的遴选办法"(节选)

　　　　　　　　　　　　　　　　　　　　　　　/ 271

开展 PASCH 项目有关情况　　　　　　　　　　　/ 272

音乐无国界　友谊永流长　　　　　　　　　　　/ 275

　　——2013 年 4 月 26 日至 5 月 3 日在德国汉堡访问交流

第五部分　加强教师专业发展

把学校打造为成就教师的殿堂　　　　　　　　　/ 283

"新教师教育教学能力的规范化校本培训"方案　　/ 290

　　附:"新教师规范化校本培训课程的构建与实施"项目总结报告(节选)

　　　　　　　　　　　　　　　　　　　　　　　/ 297

第六部分　特长学生的培养

春雨润物细无声　艺术滋养育新人　　　　　　　　　／303

体教结合创新篇　培养体育特长生　　　　　　　　　／311

在生活中培育科技意识　在活动中促成能力提升　　　／316

搭建社团活动平台　展示学生个性特长　　　　　　　／321

后记　　　　　　　　　　　　　　　　　　　　　　／324

序　一

张人利[①]

二三十年前,中小学校长要出版一本书,实属是件不容易的事。然而,如今的情况完全不同了。有能力的校长出专著,即使出不了专著,也能以校长为"主编"出版书籍。曾有不少教育界同行问我:"出了这么多书,有人看吗?"甚至有人调侃道:"目前是作者人数大于读者。"今天,当我读了上海市进才实验中学校长杨龙的专著《国际化:让教育走向卓越》之后,充分认为:这书该写,它不是一所学校所经历一些有意义事情的简单堆积,也不是一些人云亦云的教育理念的再次重复,而是一位有自己教育追求的校长教育思想的升华,是一位勇于教育实践的校长迸发出的智慧凝练。这书该出,因为它值得一读。对于像我这样从事校长职务已二十余年的校长,不仅感到后生可畏,而且从书中确实读到了自己过去未曾思考、未曾实践的地方。对初任或从事校长不久的教育同仁,也许值得借鉴地方会更多。

书如其校,书如其人。从书中我们可以读到:

一位追求教育理想的校长

早在 20 世纪 80 年代,中国改革开放的总设计师邓小平对教育提出了"面向

[①] 上海市静安区教育学院附属学校校长,上海市静安区教育学院原院长。上海市特级校长。上海市第十一届、十二届人大代表。华东师范大学教师教育特聘教授,教育部中学校长培训中心兼职教授,上海市名校长培养基地、德育实训基地的主持人。

现代化,面向世界,面向未来"的中国教育改革的大方向。中国的发展,必须开放,教育是中国发展的重要组成部分,教育也必须开放。杨龙校长提出教育的国际化正符合这一大的教育发展方向。国际化,不仅包括中国的基础教育应该吸纳世界发达国家一些符合中国国情的先进教学理念、方式、方法,而且也包括中国的学生应该具备的国际视野。教育是面向未来的事业,今天的学生是我们国家的接班人和建设者,深化开放的中国,全球一体化的格局,他们必须面向世界,必须回答国际化的命题。

进才实验中学提出国际化,又有杨龙校长的现实依据。这所学校是一所公立初级中学,对口学生来自上海浦东陆家嘴旁的联洋国际社区,不但有本地和其他省市的学生,还有为数不少的外籍学生,以及港澳台学生,而且学生家长学历层次高,不少有国外学习、工作的经历。提出国际化,符合这所学校的实际需求。

国际化,杨龙校长对它有比较深入、全面的理解。从这所学校的培养目标看,学生以"诚信为本",具有"爱心"和"责任心",进才实验中学始终把立德放在首位,立德是树人的根本。培养学生追求"民族情结、国家情感、国际情怀"。国际情怀应在民族情结、国家情感的基础之上,民族情结、国家情感又是国际化的核心要素。正如一位在学术上颇有建树,回国参加祖国建设的科学家所说:"科学是没有国界的,但是科学家是有国籍的。"杨龙校长倡导的学校文化是"崇尚理性",如何放眼世界,如何看待发达国家?理性面对,实事求是。不放弃一切学习的机会,也不是一味地全盘接受。

书中有一定的篇幅在述释杨校长美国学习的经历,有专家的报告,有访问的学校,更有听后、观后的感想与提炼。目前,市区两级组织校长、教师出国考察、学习得真的不少。然而,这么认真的,也属不易。由此可见一斑,可以说杨校长是一位追求教育理想的校长。

一位致力于教育实践的校长

校长要把自己的教育理想演变成教育现实,一定是要有有效的途径。学校要决定的往往是两件最重要的事,即学生学什么?(或者教师教什么?)学生怎么学?(或者教师怎么教?)能回答这两个问题的就是学校的课程与教学。杨校长正是抓住了这有效的途径在逐步实现着自己的教育理想。

杨校长很明确,现代的学校将要从"课程管理"变成"课程领导",而且"课程领导"的主体不再是校长和个别行政人员的专利,教师同样有机会参与课程领导,每位教师都是有意义的课程建构者,都可以为课程问题的解决贡献智慧。因此,杨校长着力提升教师的专业化水平。从"新教师教育教学能力的规范化校本培训""打造成就教师的殿堂",引领教师个性发展,走有校本特色的"实践＋反思"之路。

进才实验中学精准地提出学校课程结构中的弊端,明确提出学科课程、分科课程、必修课程占据了绝对主导地位(经验课程、综合课程、选修课程明显不够),从而学校进行了结构性的调整,为学生的卓越发展奠定了基础。目前进才实验中学的探索性、实践性、综合性的校本课程的开设,及其开设后产生的优秀的成果已成为校长、教师引以为豪的学校发展特色。本人曾带领上海名校长培养基地的学员赴进才实验中学考察,杨校长安排的第一项活动就是看看他们的这些课程,我只能用"震撼"两字来描述,一所初级中学竟然可以提供给学生这么丰富多彩的学习课程!

进才实验中学的教育实践进入教育教学的核心领域——课堂,探索改进学生怎么学的重大问题。学校提出了"自主探索、合作学习"。无疑杨龙校长及他领导的教师团队抓住了课堂教学的根本:教学方式的转变。教学方式是一个教学"中位"层面的问题,上接教学理念,下联教学方法、手段等,教学方式的转变反映了教师教学行为的转变。同时,自主探索、小组合作又是一种非同步教学,班级授课制下的个别化教学,关注了学生的差异、学生的个性化发展。教学改革提高了教学效能,减轻了学生过重的学业负担,从而也使学生有更多的时间、空间投入自己喜欢的学习活动之中。

进才实验中学的国际交流也是理性的。感叹一所初级中学也能有自己学校的国际交流制度、规程、规范和活动方案等。"崇尚理性"浸润了学校各个领域，形成学校文化也很自然了。

　　仔细品味杨龙校长的实践过程，可以感受到他已把他的教育理想渗透在他的教育实践中，而每一项的教育实践又是他教育理想的反映。杨校长不仅是一位刻意追求教育理想的校长，一位致力于教育实践的校长，也是一位应该有成就感的校长。

　　校长的教育追求成就了学生的卓越发展。

序　二

Raymond P. Lorion，PhD[1]

Executive Director

Center for Application and Innovation Research in Education (CAIRE)

Towson University

In the interest of full disclosure, I should acknowledge from the outset that from 2004 to the recent past, I served as Dean of the College of Education and Professor of Instructional Leadership and Professional Development at Towson University in Towson, Maryland (United States). Effective July 1, 2015, I moved from Dean to focusing full-time as Executive Director of the Center for Application and Innovation Research in Education (CAIRE) at Towson University. Operating since 2010, CAIRE's primary responsibility has been to conduct formative and summative evaluations of Maryland's comprehensive approach to educational improvement with $250 million funding from the U. S. Department of Education. As explained below, both of these positions involved me directly in pursuit of Mr. Yanglong's goals in preparing this most enlightening volume! Both positions also linked me to his experiences at Towson University and at schools and school systems surrounding Towson University. For these reasons, I openly admit to a conflict of interest in discussing Mr.

---

[1]　陶森大学教育创新性研究及应用中心(CAIRE)执行理事

1

Yanglong's volume. I believe in the positions he advocates and fully support and admire his efforts to align his school specifically and the educational priorities of his province and nation with educational strategies that are contemporary, global and future-oriented.

Mr. Yanglong appears uniquely suited to author this volume. He is an experienced administrator of a middle-school that reflects the global reach and significance of Shanghai. His school exemplifies the cutting-edge educational approach advocated in this volume. Its student population is highly diverse and consequently contribute by their very presence to its defining emphasis on the development of a global perspective. Moreover, as a Principal of a Middle-School his educational program captures students at a critically significant developmental stage. The middle-school period coincides with the cognitive transition from concrete to formal operational thinking and with the emotional and behavioral transition that establishes one's identity as a productive individual capable of engaging other people and institutions in committed, intimate and sustained relationships. Middle school students are widely recognized by educators as among the most challenging and rewarding learners. They also represent those most prepared to grasp the excitement of contemporary opportunities for digital approaches to the acquisition of information and the adoption of 21st Century skills. By definition, they represent the nucleus of generational change. Exposing them to the educational perspective advocated in this volume creates the fertile grounds for accelerated local, national and global progress.

The author presents his vision for educational excellence systematically. The foundational experience on which he builds his perspective lies inthe ecology within which it has been nurtured, i.e., Shanghai Jingcai Experimental Middle School located within the Pudong New Area's Lian Yang international community. To understand the vision, readers are introduced to that unique setting. Its diversity and global nature gave rise to the author's appreciation of the implications of mining educational veins across the world. One assumes that the each classroom within this unique school both required and nurtured an international perspective in students, teachers and administrators. As noted, however, the richness of that perspective lies in its modified adoption to fit local needs; regional demands; and national goals and purposes. The volume speaks eloquently about using what is gained from the careful study and analysis of how educational methods and materials that emerge in other parts of the world are the raw material that can be (re)shaped to catalyze innovation in teaching and learning.

Towson University has a long and proud record of commitment to collaboratingwith educators and educational systems in China! For nearly two decades we have offered graduate programs in Shanghai that involve members of our faculty teaching in January and from mid-May through mid-August. Through these programs, Towson University's College of Education has been able to contribute to the professional development of Shanghai-based educators and instructional leaders. As Dean, I had the privilege of participating in the commencement ceremonies recognizing the completion of the curriculum and receipt of a Master's degree in secondary education from Towson University. Each of these visits allowed me the opportunity to visit local schools and interact with leaders of educational institutions such as the People's Educational Press and General Plan's initiatives. Through these meetings I learned of China's promising strategies to maximize learning and improve instruction. As I welcomed returning faculty from their teaching commitments in Shanghai, I heard directly of how much they had gained through their discussions with students and collaborations with Chinese educators and professors. Thus, as correctly described by Mr. Yanglong, such exchanges are highly reciprocal and beneficial to all who are involved.

For at least a decade, Towson University has also hosted visiting educational leaders and teachers on its campus. These visits were designed to offer visitors direct exposure to American instructional settings; chances for informal and formal discussions with faculty responsible for preparing teachers and principals; and conversational exchanges of American and Chinese educational philosophies; methods and promising innovations. In recent years, my role in these discussions has been to describe elements of Maryland's Race to the Top (RTTT) award from the U. S. Department of Education. Maryland received $250 million to support 54 projects directed by the Maryland State Department of Education (MSDE-approximately $125 million) and an additional 120 projects within local school systems (approximately $125 million). MSDE's projects were focused upon the following priorities: 1) new standards and assessments to increase the academic rigor of curriculum offerings across grades 1—12 to increase preparation of students for college and career success ; 2) new data systems that enable schools to track students across their educational experiences and into their careers and also to track the educational preparation of educators; 3) development of great teachers and leaders to enhance the instructional effectiveness of teachers and instructional leaders; and 4) turning around Maryland's lowest performing schools to reverse long-standing patterns of academic failure in urban and rural schools. For each project, the research center that I direct (CAIRE) was responsible for documenting the process and products resulting from funded activities; the extent to which the products were utilized and; finally the impact each product had on instruction and academic achievement.

In many respects, I sense that Mr. Yanglong's objective in writing this volumealigns closely with the RTTT goals, i.e., to create the conditions within which true academic innovation can occur that enhances the effectiveness of all teachers and the achievement of all learners. Like RTTT, this volume emphasizes the importance of rigorous standards whose application is consistent and whose consequences are measurable, sustainable and incremental. To accomplish that, one's perspective must be global and willing to identify; critically examine and adopt promising instructional strategies from across the world. One must also appreciate that contemporary learners have never lived without access to technology; to the world of knowledge; and consequently to methods for gathering information, processing its validity and applicability and thereby preparing oneself for 21st Century challenges. Today's student-learning experiences are quite different from their parents and even their teachers. Our educational methods must fit their lives rather than mirror the earlier experiences of those responsible for raising and teaching them!

The contents of this volume provide substantiveinsights into this emerging world of learning that characterizes contemporary teaching and learning. Building on its originating philosophy, the volume shares with its readers the substantive experiences from the author's studies abroad generally and at Towson University specifically as the foundation on which readers' will develop a rich understanding of the Shanghai Jingcai Experimental Middle School's approach to education. Examination of the contents of Chapter 3 of this volume reveals the author's recognition that educational advances require systematic and synergistic attention to multiple factors including the culture of the setting in which teaching and learning are to occur; the organization of the curriculum such that it allows students to gain developmentally appropriate knowledge, skills and attitudes that are both incremental and generate internally a hunger for further knowledge and personal development within both students and educators. Echoed throughout the volume is the critical importance of incorporating within all elements of the instructional program awareness that national boundaries are permeated by international access to knowledge and therefore of preparing students to wisely gather and process such information. To do so, requires the kinds of international linkages exemplified by the author's personal development as a teacher, scholar and educational innovator.

Creation of a learning environment in which 21st Century teaching and learning occurs requires institutional commitment to the continuing professional development of all involved in the design of curricula; the creation of lesson plans and instructional assignments and the continual motivation of young learners to feed their appetites for knowledge and their pursuit of self-development.

Thus, the volume makes clear the importance of continuing education for teachers but also the ongoing exchange of ideas between those who teach and those who learn; between educators and those segments of the economy who require a well-prepared workforce to remain competitive; and between those responsible for public education and those who support civic-minded and civil citizens.

All of the above elements are found within the pages of this volume. It is an important scholarly work of significant practical importance. It provides an understanding of contemporary education and a guide to future versions that will be required as we move year by year and decade by decade into the 21st Century.

自 2004 年始，我一直担任美国陶森大学教育和教学领导及职业发展学院的院长。2015 年 7 月 1 日，我又转而担任陶森大学教育创新性研究及应用中心（CAIRE）的全职执行理事。2010 年以来，该中心的主要职责是对由美国教育部拨款 2.5 亿美元的马里兰州教育发展综合措施进行过程性及总结性评估。杨龙先生曾在陶森大学进修并考察过周边的学校系统。因此我的这些职务和他这部富有创见的著作的准备工作直接相关。也正因为如此，我并不回避在对这部著作进行评论时所存在的利益冲突。我对他的观点予以肯定和支持，并对于将自己学校的发展和政府对教育的当务之急与面向未来的当代国际化教育战略相联系表示钦佩。

杨龙先生是本书的最佳作者。他是资深的中学管理者，从他身上折射出全球化给上海带来的深远影响。同时他所在的学校也体现了本书所倡导的顶尖的教学方法。生源的多样性锻造了全球化的视角，并加以不断强化。作为一校之长，学校的教学活动必须吸引学生。中学是成长的关键期，中学生的认知处于从具象思维到形式运算思维的转型之中，同时情绪和行为的转变又塑造了他们作为未来社会的建设者所需具备的那份坚持、友善和可持续发展的处世之道。中学教育是公认的极具挑战又富有成果的阶段。中学生代表了那批最愿意接受数字化的信息手段及相应催生的 21 世纪新技能的人群，他们是新生代的核心力量。让他们接触到本书的理念为加速地方、国家乃至全球化进程提供了坚实的基础。

书中,作者展示了他对杰出教育的系统化的远见卓识。在培育上海进才实验中学(位于浦东联洋国际社区)教育生态环境的过程中,那些起着决定性作用的经验铸就了其独特的视角宽度。作为读者,有必要了解这一独特的环境,以便能理解作者的洞察力。多样性、全球化促使作者充分感受并了解全球化教育所带来的影响。这所学校的每一个课堂在对国际视角渴求的同时,也孕育了其学生、教师和管理者自身的国际化。诚如以上所言,国际化的视界集中体现于把当地的需求、地区的要求和国家的目标进行有机结合。本书研究严谨,对来自其他国家的教育方法和材料的改造和促进教与学的创新进行了仔细的分析。

长期以来,陶森大学一直致力于与中国的教育家和教育系统合作,成绩娇人。20多年来,每年的1月和5月中旬至8月中旬在上海,陶森大学开设了由美国本校教师讲授的研究生课程,为当地教育家和教育管理者的专业发展作贡献。作为教育学院院长,我有幸参加历年的毕业典礼,见证了课业的结业,并颁发陶森大学中等教育专业的硕士学位。每次来到上海,我都会访问当地学校,与来自人民教育出版社、方略教育等教育机构的领导进行互动交流。这种种的场合使我对中国的学习效益最大化及教学改进的策略充满信心。我也从讲授该研究生课程的教师口里得知通过与中国教育家和教授的协作、与当地学生的交流,他们也是受益匪浅。因此,正如杨龙先生坦言,这些交流活动对全体参与者来说都是互相受益的。

一个多世纪以来,陶森大学接待了众多教育界领导和教师的访问。这些访学旨在为他们提供众多机会,可以直接接触美国机构设置、与负责储备教师及校长的教员进行正式和非正式交流、中美双方教育哲学对话以及传承方法和创新理念。近几年来,在这些讨论中我负责解释马里兰被美国教育部誉为力争上游(RTTT)典范的决定因素。马里兰利用2.5亿的拨款资助了54个由马里兰州教育局发起的项目(MSDE),约1.25亿和120个由当地学校发起的项目(约1.25亿)。马里兰州教育局的项目优先考虑以下几点:(1)新的标准和评定:增强一至十二年级课程设置的学术严谨性,以使学生更好地为将来的大学课程及职业生涯做准备;(2)新的数据系统:学校能够追踪学生的教育经历及职业生涯,同时追踪教育家的教学准备情况;(3)优秀教师及领导人的发展:提高教师的教学效率、增强教学领导的能力;(4)马里兰"差校"改造:扭转长期以来城市和农村学校的学业失败模式。每个项目中,我指导的研究中心(CAIRE)负责记录被资助活动的过程及产物、产品的利用率以及产品对教学和学术成就的最终影响。

我发现杨龙先生书内的很多观点和 RTTT 的目标非常接近。例如,为学术创新的实现创造条件以提高全体教师的效率及全体学习者的成就。类似 RTTT,本书强调了严格标准的重要性。该标准的应用具有一致性,其结果具有可估量性、可持续性和可增值性。实现这些目标,必须具有国际的视角,愿意发现、批判地检验并采纳国际优秀教学策略。除此之外,还要求能领会科技、知识世界、进而数据收集方法对当代学习者的重要性,检验其有效性及适用性为面对 21 世纪的挑战做好准备。当代学生的学习体验与其父母甚至教师都非常不同。我们的教学方法必须适应他们的生活,而不是照搬先辈的早期教育体验。

本书对于新兴世界具有现代教学特点的学习给出了实质性的见解。基于原创性的理念,本书与读者分享了作者在国外学习及在陶森大学进修的经历。读者可以对上海市进才实验中学的教学方式形成丰富的认知。本书第三章揭示了作者对于教育进步需要系统性和协同性地重视多方面因素的认可。这些因素包括文化设置、课程组织,以使学生获得适应发展的知识、技能和态度。这不仅具有可增值性,也使得学生和教育家产生对知识及个人发展的渴望。贯穿整本书的是合并教学计划意识所有元素的关键性。国界被国际性知识获取所渗透,学生能够为高效地收集和处理信息做好准备。如同作者作为教师、学者以及教育创新者的个人发展,做到这些需要各种国际联接。

21 世纪教学环境的创建需要对于持续性专业发展的制度性承诺。专业发展涉及课程设计、课程计划和教学任务的创新、对于青少年学习者追求知识及自身发展的持续激励。因而,本书清楚地说明了持续性教师教育以及师生间、教育者与需要保持良好竞争力的经济部门间、公共教育负责人和公益事业拥护者间意见交换的重要性。

本书的 以上观点具有重要的实践意义,是一部优秀的学术作品。书里展示了对于当代教育的理解及对未来走向的引导,这对于逐渐步入 21 世纪的我们是必不可少的。

前　言

　　教育国际化,是现代教育的内核,也是优质学校的能耐。坐落于上海市浦东新区联洋国际社区腹地的上海市进才实验中学,是进才教育集团中的一员。学校践行"为每位学生的卓越发展服务"的办学理念,秉承"乐于奉献　追求卓越"的学校精神,确定了培养目标:一本、二心、三情、四会:即"培养诚信为本,具有爱心和责任心,具有民族情结、国家情感、国际情怀,会学习、会实践、会交往、会思考,且情感充沛、理性见长的初中生"。与进才实验中学倡导的把学生培养成具有"公民意识、领导才能、创新精神、国际视野"的谦谦君子、大家闺秀的培养目标相吻合。学校提出的发展目标是,"切实把学校办成一所'高效能、国际化',在浦东新区乃至上海市有一定知名度、影响力的素质教育实验校"。

　　教育是事业,是培育人才的千秋大业,需要付出忠诚。同样,教育也是科学,是遵循教育规律的创新实践,需要发挥智慧。

　　上海市进才实验中学提出办一所高效能、国际化的现代学校,既忠诚于教育事业,又忠实于科学。

　　高效能是实现教育理想、践行科学规律的必然。教育有付出,就必然要成本。用最小的成本获取最大的成功,以高效能获取高品质,历来是我校办学的追求。说到底,高效能,就是在教育上讲品位;在教学上讲品质。教师讲品格,学生讲品德,就是教学上优质、高效、多能。从某种意义上说,高效能就是教育转型的抓手。让学校办得有声望,让教师有成就感,让学生有成长度,这便是高效能的使命所在。

　　教育国际化,是现代学校办学的必由之路。在全球一体化的当今时代,教育与世界潮流接洽,人才培养与全球眼光匹配,这是一个不争的现实。

教育国际化，也是学校基础与发展的必然选择。联洋国际社区是一个文化多元的社区，居民除上海户籍外，还有来自全国各地、世界各地的不同文化背景的人群。他们的子女成了学校生源的一部分，外籍学生、港澳台学生和少数民族的学生占学生总数的比例很高。同时，学校所辖社区居民有"三高"（学历高、收入高、品位高）、"三强"（民主意识强、维权意识强、自我意识强）的特点。地域、生源和家长的特征，决定了学校走国际化道路，是生存的需要、发展的追求。

教育国际化，是一个适合未来发展与人才需求对接的高瞻远瞩的过程，也是观念更新与办学方略匹配的循序渐进的实践。上海市进才实验中学将教育国际化置于整体办学的框架内，实施"做起来、走出去、请进来"的战略与策略，通过跨文化交往与渗透、课程开发与设置、外语强化与多元、交流多点与常态等方式，推进教育国际化进程。师生通过国际交往，不仅增进了民族自豪感，而且提高了国际意识；不仅拓宽了视野，而且学会了思考。这些对学校办学品质的提升、教师素养的提高、学生成长的提携，产生了重大的影响。

在教育国际化的征程中，上海市进才实验中学已经走在同行的前面，正从一个更高的起点，去实现更大的飞跃。

第一篇

国际化：学校的使命

校园全景照

学校周边——
联洋社区

联洋国际社区是上海市一个最大的现代化国际社区。上海市进才实验中学则是该社区唯一的一所公办的高配置、现代化中学。

第一部分 我校的社区环境及使命

我校的社区环境

联洋地处浦东新区的心脏地带——新区行政文化中心,北起杨高中路,西为民生路,南至锦绣路(部分别墅位于锦绣路路南),东邻罗山路大型新建居住区,西靠新区行政中心,高大上的四邻提升了联洋国际社区的身份、地位。这是一个现代化、生态型的中高档国际社区。社区占地面积约 4.4 平方千米,其中居住面积3.16 平方千米(包括新区行政中心面积 1.24 平方千米)。

社区周边坐落着东方艺术中心、上海科技馆等大型文化建筑;南侧为浦东绿肺——140 公顷的世纪公园(公园内大面积的草坪、森林、湖泊,很好地提高了周边地区的空气质量)以及国际展览中心等。

联洋国际社区与杨高路、罗山路、龙阳路、世纪大道、内环线等交通大动脉相连,并和地铁、隧道、大桥及浦东国际机场等组成立体交通体系,使社区拥有现代化的交通条件。

联洋国际社区总体布局以带形绿地构成核心骨架,以 3 条横向的主轴以及若干纵向的分支贯穿整体,将步行绿色景观轴线与具有不同用地特点和使用功能的住宅群形态结合。通过绿化,交通系统组织空间,形成错落有致、收放有序、形式多样的整体结构和空间效果。

联洋国际社区以大拇指广场为中心,由围绕着它的华丽家族、联洋花园、联洋年华、中邦风雅颂、当代清水园、水清木华、仁恒河滨城、第九城市等大量公寓楼盘以及中邦晶座、金色维也纳、水清木华别墅等18个楼盘共同组成。总建筑面积约300万平方米,绿地占有率为60％,商业配套面积约20万平方米。社区现有住户1.25万户,居民3.4万余人,其中境外人士有7 800人左右,分别来自美国、法国、新加坡、意大利、德国等78个国家和地区,他们主要是跨国公司的企业高管,或是中国大陆各省市及港澳台地区大型企业的CEO,以及留学海归。所以,联洋国际社区成为闻名上海的国际化社区。

联洋国际社区管理中心从国际化社区的实际出发,提出了以人为本、多元复合功能的家园生活理念,集中共享配套设施,形成了以社区地域中心、活动中心、消费中心、集散中心和管理中心为一体的社区配套,以全新的运作模式规划物业形态。

大拇指广场因收藏了法国超现实主义艺术大师恺撒的传世名作《大拇指》雕塑而得名。这里似乎该有的都有:家乐福超市成为聚集人气的中心;快速餐饮类的老大们一个都不落下——肯德基、麦当劳、味千拉面、必胜客、星巴克、棒约翰等似乎一应齐全,而许留山,沙华多利,唐朝,又多添了一份色彩,再有各具特色的咖啡店、面包房,纷纷驻扎。不管是家庭生活必需品的购买,还是只是为了打发午后时光,这里都提供了可选择的服务,热闹与恬静相得益彰,给居住在这里的人们的生活,注进了丰富的色彩。

与大拇指广场一路之隔,相映生辉的便是以罗丹的雕塑《思想者》为标志的罗丹广场,联洋社区的会所也坐落在此。该会所于社区始建之初就已启动,以运动主题为灵魂,以商业购物和餐饮为辅助设计建造而成,同时兼具展示和销售功能。

联洋国际社区的配套不可谓不齐全,著名的餐饮如肯德基、星巴克咖啡、必胜客比萨、味千拉面等现都已成为社区餐饮的主力军。馆和休闲类商业如茶室等也在社区方兴未艾;社区会馆内建造的健身房、网球场和游泳池,也都是业主可以释放激情的理想选择;社区南面的世纪公园更是放松心情的好去处。但是,其整体较高的价格定位,已经成为社区居住者生活中不小的生活成本之一。

整个联洋社区在文化底蕴方面的建设也在业界独树一帜,将世界级著名雕塑引进社区作为社区的标志,在沪上也是独一无二的创举。在联洋会所内,还建有健身房、温水泳池和网球场,以及新建天主教堂、星级酒店(淳大万丽)和高尔夫球场等。可见联洋国际社区打造国际化社区环境的努力。

独特的欧美式社区街道及景观,高档生活设施,优良的文化环境,吸引了众多独具眼光的海内外人士。作为新一代国际社区,联洋国际社区率先引入国际先进的"集中整合社区商业"概念,构成新型的商业中心与纯住宅区分立的格局,人性化的社区布局更适合具有生活品位的海内外成功人士。例如,仁恒河滨城目前已成了一个"小联合国",有近30个国籍的人士入住,其中境外人士的比例约占社区住户的35%。外籍及有海外背景的境外购房者已经成为该小区的"中流砥柱",其中相当一部分为私营业主或外企高层管理人士。这是一个年轻的国际化社区逐步迈向成熟的标志。

联洋国际社区的配套资源已日趋高端,尤其是社区内的教育资源更是其他各区域中的佼佼者。社区内有公办的上海市进才实验中学、进才实验小学、东方幼儿园等。这些学校定位都普遍明显高于一般学校。还有德威英国国际学校、耀中国际学校、美国学校、上海日本人学校等与全球同步的教育资源。例如,某银行行长,也是一位望子成龙的父亲,为了儿子的健康成长,他在上海置业,几番周折与仁恒结缘,看中了仁恒河滨城周边优质的教育资源。

我 校 的 使 命

我校是联洋国际社区唯一的一所公办的、高配置、现代化的初级中学。我校的许多学生来自全国各省市、港澳台地区和世界各国。其中,少数民族学生约占学生总数的 1.5%;港澳台地区及外籍学生约占学校学生总数的 4.3%。面对不同文化背景的学生,面对"三高""三强"的家长,学校必须走教育国际化的道路。这是我校应尽的义务,也是我校的光荣使命。它不仅是学校生存的需要,更是学校发展的追求。

一、对教育要国际化的认识

早在 1983 年邓小平给北京景山小学题词"教育要面向现代化,面向世界,面向未来!"1985 年,《中共中央关于教育体制改革的决定》将"教育要面向现代化,面向世界,面向未来"写入其中。1993 年,中共中央国务院批准发布的《中国教育改革和发展纲要》提出:"进一步扩大教育对外开放,加强国际教育交流与合作,大胆吸收和借鉴世界各国发展和管理教育的成功经验"。1995 年公布的《中华人民共和国教育法》指出:"国家鼓励开展教育对外交流与合作。"进入 21 世纪,随着全球经济一体化格局和现实社会发展需求,基础教育国际化更成为我国教育改革的大趋势。在国务院颁发的《国家中长期教育改革和发展规划纲要(2010—2020年)》中明确提出:"坚持以开放促改革、促发展。开展多层次、宽领域的教育交流与合作,提高我国教育国际化水平。"

我国专家、学者对此也有许多论述。例如,南京师范大学教育科学学院张蓉老师在《教育国际化与世界基础教育改革》一文中指出:"教育国际化是现代教育最显著的特征,也是全球教育发展的基本趋势,必将持久地影响 21 世纪世界教育的变革走向,影响各国基础教育改革和发展的战略选择。"[①]张军凤等人又说:"基

---

① 《外国中小学教育》2003 年第 7 期。

础教育国际化是教育全球化的必然要求，是教育国际化的重要组成部分。"①中央教育科学研究所科研管理处中央教育科学研究所国际比较教育研究中心陈如平、苏红在《论我国基础教育的国际化》中说："中小学将逐步成为基础教育国际化的重要主体""教育国际化将成为衡量一所学校发展水平的重要尺度。"②教育部教育发展研究中心专家咨询委员会副主任研究员周满生在《基础教育国际化的思考与实践探索》中谈到中西教育比较时说："西方教育的长处是尊重学生的个性，激发学生的兴趣，鼓励学生广泛涉猎知识，培养学生勇于创新的精神，使他们自信、自立、自强，勇于打破常规，勇于创造。"③这些正是我国学生所缺少的。

　　总之，基础教育国际化已是大势所趋。

　　那么，什么是教育国际化呢？美国波士顿学院国际高教研究中心主任、著名比较教育学者菲力普·阿尔特巴赫认为，"教育国际化是把国际的、跨文化的或全球层面的内容融入教育目的、职能或教学实施的过程"。④ 国内学者对教育国际化的定义不尽相同，但大家普遍认为，"教育国际化指通过与不同国家的教育机构或国际教育组织进行合作交流、合作研究、合作办学、合作培训以及开展国际理解教育或国际援助等途径，在理念与目标、课程与教学、评价与管理等方面实现融合并有所创新，从而提高国际化人才培养能力的教育发展过程。"⑤也有人说，所谓教育的国际化就是用国际视野来把握和发展教育。我们非常赞同这样的一个观点。在经济高速发展的今天，国家综合实力的竞争，归根到底是人才的竞争，抢占世界教育的制高点，培养出具有国际竞争力的高素质人才，为本国的最高利益服务。谁拥有高素质的人才，谁就能在激烈的竞争中立于不败之地。所以，教育国际化的核心或者本质，或者说教育国际化的最终目的就是培养具有国际意识、国际交往能力、国际竞争能力的人才。

　　当今，国际化已经成为教育发展的一种全球性趋势。它不仅是一种教育理想，而且是一种正在全球范围内展开的教育实践活动。

---

　　① 　傅林、高瑜《再论基础教育国际化》，《四川师范大学学报（社会科学版）》2014 年 3 月第 41 卷第 2 期。

　　② 　《当代教育科学》，2010 年第 14 期。

　　③ 　《世界教育信息》，2014 年第 2 期总第 338 期。

　　④ 　周南照.教育国际化化什么？[N].人民政协报（教育在线周刊），2011－6－22。

　　⑤ 　周南照.教育国际化化什么？[N].人民政协报（教育在线周刊），2011－6－22。

　　回顾教育改革和发展的历程，包括中国在内的许多发展中国家在创建自己的教育制度过程中，都在一定程度上受益于教育国际化的。例如，我国教育在20世纪曾先后向日本、德国、苏联和美国等国家学习，特别是改革开放后主要是向美国学习。这个过程中我国的教育主要是吸纳和消化那些外来教育。例如，20世纪初，蔡元培曾两次赴德国留学考察，引进和借鉴了领先世界的德国教育理念与制度，仅用10多年时间就把北京大学建成了世界著名学府。

　　为了探讨我国基础教育阶段国际化发展的现状以及未来方向，进一步提升我国国际化人才的培养质量，2013年11月29日在北京召开的中外校长国际教育论坛会上，中国教科院全国校长发展学校副校长毕诚指出，中国已经进入世界教育大国的行列，建设教育强国是发展目标，而教育强国的重要标志是教育现代化。教育现代化是与国际化紧密相连的，大力推进教育现代化是中国教育国际化发展的必然选择。中国教科院副院长刘建丰认为，我们应该全面掌握教育国际化面临的形势和世界教育发展的趋势，正确树立教育国际化的目标，把握中国传统文化与世界先进文化的关系以及国际化与民族化的关系，在教育国际化的道路上实事求是、量力而行。国家教育咨询委员会委员、中国教育学会高中教育专业委员会名誉理事长王本中提出，教育国际化的时代内涵主要包括四个方面：第一是开展多层次、宽领域的教育交流与合作，提高教育国际化的水平；第二是引进国际优质教育资源，探索多种形式利用国外优质课程及专业教师深化我国的课程改革；第三是提高交流合作水平，增进跨文化理解；第四是加强国际理解教育，增进学生对不同国家、不同文化的认识和理解。

　　当然，"教育国际化"并不是要将中国教育西方化，也就是说国际化并不等同于西方化、美国化。实际上是一个吸收外国先进的教育思想、教育理念、教育经验的过程，也是一个将外国先进的教育与我国的教育实际相结合的过程。换句话说，就是实现本土化的过程。只有实现本土化，才能将外国的经验为我们所用，才能较快、较好地发展我们的教育，最终达到教育的现代化。

　　综上所述，我校应该顺应历史潮流，努力实践教育的国际化，以求得教育的卓越发展。

二、怎样实施基础教育的国际化

1. 基础教育国际化包括哪些内容

周满生教授在《基础教育国际化的思考与实践探索》一文中要求大家树立基础教育国际化的战略思维,对基础教育国际化的思考应重点把握:一是理念;二是开展区域国际化探索;三是基础教育国际化改革应该是全方位的;四是以课程改革为突破口;五是把提高教师的国际化素养放在核心地位。又说:"基础教育国际化重在培养学生的全球意识、多元文化的理解力,培养学生的好奇心、想象力、批判性思维能力、沟通能力与合作能力,培养学生的规则意识。"[1]

傅林(四川师范大学教育科学学院教授、博士生导师,研究方向为比较教育)、高瑜(四川师范大学教育科学学院博士研究生,研究方向为比较教育)在《再论基础教育国际化》中说:"课程与教学是学校教育的核心,课程与教学体系的国际化是教育国际化的关键所在。课程是教育国际化的主阵地,教学是教育国际化的主要实现途径。课程与教学要回答的是'教什么、如何教,以及学什么、如何学'的问题,其中,课程内容、教学方式等的国际化是当下基础教育国际化最为重要的环节。"又说课程内容的国际化"要实现国际化课程以及本土化课程的全方位整合。"[2]

2. 怎样实施基础教育的国际化

陈如平、苏红在《论我国基础教育的国际化》一文中,根据基础教育国际化的不同主体、程度和途径,归结出 5 种不同的我国基础教育国际化的主要模式:合作办学模式、扩展国际业务模式、项目合作与交流模式、境外教育消费模式和专业研修模式。[3]

这 5 种主要模式都是在政府层面上的,对于我国广大中小学校来说,除了一些高级中学可以实施某些项目之外,基本上无法操作。所以,我校教职员工通过认真学习各位专家的文章,经过反复讨论,比较深入地认识基础教育国际化问题后认为,基础教育国际化,首先应该从理念方面来把握,从具体做法上去仿效。

---

[1] 《世界教育信息》2014 年第 2 期总第 338 期。
[2] 《四川师范大学学报(社会科学版)》2014 年 3 月第 41 卷第 2 期。
[3] 《当代教育科学》2010 年第 14 期。

正如张蓉在《教育国际化与世界基础教育改革》一文中明确指出的："教育国际化影响下的基础教育改革"的做法："突出培养目标的国际化""重视外语教学""加强国际理解教育""扩大国际教育交流与合作"。[1]

傅林、高瑜在《再论基础教育国际化》一文中指出：当前基础教育国际化存在的四大误区，导致了基础教育国际化过程中的"水土不服""生搬硬套""片面理解"和"分散单一"等现象。[2] 我们赞同这种观点，不能生搬硬套外国的做法，而是必须把握教育国际化的实质。华东师范大学教育学系赵萱老师在《应然理性：上海基础教育国际化述评》一文中为上海基础教育国际化提出 5 项策略部署：明确目标、稳步推进、积极探索、理智斟酌和勇于尝试。[3] 这好像是针对我校讲的。对于实践教育国际化，我校在态度上是积极的，但在具体做法上则是谨慎、稳妥的。结合我校的实际，把教育国际化的具体项目确定在学校文化建设、多样化课程改革、开展国际理解教育和国际交流活动，以及学生个性特长的培养和教师专业发展等方面。

我们相信，在全体进才实验人的共同努力下，我校的基础教育国际化一定能取得丰硕的成果。

---

① 《外国中小学教育》2003 年第 7 期。
② 《四川师范大学学报（社会科学版）》2014 年 3 月第 41 卷第 2 期。
③ 《基础教育》2012 年第 9 卷第 2 期。

第二部分 我校教育国际化的筹划

我校早在 2007 年制定学校新的四年发展规划时就将"高效能、国际化"作为学校发展目标。一方面在微观领域探索教育国际化的办学路径；另一方面在学校层面上建立多元的交流机制，加强对外交流的力度。

如何做好教育国际化工作呢？我校在学校办学理念指引下，对照办学目标，进行了一系列的深入思考，提出了一些宏观的、顶层的举措。

营造多元文化氛围 推进国际理解教育

学校致力于校内营造多元文化的理解和交互发展，通过教育教学管理的革新、借鉴海外的先进元素开发校本课程，对学生开展国际理解教育，培养国际视野与意识，并知晓一定国际规则和惯例的现代"进才实验人"。

多元文化课程能使学生平等地对待和欣赏本民族文化以及相异的文化，认同国家的主流文化。课程应该通过具体的文化内容和事件，传达文化中的价值观，使学生从文化相对主义的观点出发，充分理解文化多元及其各种文化存在的合理性。

我校通过"创设多元文化环境，丰富校园文化，拓展国际化课程内容"，培养学生的国际视野，以及对世界多元文化的认识和跨文化交流理解的能力。

在教育国际化的实施中，课程建设具有牵一发而动全身的作用。通过引入、

11

开发和渗透等多种方式,不断丰富国际化课程,是学校国际化课程建设的主戏。

1. 整体出发,全面入手

学校将区本课程《国际理解教育》作为一门常设课程,在校内全面实施,对学生进行普及国际理解的教育。同时,学校开设外语特色课程,如英语阅读、英文歌曲欣赏、英语听说、英语课本剧、国际礼仪、中西方节日文化比较等,增加英语应用能力训练,培养学生国际理解意识。

2. 课程教学,双语渗透

学校初步确立在科学、物理、数学等学科建立双语教师队伍,选择适当的教学内容,尝试双语教学。形式上采用渗透式、半进入式,或全进入式,因地制宜地开展。

在英语学习之外,加强对其他语种和文化的学习和理解,有着同样重要的意义,也更能彰显中国文化的大气与自信,我校陆续开设了法语、德语、日语、韩语等第二外语选修课,学校支持学生与法国、德国、日本等友好学校交流。通过举办各类实践活动,例如"学校英语周""科技艺术节"中的英语演讲比赛、科普英语竞赛、英语课本剧比赛等,让学生感受优良的国际文化,初步具备了国际化生活的经验和能力。

3. 综合实践,自主探究

我们认为多元文化环境(把环境文化赋予有生命的个体就是课程资源)即是课程。我校以上海市初中英语课程计划为主要途径,辅以别具特色的英语校本化课程——《走进西方节庆文化》,通过各年级的主题教学活动,让学生感受西方文化的精髓。在六年级和七年级英语探究课的开设中,充分考虑双语教学因素,由英文教师带领学生进行双语的学习探究和英语情景剧表演。七年级开展中西方食品制作实践探究活动。尤其是七年级,通过中西食品制作,让学生体会、感悟中西方饮食文化的差异,提高学生理解语言的能力。可以以小组的形式,制作食品、品尝食品,说说该食品的渊源及体现的文化。每个班级选出2组学生参加年级组的食品制作比赛,模拟双语情境场景进行表演。制作、品尝、讲解、展示,抓住学生的兴趣点,为双语活动进行新的尝试。

4. 挖掘资源,自主开发

学校在拓展课、探究课开设方面积极挖掘课程资源,发动教师开发《西方礼仪》和《西方节日文化采撷》双语校本教材,以文化为载体,提升学生对外交流的基本素质、增加文化认同、培养学生国际视野的较成功的尝试。

海外交流活动,可以带给师生"放眼看世界"的国际视野。为进才实验学子打开一扇了解世界的窗,我校每年组织师生参加主题冬、夏令营,定期到国外或我国的台湾和香港等地区的学校进行定期交流,我校的教师和学生与外国或我国其他地区学生家庭吃住在一起,我校的师生与他们在同一课堂学习,感受不同国家或地区的生活方式。返校后,学生处组织领队教师利用校班会课对本次主题活动进行介绍,同时利用班级网站发布师生游学活动的照片和感受的文章。

我校与法国巴黎的圣日耳地区的德比西中学结为姊妹学校,在多元文化的视角下,使我们对法国的基础教育有了比较深的认识。双方约定每年一次互访活动,让两国学生和家庭建立长期的友谊。我校与德国友好学校的交流互访也如期举行。还有我校与上海日本人学校每年互派七年级学生举行联谊活动。

我校是上海市艺术教育先进单位、浦东新区体教结合学校、艺教结合学校、浦东新区科技教育特色学校。艺术、体育、科技是无国界的,而且是相通的,我校在艺体项目上与友好学校达成共识,学生经常与德国、加拿大、英国、澳大利亚、美国等国家和台湾地区中学生交流音乐艺术,同台演出,同奏乐曲,这些活动让学生们感受到不同文化之间的碰撞,在加深理解的同时拓展了国际视野。

接受国际理解教育课程让学生变得活跃、更具有同情心和成为终身学习者,并能认识:别人即便与自己不同,往往也是对的。

基于"崇尚理性"学校文化系统的设计

对于一所办学时间不长的学校,没有很深的文化积淀,唯有要创新一种适合学校发展的、符合学校特色的学校文化。因此,我们在思考,创造一种新文化,这便成为我校文化建设的需要。

"文化"是一系列习俗、规范、准则的总和,起着规范、导向和推动社会发展的作用。

"学校文化"这个词发源于"企业文化",企业文化是经济学和文化学交叉形成的一个概念。借鉴"企业文化"提出"学校文化"是将学校经营活动纳入经济学范畴;而校园文化是一个教育学概念,建设校园文化是为了认识校园文化的育人作用。

文化是一种规范,是一所学校所信奉的主要价值观,是在学校中寻求生存的竞争"原则",是学校内通过物体布局所传达的感觉或气氛,是学校成员与学生或其他外界成员交往的方式。

创造公社型的组织文化,其典型特征是组织内部和睦程度高、团结程度高。在这种组织中,组织成员会表现出强烈的组织意识和成员意识,并不时地被具有类似宗教意义的社会活动所强化,成员之间往往能够风险共担,利益共享,对竞争的认识也非常深刻。

创造开放型的学校氛围,这种氛围的典型特征就是高信任和组织低松散。不论是校长还是教师,他们的行为都充满激情。校长关心体贴教师,并为他们的工作提供支持。教师之间合作愉快并能致力于工作的完成。校长的领导行为简便易行,无需对教师进行严格监督而只需按规章办事。

学校文化设计主要涉及理念系统、行为系统和视觉系统。我校的文化设计从理念系统的设计开始。

我校试图构建一种文化,其核心价值就是理性精神。

"理性精神"为价值核心的学校文化,是在学校中形成自己的个性,是影响学校成员的思考、体验和行为的主要方式。组织成员接受的核心价值观越多,承担的义务就越多,文化就越强大。强势文化会极大地影响组织成员的行为。有证据显示,强势的文化影响组织的绩效。从企业文化角度看,一种强势的文化会给每个人明确的愿景。这样的文化在增强员工的责任感和忠诚度的同时,也形成了竞争对手很难模仿的稳定的竞争优势。

学校文化设计的难处在于,我们正处在社会转型期,达成某种共识是不容易的。坚持这所现代学校的现代性,就是要在学校重构一种现代文化,并努力达成全校教职员工的共识。

那么,围绕着理性和理性精神,我们会拿出什么样的文化理念系统呢?

理念系统是抽象的识别系统,是深层的学校文化,属于学校的精神层面,是学校文化的灵魂,它囊括了学校形象发展所需的各种指导思想,具有导向性、渗透性和强化性作用。影响教职员工的思想与行为,形成学校文化底蕴,直接影响学校的精神面貌与发展。

一、学校定位

学校定位必须基于对学校内部和外部环境的 SWOT 分析后作出。

根据学校主要服务对象的不同阶层,显然精英文化、平民文化、贫民文化的特征是不同的;学校所处的文化的地域存在差别,都市文化和乡村文化显然不同;从文化的内核来看,现代的和传统的文化偏向代表着根本不同的价值体系的分野;从文化的品质来定位,精致的、典雅的、大众的和民俗的,这些品质上的差异将影响学校整体视觉形象设计;从人类重大的哲学观念角度来看,真、善、美、自由、平等、正义等这些重大的哲学观念显然深刻地影响着人们的价值取向。

根据以上思考与分析,我校的文化定位是:为上海市浦东新区联洋国际社区居民子女提供优质的教育服务,为培养国家精英和社会良才创造最佳条件。因为我校位于改革开放前沿的浦东新区,且国际社区,学校的文化就应该凸显现代精神气质,应灌注理性精神主题。在学校文化环境方面,教职员工的言行和教育教学过程都是精致的和优雅的,学校每一个细节都应该浸染现代的理念。

二、学校愿景

一些学校的愿景是继承的,是一代传一代的;一些学校的愿景是阐明的,因为许多学校的愿景是隐含的、不明确的,因而学校有必要将平日的活动予以阐明为学校愿景;一些学校的愿景是精致的,是要将学校过去的愿景结合当前的需求,进行加工转化;还有一些愿景是借用的,学校可以从其他学校的经验中取回他们喜欢的语言和办学哲学,再将这些判断整理成学校的愿景;一些愿景是外部施加的,比如学校将上级部门或者某重要人士的指示当成是愿景;一些学校的愿景是平均化的,即学校先邀请教师、家长、行政人员以及学生,请他们提出所喜欢的教育信念,以及一所理想学校的概念,再由学校予以确认其中共同的部分,这些共同的部分就是学校的愿景;一些学校的愿景是成长的,即校长首先应结合学校发展现状,形成学校发展规划,通过广泛参与来形成愿景。

愿景中以成长的愿景为最佳,它是最有希望,且最有眼光的愿景。上海市进才实验中学的愿景显然是成长的愿景,它先由学校核心管理团队起草,而后广泛听取各方面的意见,最终反映的不仅是一般人的想法,而是全体师生的看法,由于学校人员被充分授权,因此他们都视自己为愿景的建立者。

我校将学校置于未来环境中,思考未来教育的各种可能,辨认重要的未来发展,评估未来发展的重要性和可能性,建立愿景脚本,草拟愿景,而后对愿景进行界定,并以优美的令人神往的语言将愿景包装起来。

学校愿景应着力体现如下思想:

1. 现代观念的核心词是理性,一所国际化学校本身应是充满理性精神的现代学校。

2. 理性从思考而来,而非盲从。

3. 思考者最大的特性是求真和质疑,包括对自己的思考方式也保持质疑。

4. 思考者的美德是公正的,而导致不公正的主要原因是自我中心。此外,敬畏和感恩、勇气和换位思考、真诚和执着等都是美德。

5. 经过独立思考,师生更需要通过交往互动而在行动上达成一致,所以学校更能成为真正的共同体。

6. 理性的最终目标是追求真理。

7. 爱因斯坦的名言"应该把独立思考和综合判断的能力放在首位,而非获得特定知识的能力",可把它改为"师生将自主和独立判断看得比特定知识更重要"作为学校的愿景。

三、学校办学理念

学校基于对学校周边环境的全面认识而做出的关于学校整体发展目标,并能被全部或大多数师生员工所认可和实践的一种综合追求,它指导、制约和统率着学校内部各种群体价值观和形形色色的个人价值观。我校地处一流的社区其必然呼唤一流的办学水准。走教育现代化、个性化、国际化道路,创一流品牌,这也是我们进才实验人不懈追求的目标。本校办学理念阐释为:

1. 每位学生

教育应指向每一位学生,每位学生都是一个独立的生命个体,个体间是存在着差异的。学生是完整的具有独立人格的人,他们也是尚不成熟的正在发展的人。因此,学校应充分尊重每位学生个体的需求、考虑到每位学生间的个体差异,因材施教,为每位学生的人格、道德、情操、学业诸方面提供更为全面、更具个性化的发展空间和优质服务,使每位学生获得各自不同的成就。

2. 卓越发展

首先,学校教育应全面贯彻党的教育方针,既教书又育人,使学生得到全面、可持续的发展;其次,学校应着眼于充分开发每位学生内在的多种潜能,应使每位学生的特点、优势得到最大化的彰显,使学生的个性得到充分发展;再次,学校应把学生培养成具有"公民意识、领导才能、创新精神、国际视野"的国家栋梁和社会精英,还必须使学生的情感得到健康发展。

3. 服务

学校应牢固树立为国际社区多元教育需求服务的意识,以优质的服务赢得学生、家长、社会的信任,以高标准的教育教学质量赢得学校更好、更快地发展。

四、学校发展目标

学校发展目标是全校师生对学校的要求,也是全体师生共同努力的方向。同时,它也是学校对社会的一种承诺。学校发展目标能起到积极的引领作用,约束学校的办学行为不偏离正确轨道,确保推动学校朝着正确的方向不断进步。

我校发展的总体目标是:学校力求教育教学质量达到浦东新区同类学校的上乘水平;学校提供的课程体系显现鲜明的"高效能"和"参与性"特征;学校教育教学和管理过程、教师发展等达到上海市专业群体中的高水平;学校教研和科研水平达到浦东新区同类学校的领先水平,若干项目的实验和研究达到上海市领先水平。

1. 学校应提高管理效能、教学效能和学生的学习效能,以持续提升学校的竞争力和影响力。

2. 作为地处联洋国际社区的唯一一所初级中学,学校应力求在社区资源的整合、个性化教育校本课程开发、校际间的国际文化交流等方面,进一步拓宽办学的国际视野,走内涵发展与国际接轨的国际化素质教育的新路子。

五、学生发展目标

学生发展目标是学校九年教育完成时,学生应具备的基本特征。本发展目标阐释为:

1. 学校应使理性与情感兼具。

2. 将学生培养成思考者应成为我校的鲜明特征,但并不意味着不重视学生的情感教育。

3. 我校按照进才中学的理念,注重培养学生具有公民意识、领导才能、创新精神、国际视野,而这些都依靠现代理性精神作为底子。

4. 在情感教育领域,我校特别注重学生的民族情结、国家情感、国际情怀的培养。

六、教师发展目标

理性的教师是反思型的;从教师发展阶段看,教师由规范型到师德型,再到文化型和反思型,显然反思型是最高阶段。反思型教师应成为我校教师发展的理想模型。"求是创新"就是要求教师在充分考虑学校实际、学生实际的基础上探求教育教学的规律,挖掘教育的内涵,寻求教育的创新。

七、学校的发展主战略

我校的发展战略是基于对学校的 SWOT 策略分析作出的选择,该战略应辅之以"系统战略"和"个体战略"。

八、学校价值观

这是指学校师生员工在教育实践过程中所推崇的基本信念和奉行的目标,是学校全体或大多数师生员工一致赞同的关于学校意义的终极判断。学校价值观包括管理者的价值观、教师群体价值观、后勤服务人员的价值观和学生群体价值观。

我校结合理性精神这一核心价值,确立了一系列价值观,比如管理者的价值观是要"以事实和数据说话";教师群体价值观是要"教给学生真正重要的";员工的群体价值观是要"使服务超出预期";学生群体价值观是要"自主、自立"。我校希望通过文化建设形成一些明显区别于别的学校的行为风格,比如领导风格是要"真诚、务实";教师风格上显现"平等、对话";学生学习风格上凸显"思维活跃";整所学校风格上呈现"负责、多元、协力"的特征。

九、确立校训校风

校训是学校精神在长期的教育实践过程中,为谋求发展而精心培育并与学校个性相结合而形成的一种学校主导意识。每所学校都有各具特色的学校精神,通常借助简洁而富有哲理的语言形式加以概括,并常常借助校训形式加以形象地表达。

校训是学校对师生行为上的训诫,或者说校训就是学校的最高的行为准则,它通常借助简洁而富有哲理的语言形式加以概括,并常常借助校歌、校训、校徽等形式加以形象地表达。校训是学校的一张文化名片,显示了本校的特色和过人之处。

校风、教风、学风,通俗而言就是一所学校广大师生员工在教育教学实践中所表现出来的一种稳定的,具有政治、道德意义,在全校乃至全社会得到普遍认可的行为倾向和风格。

我校最终确立的校训是"独立思考"，简洁地概括了学校理性精神的文化本质，也避免了类似"团结、勤奋、求实、创新、进取"的口号化倾向。

学校崇尚理性，而理性精神和理性能力的基础是独立人格，因此，学校管理者、教师和学生都应以独立思考为座右铭。

校貌是文化视觉系统的一部分，是一所学校外在的特征和风格，是学校形象的"硬件"部分。主要内容包括：学校的办学环境，即学校的校园环境是否达到绿化和美化的要求，学校建筑物的布局和教学用房的装饰是否合理、美观等；学校标志，即学校的校旗、校徽、校歌、校服的情况，学校是否有自己独特的色彩、独特的标志和独特的用品等；学校师生员工的行为规范，即师生员工能否做到着装整洁，仪表落落大方，教师为人师表，学生日常行为规范、礼貌等。

关于校貌，我校准备这样做：

1. 选出教师或学生中的名人和偶像，他们应是学校中的佼佼者。他们的个人形象阐释了学校理念系统，并代表着本校的办学实力。

2. 学校的办学环境应体现探索和理性精神的、精致的、优雅的，学校应使每一细节都呈现现代气息。

3. 校旗、校徽、校歌、校刊、纪念日等标识的色彩和风格应更鲜明，并与学校理念系统保持一致。

4. 师生员工仪表和礼仪更为规范、美观和落落大方。

十、学校的思维模式和行为模式

以结果为中心的文化过渡到实现创新型组织文化，这种组织文化鼓励员工甘冒风险、积极创新。在这样的组织中，员工清楚他们可以积极创造新、采用方法新，即使冒险也会得到支持。

附：

"崇尚理性"的学校文化系统

一、学校的发展定位

1. 学校为上海市浦东新区联洋国际社区居民子女提供优质的教育服务，为培

养国家精英和社会良才创造最佳条件;

2. 学校位于改革开放前沿和国际社区,学校文化应凸显现代精神气质;

3. 学校环境、教职员工言行和教育教学过程都是精致的和优雅的,学校每一细节都应浸染现代理念;

4. 学校教育教学质量达到浦东新区同类学校的上乘水平;

5. 学校提供的课程体系显现鲜明的"高效能"和"参与性"特征;

6. 学校教育教学和管理过程、教师发展等达到上海市专业群体的高水平;

7. 学校的教研和科研水平达到浦东新区同类学校的领先水平,若干项目的实验和研究达到上海市领先水平;

8. 加强国际理解教育课程建设,组织参加国际交流与合作,在教育国际化方面发挥示范辐射作用。

二、学校文化系统

(一) 学校愿景——办一所充满理性精神的现代学校

在我校,师生不是为了学会相信,而是要学会思考;师生将自主学习和独立判断看得比获得特定知识、技能更重要。因此,进才实验人不轻信不盲从,他们求真而质疑,他们甚至成为自身思考方式的批判者。

在我校,师生克服自我中心,而成为一个公正的思考者,大家保持着敬畏和感恩之心,大家有勇气而又能换位思考,大家真诚和执着,总是在想:"如何才能正确地理解所面对的问题"以及"如何才能以有效的方式行动"。因此,在这里,常常可以看到师生们以交往互动来增进理解,并在行动上达成一致。

这是一个思考者和学习者的共同体,因为大家相互尊重和宽容而离真理很近,很近。

(二) 办学理念——为每位学生的卓越发展服务

(三) 校训——崇尚理性 独立思考

(四) 办学目标——切实把上海市进才实验中学办成一所"高效能、国际化",在浦东新区乃至上海市有一定知名度、影响力的素质教育的实验校。

(五) 培养目标——"一本、二心、三情、四会"

即"以诚信为本,培养学生具有爱心和责任心,有民族情结、国家情感、国际情怀,会学习、会实践、会交往、会思考的情感充沛、理性见长的初中生"。

（六）学校办学策略——德育为先，教学有效，文化立身，科研助动

（七）教师发展目标——善于反思、求是创新

（八）学生发展目标——情感充沛、理性见长

（九）学校群体价值取向

1. 管理者的价值取向——以事实和数据说话

2. 教师群体价值取向——教给学生真正重要的

3. 员工群体价值取向——使服务超出预期

4. 学生群体价值取向——自主、自立

（十）学校风格

1. 领导风格——真诚、务实

2. 教师风格——平等、对话

3. 学生风格——思维活跃

4. 组织风格——断流言，求真理

5. 服务风格——全心全意

6. 学校风格——负责、多元、协力

推进课程建设　提升办学品质

　　"课程"一词在我国宋代已出现在朱熹的《朱子全书学六》中:"宽着其限,紧着课程",大意是学习的范围和进程。西方的"课程"一词源于拉丁语,本意指跑道,转义为学习路线,再发展为有组织的知识体系。把"课程"用作教育科学的专门术语,始于英国教育家斯宾塞,他把课程解释为教学内容的系统组织。

　　课程是一个发展的概念,它是为实现各级各类学校的教育目标而规定的教学科目及它的目的、内容、范围、分量和进程的总和,包括为学生个性的全面发展而营造的学校环境的全部内容。

　　课程从基本形式上看,可分为:学科课程、活动课程、隐性课程。

一、对课程领导的认识

　　"课程领导"是 20 世纪 80 年代产生于美国,针对"课程管理"的不足而提出的。之所以用前者代替后者,"意在摆脱历来的管理思想,自上而下的官僚体制的'监控或管制',亦即改变学校接受上级行政部门的指令之后才开始围绕学校的课程展开活动和运作的认识;改变行政从学校的上司和外部提供驱动力的观念,实行一种新的管理观念①。"

　　1.课程领导的概念

　　根据有关专家提出的课程领导的概念,可以理解为:课程领导的主体不再是校长和个别行政人员的专利,教师同样有机会参与课程领导,每位教师都是有意义的课程建构者,都可以为课程问题的解决贡献智慧。

　　2.课程领导的目标

　　通过教师在理解课程的基础上改善学校现行的课程现状,指导并促进课程改

---

① 钟启泉从"课程管理"到"课程领导",《全球教育展望》2002 年 12 期第 24 - 28 页。

革在学校的推进,是一种持续变化、充满活力的互动过程,改变教师对课程与教学持有的态度和拥有的知识与技能。

3.课程领导的内容

包括对国家课程的正确理解和对学校课程的准确定位;也包括发展和完善各种实施策略、建立各种保障系统,从而保证课程改革的要求得到落实;还包括学校和教师挖掘、组合利用校内外教育资源,提高课程目标的达成度。

4.学校课程计划

课程计划是对学校近期目标、内容、方法策略、评价等可操作性措施的整体规划,是对学生在校时间、空间和学习内容的整体安排。学校课程计划主要由国家课程的校本化实施计划和校本课程的特色化计划构成,是学校课程方案的具体体现,是学校课程执行力的有效抓手。

学校课程计划对学生而言,让学生选择校本课程,体验多样化的学习过程,拓展或加深自己不同于他人的基础。对教师而言,学校课程计划有助于教师明确课程目标和具体任务,也使教师在课程计划的研究、实践与反思中,促进学科建设和教师专业成长。对学校来说,学校课程计划是办学特色的具体体现,是学校展示自我的窗口、社会认识学校的重要媒介,有助于学校及时将有关教育政策、经济社会和科技发展成果及时补充到课程计划中,使具体课程的实施产生灵动感。

二、校本课程建设理念

学生综合素质的提高,仅仅靠大一统的基础性课程还不够,学校必须提供给学生多元、丰富、可选择性的校本课程,进一步培养学生的个性特长、创新能力和实践能力,用校本课程来改变基础性课程的大一统,才能使学生的内在潜能得到激发、多元智能得到开发、学生的综合素质得到提高。

1.围绕学校的办学理念,建设校本课程

课程建设:从为学生和谐发展、个性发展服务,到为学校特色发展作出贡献。

学校的办学理念是:为每位学生的卓越发展服务。

卓越发展:每位学生都得到全面可持续的发展、个性特长的充分发展、情感的健康发展。

(1)校本课程建设应该为这三者的和谐统一协调发展服务。

（2）校本课程不仅是基础性课程的拓展和延伸，还应是学生潜能的开发、创新意识的激发和实践能力的培养。

2. 围绕学校发展四年规划"课程年"目标的达成，构建有特色的校本课程

以"人文培育精神、艺体提升素养、科技促进创新"为我校校本课程特色建设的指导思想。

以"行规示范校""艺教结合学校""体教结合学校""科技特色学校""第二外语（简称二外）语言项目"为平台，丰富校本课程门类，为学生的个性特长发展、学校的特色发展做出积极的努力。

学校从艺术、体育、科技、二外等办学特色的打造，再到学生未来发展需要的塑造，强调校本课程的丰富、多元、可选择性。

拓展型课程分为：活动性拓展课、自主性拓展课和限定性拓展课。

探究型课程分为：自主性的社团式探究和与学科教学结合的学习式探究。

3. 围绕实施素质教育的需要和社区家长对学校的期望，实现校本课程的追求

我校校本课程的追求：从提高学校办学品质出发，到学校核心竞争力的落实。

在校本课程开发方面，学校教师是主力军。但是，光靠教师还是不够的，必须充分利用家长资源和社区资源，做好课程建设工作，为学生的发展提供足够多的好课程。

三、我校课程建设的努力方向

根据我校的课程建设方案，应该努力做好下面三项工作：

1. 课程体系

学校的课程体系还没有完全建构好，还需不断完善和修改。可以学习与借鉴上海市实验性示范性高中的课程体系或国外初中课程建设体系的一些经验，来提升我校课程体系的建构。

2. 品牌课程

学校拓展型课程的开设较多，但具有一定影响力的品牌课程还不多，有一定的文化积淀和内容厚实的课程也不多。所以，学校还必须在创建特色品牌课程上花大力气，积极鼓励本校教师开发有特色的品牌课程，目前已在学科专家高建中老师的指导下，开发了40多门特色课程。但是，教师开发的潜力和空间还是有

的,且是巨大的。

3. 探究型课程

这几年,学校在开设拓展型课程方面做了不少工作。但是,在探究型课程建设方面相对于拓展型课程还有开发的空间,还需持续不断地开发新的探究项目。目前已经形成了短课程与多学科齐开发的新格局,从已经编印成册的 3 辑《探究型课程集》来看,教师专业智慧和研究能力都是可圈可点的。假以时日,我校探究型课程的种类一定能满足学生的需要。

四、我校课程结构整体设想

按照上海市课程方案,我校三类课程的建设可以用三句话来表达:基础型课程校本化实施、拓展型课程多元化开发、探究型课程自主化实践。其整体结构表示如下:

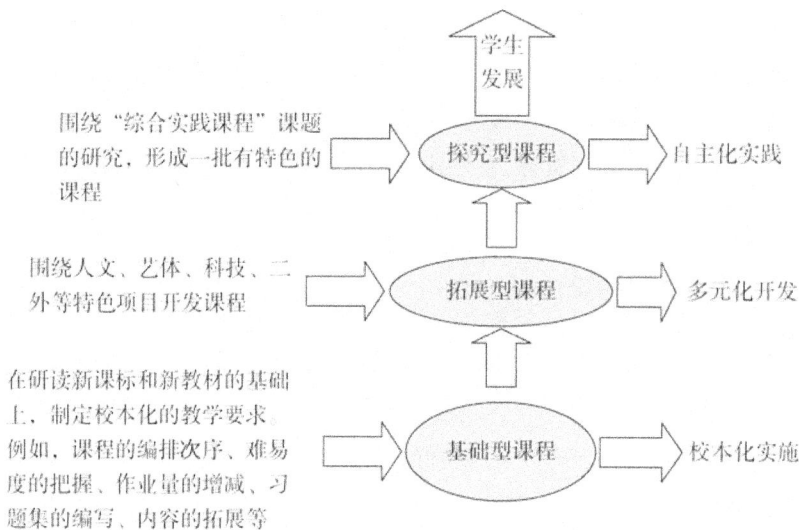

1. 基础型课程

学校保证所有基础型课程"开足、开齐",严格执行课程计划。有条件的学科先行制定校本化的学科教学要求或教学内容。

基础型课程校本化实施。基础型课程建设,我校提出了"校本化实施",这里的校本化,就是以学校的办学理念、办学特色和校本课程建设的整体思想为指导来实施基础型课程。

在课程结构中，语文、数学、英语、物理、化学、生命科学、科学、历史、地理、政治、品德、社会、音乐、体育、美术、劳技等 10 多门国家课程所占的比例最大。我校结合具体学科的能力培养侧重点的不同，对国家课程的教学内容、教学方式、教学评价、习题练习等进行了校本化的改造和重组。在传授知识的同时，侧重能力的培养。

基础型课程校本化实施的一些做法：

（1）校本化教学目标；

（2）校本化教学内容：一是教材内容的重组、二是教材内容的改编、三是拓展教材内容；

（3）校本化教学方法；

（4）校本化教学评价；

（5）校本化习题编写。

2. 拓展型课程

拓展型课程力求体现学校的办学特色和学生个性发展需要。我校采用"活动性拓展、自主性拓展和限定性拓展"等形式，活动性拓展体现德育课程的目标、限定性体现学校的办学特色、自主性体现学生的个性发展。

拓展型课程进行多元化开发。我校历来重视对拓展型课程的开发，目前根据学校课程建设的总体要求，以人文类、艺术类、科技类、语言类四类课程的建设，每学期都开发出 40 余门拓展型课程，以满足不同学生的学习兴趣。

3. 探究型课程

以"学校办学特色的综合实践类课程的研究"来推动探究型课程的建设。探究型课程要充分尊重学生的意愿，采用"社团式探究和学习式探究"两种途径来落实。目标是"培养学生发现问题、研究问题和解决问题的能力"。

探究型课程自主化实践。探究型课程的开设力求让学生有自主探究的空间，我校以区内涵发展项目"基于学校办学特色的综合实践类课程的研究"为各教研组建设探究型课程的基点，着力打造符合上海市进才实验中学的探究型课程。

五、学科课程设计

学科课程设计必须考虑三方面的因素：一是学科的逻辑，即学科自身知识、概念系统的顺序；二是学生的心理发展逻辑，即学生的心理发展的先后顺序、不平衡特征、差异特征等规律；三是社会的要求，比如社会经济、职业的需求等。

1. 课程标准是每门课程的总体规定

课程标准类似于教学大纲，它从整体上规定某门课程的性质及其在学校课程体系中的地位，规范性确定学科教学目标、内容范围、顺序，是教师教学工作的指南，编写教材和测评教学质量的依据。

2. 设计课程需考虑的问题

（1）课程指导思想应适应时代和社会的需求

遵循教育规律、突出学科特点，在结合学校发展定位和学生培养目标要求的基础上，进行该门学科的课程建设。

（2）设计课程，需要考虑以下四个问题

① 所设计的课程应努力达到什么教育目标？（目标）

② 你想提供怎样的教育经验才能实现这一教育目标？（计划）

③ 如何有效地组织这些教育经验？（内容）

④ 如何确定这些教育目标是否达到？（评价）

3. 校本教材是依据课程标准和学生的接受能力编写的教学用书

校本教材是教程和学程的共同依据，必须体现教法和学法的一致性，它的广度和深度必须体现在课程标准与学生可接受性的一致性上。

六、我校德育课程化的构想

学校围绕育人目标"以诚信教育为本，培养学生的爱心和责任心，使学生养成在思想上有民族情结、国家情感、国际情怀，在品行上有基本礼仪、基础文明、基本规范、基本准则的好公民"。抓好"一本、二心、三情、四会"的上海市进才实验中学中学生培养目标的长效机制的建设工作。

在制定近四年发展计划时，我校提出了"以养成教育为切入点，以德育实践为重要载体，切实提高学校德育工作的实效性和特色工作的有效性，争创上海市行为规范示范校"的奋斗目标。

围绕学校的办学理念——"为每位学生的卓越发展服务"，结合《民族精神教育纲要》和《生命教育纲要》的精神指导，开展好内容丰富、育人效果明显、学生乐于接受的德育课程，打造具有上海市进才实验中学特色的德育品牌课程。德育课程的开设以年级组为单位,学生处整体协调,年级组长领衔,分别在六至九年级开设"诚信""礼仪""责任""扬长"方面的德育课程。

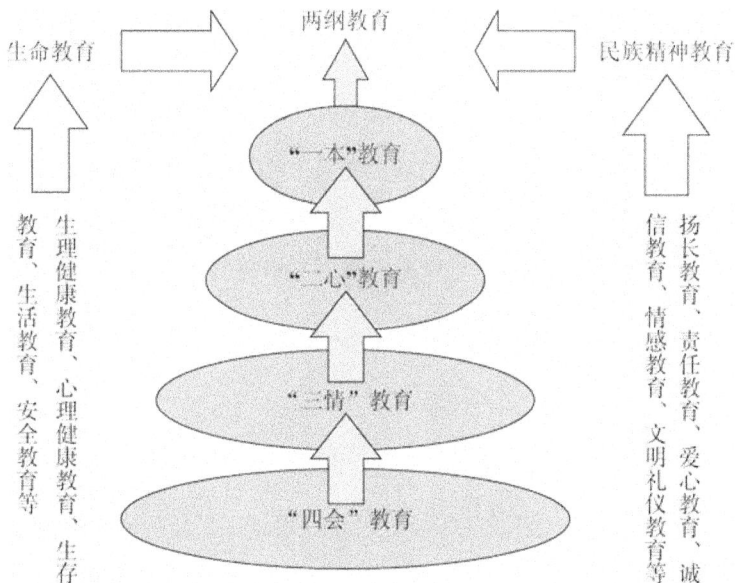

(一) 诚信教育课程

构建以"诚信"为核心的学生自主发展的德育课程体系,创设各种条件与机遇,让学生的个性和潜能在义务教育阶段得到充分、自由、和谐的持续发展,为学生的终身发展奠定坚实的基础。

(二) 文明礼仪教育课程

总体目标:

1. 促使学生了解不同国度不同民族的基本礼节,养成在各种场合经常使用文明礼仪的习惯。

2. 自觉参加交际实践,提高学生人际交往能力。

3. 培养学生热爱生活,形成积极健康的人生态度。

4. 建立良好的人际关系,进一步落实学生基本礼仪、基础文明、基本规范、基本准则的养成教育,促进良好的校园风气形成。

分层目标:

1. 低年级

29

从培养学生的基本礼仪修养开始,如举止、谈吐礼仪等,逐步拓展到初中生所处的不同场所,如校园、家庭、社会交往等场所的礼仪,让学生养成基本的学习、生活习惯,有自立、自强和团结守纪的意识。通过人文素质教育,提高学生识真伪、分善恶、辨美丑的能力。

2. 高年级

促使学生了解不同国度、不同民族的基本礼节,养成在各种场合经常使用文明礼仪的习惯;自觉参加交际实践,提高学生人际交往能力。培养学生热爱生活,形成积极健康的人生态度,建立良好的人际关系,促进良好的社会风气形成;学会做人、做事和交友。

(三) 责任教育课程

课程目标:

1. 好子女的责任心

培养学生尽到对父母的责任。

2. 好学生的责任心

培养学生尽到对学习的责任。

3. 好公民的责任心

培养学生尽到对国家的责任。

(四) 扬长教育课程

课程的总目标:

在现有条件下,充分利用学校教育资源,发挥学校自身优势,挖掘学生潜能,全面实施素质教育,不断拓宽"扬长教育"的途径和方法,全面提高教育教学质量,促进学生整体素质发展。

课程的阶段目标:

1. 发现特长

以基础学科教学和日常班级管理为依托,深入挖掘资源,更好地调动学生基础积累,发现学生的特长。

2. 培养特长

构建多方向的拓展类选修课和个性化的课余活动、社会实践体系,引导学生积极参与,并在活动的氛围中受到启迪和鼓励,充分认识和发挥自己的潜能。

3. 展现特长

针对不同层次、不同特长的学生,开展丰富多彩的成果展示活动,让他们都有展示自我的机会,体验成功的喜悦。

4. 迁移特长

当学生树立了自尊心、自信心、责任感、进取心等积极的自我接纳、自我肯定的意识后,逐步引导学生将特长或优势进行迁移,向其他弱势方面的发展,提供一定的激励。

七、学校课程结构的调整

首先课程类型的单一使得在注重发挥一种或几种课程类型价值的同时,忽视或放弃了其他课程类型在学生发展方面所具有的价值,学生在这种单一课程的"滋养"下,其片面发展在所难免。其次,学校课程中各具体科目之间的比重失衡,语文、数学、英语等科目所占的比重过高,挤占了其他学科的时间,从而直接影响了学生的身心健康和全面发展。

划分标准	课程分类	主要内容	不足之处
从课程内容所固有的属性来区分	学科课程与经验课程	学科课程的主导价值在于传承人类文明,使学生掌握人类积累下来的文化遗产;经验课程的主导价值在于使学生获得关于现实世界的直接经验和真切体验	学校课程中学科课程占据绝对主导地位,而经验课程则微乎其微
从课程内容的组织方式来区分	分科课程与综合课程	分科课程的主导价值在于使学生获得逻辑严密和条理清晰的文化知识,而综合课程的主导价值在于通过相关学科的整合,促进学生认识的整体性发展并形成把握和解决问题的全面的视野与方法	分科课程占据绝对主导地位,而综合课程则微乎其微
从课程计划中对课程实施的要求来区分	必修课程和选修课程	必修课程的主导价值在于培养和发展学生的共性,而选修课程的主导价值在于满足学生的兴趣、爱好,培养和发展学生的个性	必修课程占据绝对主导地位,而选修课程则微乎其微

（续表）

划分标准	课程分类	主要内容	不足之处
从课程设计、开发和管理主体来区分	国家课程、地方课程与校本课程	国家课程的主导价值在于通过课程体现国家的教育意志，地方课程的主导价值在于通过课程满足地方社会发展的现实需要，校本课程的主导价值在于通过课程展示学校的办学宗旨和特色	国家课程备受关注，地方课程和校本课程得不到实质性的开发

上述各类课程所具有的特定价值以及每组课程类型所具有的价值互补性，意味着它们在学校课程结构中拥有着不可或缺的地位，即学校的课程结构应当是由各种课程类型共同构成的一个有机的统一体。

本次课程结构的调整将扭转长期以来困扰我国的中小学课程类型单一、科目比重失衡的局面，从而实现学校课程类型多样化、具体科目比重均衡化的要求。

八、校本课程建设的保障机制

我校的课程建设的保障机制是从学校组织机构的层级层面进行分级管理，通过分工合作来达成目标的。

1. 学校的作用

课时保证、经费保证、人员保证。

2. 课程教学处的作用

开发课程、组织报名、加强管理与教学反馈。

3. 学生处的作用

负责对德育校本课程和学生社团课程的开发与实施。

4. 教研组、年级组的作用

共同研讨课堂教学、开展课题研究、共同开发校本课程。

5. 资源服务中心的作用

负责对教室、实验室，以及其他教学资源的统一调配。

我校历来重视科技、艺术、体育和二外的特色教育，在体育、艺术教育方面也独树一帜。我校严格按照国家课程计划，开足开齐基础型课程，我们还不断丰富拓展型和探究型课程内容，每学期都开出 70 余门拓展类和社团类课程，并在课程系数和课时津贴计算上予以倾斜,在职称评定、评先评优等方面予以优先考虑。因此,教师开发课程的积极性非常高涨。另外,我校引进家长、社区和社会资源,他们竞相为学生义务开设特色课程。

我校作为浦东新区排球特色学校,管乐特色学校,剪纸艺术项目开展、太极项目推进学校,每年都举行大型课外活动,丰富学生的课余生活。

学校课程教学处和学生处每学期末都对校本课程教材进行整理存档,并组织开展成果展示与汇报。学校每学期还组织部分特色课程的教材编写,目前初步形成了一些有影响的特色品牌课程与教材。

九、新课程对教师的要求

从新课程出发,教师是课程的开发者、建设者和实践者。新课程对教师提出了更高的要求,可从以下几方面进行分析:

1. 在职业道德要求上,从一般的道德要求向教师专业精神发展

目前,教育界越来越重视教师的专业精神培养,把教师专业精神的培养看成搞好本职工作的重要保证和内在动力。这是因为只要有这点精神,就能在各种环境和条件下把自己所从事的工作与社会发展的未来联系在一起,把自己的工作看成每个个体生命价值与每个家庭的希望与幸福联系在一起,就会对自己的工作充满事业心和责任感,就会把终身奉献给教育事业。

2. 在专业知识和能力要求上,从"单一型"向"复合型"发展

科学技术的综合化、教育的社会化、教育和科研一体化趋势,要求教师具有一般的、较宽广的科学和人文素养。过去只能教一门学科的教师无法适应社会和教育的要求,要求教师一专多能、知识面要广。

教师专业能力上的要求包括:

第一,具有教学能力、实验指导能力,书面与口头表达能力和示范能力,以及推理思考能力;

第二,要有善于与人交往的能力,即与学生、与学生家长实现有效的双向沟通能力;

第三,组织管理的能力。如组织好班集体,使这个集体能为每位学生提供施展才华的机会;

第四,教育研究的能力;

第五,教师还应具备熟练而有效地运用信息手段的基本能力。

复合型的教师应具备的能力既有基础能力,也有一般能力,还有创新发展的能力,这些能力都不是孤立的,而是相辅相成,综合发挥作用的。

3. 在劳动形态上要求从"教书匠"到"创造者"

新课程倡导民主、开放、科学的课程理念,在制度上确立了国家课程、地方课程、校本课程三级课程的管理政策,使课程满足地方经济、文化发展的需要和学生发展的需要。同时强调,即便是国家课程,也要改革课程内容过分强调学科体系严谨性、过分注重经典知识的倾向,使课程内容力求贴近社会、生活和学生的需要。这方面的内容,我在美国学习和参观访问学校时,在我的观课记录和感想中都有叙述。这在客观上要求教师必须在课程改革中发挥主体作用,教师不只是课程的执行者,更应该成为课程的建设者和开发者。教师一方面要使国家课程不断丰富和完善,使之更适合学生的发展;另一方面要积极开发本土化的校本课程,这是新课程赋予教师的权利与义务。且在课程教学中,新课程强调教材和教学参考书提供的仅仅只是"范例性"知识,随着教师对课程开发的深入,教师个人的知识、师生互动产生的新知识,才是授受知识的主体,而这种知识是生成式的、可持续发展的。

新的课程标准,对传统教育提出了挑战,每一位教师都应当以一种积极的心态迎接挑战,教育观念转变,不断更新知识,开展"备课、说课、上课、听课、评课"的系列研讨活动,进行校本培训,无疑是要使每位教师都具有一专多能,跨学科的综合能力。

1. 确立课程观念,切实改变课程功能

改变课程过于注重知识传授的倾向,强调形成积极、主动的学习态度,使获得知识与技能的过程成为学会学习和形成正确价值观的过程。力争体现知识与技能,过程与方法,情感、态度与价值观的三方面整合。因此,更新课程观念,把握好新课程深刻理解课程功能的变革是至关重要的。

2. 厘清课程结构,切实关注课程整合

保持传统学科的同时,加强旨在养成学生科学素养和实用技能学科的地位,使学科、综合实践等学科的比重呈上升趋势,努力形成国家、地方、学校三级课程并行的课程结构,体现课程的均衡性、综合性、选择性。着力于培养和发展学生的创新精神和实践能力、收集和处理信息的能力、分析和解决问题的能力、交流和合

作的能力，以及对自然环境和人类社会的责任感、使命感，提高学生的整体素质，促进学生和谐、全面地发展。

3. 熟知课程内容，切实开发课程资源

课程内容的选择应源于教材，而优于教材。在制定学科目标时，做到"知识、技能、能力、情感"，即"四位一体"。在内容的选择上，要精选学生终身发展必备的基础知识和基本技能，要从学生的经验出发，更加注重联系社会生活实际。在执行新课程计划，实施新课程标准中，树立新的课程资源观，发挥课程资源的作用，使各种资源和学校课程融为一体，更好地为教育发展服务。要让学生成为课程资源的主体和学习的主人，须使他们学会主动地、有创造性地利用一切可用资源，为自身的学习、实践、探索性活动服务。教师成为学生利用课程资源的引导者，教师应该围绕学生的学习，引导帮助学生走出教材，走出课堂和学校，充分利用校外各种资源，学会在社会的大环境里学习和探索。

4. 优化课堂教学，切实实现互动方式

课程改革的核心环节是课程实施，而课程实施的基本途径是课堂教学。新课程对课堂教学提出了严峻的挑战，为了适应新课程的变化，课堂教学努力实现新的突破。一是强化师生交往，构建互动的师生关系和教学关系，使教学过程成为师生交往，共同发展的互动过程。在教学过程中，需处理好传授知识与培养能力的关系，注重培养学生的独立性和自主性，引导学生置疑、调查、探究。在实践中学习，使学习成为在教师指导下主动的、富有个性的过程；二是转变学习方式，构建旨在培养创新精神和实践能力的学习方式和教学方式，注重培养学生的科学思维品质，鼓励学生对书本质疑和对教师的超越，赞赏学生富有个性化的理解和表达；三是加强学科实践活动，促进学生自主发展。积极引导学生从事实验活动和实践活动，让学生在"自主探索、合作交流"中学会学习、学会实践、学会思考、学会创造，使学生在"差异发展、体验成功"中，学有特长，发展个性。

上述新课程对教师的要求，在具体落实过程中，特别需要教师强化如以下两种能力：

1. 课程实施的能力

新课程是针对我国传统教育的弊端进行的改革，是对传统教育的扬弃。它倡导全能发展的课程价值取向、科学与人文相结合的课程文化观、回归生活的课程生态观、均衡化的课程设计观等一系列的新观念。随着时间的推移,这些新观念正逐渐深入人心。但是,在鲜活的课程实施过程中,要求教师进行改革,甚至放弃已经烂熟于心的自动化了的教学程式,主动寻求并积极内化适合新课程要求的课程实施理念,缘于惰性,教师已有的伦理本位、科目本位、社会本位、教师本位,以及精英主义的教育思想必然会汇成一股逆流,使得新一轮课程改革的影响力在其推广与应用中日益衰减。同时,缘于新课程强调顺应孩子的自由天性,迎合孩子发展各异的兴趣爱好,弘扬学习方法的改造与能力的培养,学生家长会把这种观念等同于是对孩子的天然放纵。坚信和扎实的知识功底、广博的知识视野、良好的知识素养永远是教育追求的目标,学生能力的发展远远没有知识的获得那么真实可靠,致使新课程的实施有可能失去良好的家庭支持。所以,新课程要求教师具有高超的课程实施能力,除了主动地消除自身的惰性外,还必须重视对课程实施的研究,认真分析阻碍课程实施的制约因素,探索出克服途径,方能保证课程实施的成功。

2. 驾驭教学方法的能力

关注学生发展中富有个性的学习是新课程改革的重要内容。在传统的教学中,教师将学习看作是统一、共性的活动,课程实施过于强调接受学习、死记硬背、机械训练,对学习的指导采取一种"知识灌输"的方式,甚至是进行个人学习方式的复制和迁移。关注学生、关注学生的学习生活是教育的出发点,面对一个个稚嫩而又活生生的孩子,教师要承认学生学习的自主性,有责任和义务使教学活动适合学生自己独特的学习活动方式。在课程实施中,教师应该通过改变学习内容的呈现方式,针对不同的学习内容,选择接受、探索、模仿、体验等丰富多样的教学方式,促进学生积极主动地学习。事实上,每一位学生往往有自己独特的知识背景、学习风格和学习习惯,如果教师的教学方法符合其背景、风格和习惯,其学习效果就会好。实践证明,具体经验型的教师职业所依据的专业知识具有双重的学科基础,即教师任教科目的学科知识和教育的学科知识。任教学科的学术水平与教育学科的专业素养孰轻孰重？在现实中,教育的学科知识往往更容易成为强调学术性的牺牲品,原因是不少人认为,只要掌握学科知识就可以做教师,甚至可以成为好教师。而是否具备教育学科知识则无关紧要。

弘扬中华传统文化　培养学生地球公民意识

随着时代的日新月异,国与国之间的联系日渐密切,地球变"小"了,也变"平"了。地球村村民之间越来越需要互相理解和交融,我校作为地处联洋国际化社区唯一的一所初级中学,来自五湖四海的学生,不同的国籍、不同的民族汇聚到我校。因此,我校确立了"为每位学生的卓越发展服务"的办学理念。通过积极探索和实践,打造"情感充沛、理性见长"的进才实验学子。我校在育人目标中提出"一本、二心、三情、四会"就渗透了国际理解教育的内容。

我校通过"责任教育"培养学生领袖气质。通过"生命教育"培养学生对生命个体的尊重,以此来培养学生的国际公民素养和生活能力,以及对多元文化的认同和理解。通过"扬长教育"鼓励学生的特长发展,我校充分尊重学生个体差异,努力寻找每位学生的个性发展领域,最大限度地挖掘和发挥每一个个体的潜能,让每位学生都享受成功的体验,促进学生与学校的和谐发展。

学校设置"学生自主管理委员会",开展"红领巾志愿服务活动""大手牵小手活动"培养了一批又一批的学生领袖。这些活动,提升了学生的文化涵养和社会交往能力。我校协同社会各界精英组成"成长心连心"团队,通过举办活动,进一步增强了学生交往沟通的能力。同时,通过太极拳、现代剪纸、茶艺、陶艺、篆刻、绳编、十字绣等民间、民俗、民族文化特色社团的开设,进一步融合了不同文化背景的学生。

我校参加由英国总领事馆文化教育处组织的"梦想和团队"项目,与英国韦斯特伯体育学院(Westbourne Sports College)结成友好学校,就体育、艺术方面的太极、排球、剪纸、集邮等进行交流。我们还招募了一批具有学生领袖气质的学生参加局外办组织的培训活动,由这些学生在全校发起"我是中华民族一员"的主题活动,让大批学生主动成为中华民族文化的传播者。

国际社区的家长有着不同的文化背景,我们充分挖掘家长群体中优质的教育资源,让有意愿、有能力的家长走进校园,走进课堂开展教育活动,或者带领学生走向社会进行实践活动,全方位地拓展学生的社会视野,也延展了课堂教育的实践范围。我们曾邀请外籍家长给学生上英语口语拓展性课程;邀请留学归国家长(博士生导师)给家长上心理辅导课;有艺术专长的家长开设京剧、课本剧、古筝等社团;还有一群台湾妈妈,她们自费在台湾学习生命教育课程,义务给我校学生进行生命教育的系列讲座;七年级全体同学在家长志愿者的带领下,来到张江药谷参观高科技企业;八年级学生到家长所在单位——浦东国际机场开展生动有效的社会实践活动,当同学们看着一张张不同国籍的脸时,感到科技的高速发展,科技是无国界的。

推进教育国际化,需要语言的多样性和丰富性。学校通过多语种的开设和多方位的交流,为学生的外语学习和拓展创设条件。

1. 二外的引进与扩展

自 2008 年起,我校引进二外语的学习。二外教学先从法语开始,向德语、日语、韩语等拓展。在师资方面,学校得到进才集团兄弟学校和家长委员会的大力支持。

2. 交流重点与深化

我校与法国巴黎德比西中学结为友好学校,已连续几届法语班几百名师生赴法开展交流活动。深入法国学校课堂,走进法国人日常生活,了解法国社会人文。与法国师生每年的互访活动,拉近了双方师生的情感,增进了彼此的了解。

引入"歌德课堂"项目,拓展德语教学空间。在大连举行的由德国"歌德学院(中国)"主办的第二届全国歌德学院伙伴学校校长会议上,我校成了新加盟的合作学校之一。"歌德课堂"项目的引进,为我校学习德语的学生打开更畅通的对外交流的渠道,拓展了学生德语学习的空间,也为学校德语教学找到了教材、师资等。学校还与位于德国汉堡的斯托曼文理中学结为友好交流互访学校。

配合日语学习的开展,我校与上海日本人学校建立了联谊关系,参观毕业典礼,学生互动交流,增进互相了解。还与福岛县、鹿尔岛县的学校开展了交流访问活动。

3. 营造双语氛围

我校的双语教育渗透到校园文化生活的诸多方面。例如,班级墙报的双语角、年级的双语壁报、学生处组织游学小报展评、学校的外语角、学生电台和电视台的双语节目等，从无声到有声，多层次、多渠道营造双语校园文化环境。

学校电视台制作有关假期出国游学的双语节目，邀请一些参加游学的学生畅谈感想，介绍所去的城市，并在全校范围内播出。让游学学生制作精美的双语小报，统一制成展板，在学校楼下大厅里展览。在每期的板报中，都开辟"文化七巧板"的专栏，通过中英双语对照，介绍外国的风俗和礼仪等。红领巾电台专门开设了"星期五英语角"，播放英文歌曲，以及体现中西方文化差异的双语节目。

在全球化的今天，国际理解教育应该是"地球村"每个村民终身教育的重要组成部分。开展国际理解教育，一方面是教育学生以宽容的心态，理解、尊重地球上不同的文化，养成地球公民的意识和素养；另一方面让我校的学生认同、继承和发扬中华优秀的传统文化，培养他们民族的情感与国家的责任。有专家形象化地表述：国际理解教育＝地球公民意识＋继承中华优秀文化。

引领教师个性化发展　走"实践＋反思"之路

　　上海市教师专业发展各阶段教师培训的重点有所侧重。例如，"八五"培训注重教师的学历进修；"九五"培训注重教师的综合素质和方法；"十五"培训实践让教师培训教师；"十一五"培训更注重教师有个性化的专业发展需求。期间，我校在教育国际化观念方面组织教师学习，鼓励教师开设国际理解教育课程等，并开展国际合作交流，以此不断提升教师对教育国际化的认识。同时，培养具有中华民族情怀和世界眼光的、中西融合的教师队伍。

　　下面就教师个性化专业发展的认识、途径和思考谈点个人见解，以求专家斧正。

一、对教师个性化专业发展的基本认识

1. 对教师专业发展的认识

　　就教师专业发展对教师个体的实际要求而言，概括来讲，就是要求教师不但要具有扎实的专业知识和娴熟的专业技能，而且要具有高尚的专业伦理和执着的专业精神。

　　就教师专业发展的形式方法而言，经历了几种演变，从学历进修到专业提升；从行政评价到协商评价；从功利追求到自觉更新；从被动要求到自主发展；从个体经验到持续反思；从片面竞争到合作共赢。

2. 对教师个性化专业发展的认识

　　当前，教师专业发展的理念已经从"理智"取向走向"实践—反思"取向。教师专业发展的"实践—反思"取向理论指出，教师是独立而完整的人，对于教育有"个人化的"理解。教师个性化专业发展重视个人的、实践的专业知识，认为专业知识根植于教师的实践之中。专业知识的获取主要通过"反思"更清晰地理解自己的实践，并因而实现自我的提升和专业上发展。

教师个性化专业发展主要指通过外在要求、制度、机制的引导、激励和个人内在的努力,经过相应完整的周期锤炼、重组和优化,每位教师的专业内涵具有鲜明的主导理念、职业能力专长和实施教育教学风格等。

从行动原则来看,主要有:满足内需、个性激励和持续反思。

二、教师个性化专业发展的路径

我校就教师个性化专业发展在师资队伍建设方面做一些探索和实践,主要有以下路径:

1. 个性化选择

个性化选择主要是指教师的:

① 自我认识——就是要求教师客观地认识自己,包括优势、不足、机遇和挑战等,特别是审视自己的专业形象。通过教师自我发展规划中每学期的自评、他评来自我认识自己。

② 自主选岗——就是在自我认识的基础上,根据学校教育教学岗位,选择适合自己的工作岗位。在目前的情况下,还是以教师在课程开设上做出自我选择,今后随着人事制度的进一步深入,教师自主选岗会逐步实现。

③ 自设方向——就是教师根据自己的特点,设定专业发展的方向,有的设定在教育管理岗位上发展,如行政管理、德育骨干等;有的定位在成为学科带头人、骨十教师;有的定位在开发一门课程,成为特色教师等;有的立足于 3 年时间,确定学科领域的研究专题,以此带动自己整体素质的提高。

2. 个性化规划

学校对每一位教师都提供不同的专业培训是不现实的,但学校可以帮助每位教师制定合适的个性化专业发展规划,由教师根据自己专业水平和学校整体教师专业发展规划,制定个人规划,并在每学年的教师自评和互评中进行反思调整,学校根据目前的教师发展专项经费鼓励和保障教师多层次、多元化发展的需求。

3. 个性化平台

学校为教师个性化的专业发展提供学习平台、研究平台、实践平台和合作平台,并在经费上予以支持、政策上予以扶持。目前利用华东师范大学幕课联盟、教育部全国初中校长培训中心、上海市名校长张人利基地、浦东新区校际联合体等资源为教师专业发展搭建平台。

三、在校本研修的实践与反思中引领教师个性化发展能力

学校教育的目的是促进学生的发展,教师专业发展是学生发展的前提。但是,教师并不是学生发展的工具,更不应该成为学生发展的"牺牲品"。因此,教师自身的个性化发展有其独立的价值。理想的状态是"教师与学生共同成长"和"结伴成长"。我认为,教师应该成为一个具有"独立的思想""独到的见解"和"独特的风格"的人。因此,上海市进才实验中学才将"善于反思,求是创新"设定为教师专业发展的主要目标。这样须学会反思,提升自己的反思能力。

那么,如何才能提高教师的反思能力呢?《提高教师反思力50策略》(【美】Germaine L.Taggart,Alfred P.Wilson 著)一书中提供了 50 项活动策略,但不是简单地列举,而是按照教师的反思水平高低分为以下三个层次:技术层次、情境层次、辩证层次。

技术层次的反思,主要针对了为了实现教育目标而考虑的方法、技巧方面的问题,这一层次的教师关注具体的方法,他们似乎总要寻找"放之四海而皆准"的方法和技术,在他们看来,具体的技术和方法才是重要的,其他似乎都可有可无。为了实现教育目标,他们可能会对课堂教学、课堂管理进行反思,但这些反思都是短期行为,是孤立的,因而不利于他们发展更高层的专业能力。

情境层次的反思,则更关注教学中发生的问题,具有这一反思水平的教师了解教学的基本概念和具体教学情境,也深切地了解、熟悉个人与环境之间的交互作用,他们知道最好的教学一定是最"适合"的,而不是最"时髦"的。处在情境层面的教师,会对不同的观点、行为进行比较、检验,逐渐发展出一套常规并找到最佳方案,还能够证明自己做法的合理性并说明它们对学生成长的作用。

当反思水平达到辩证层次时,教师非常关注教学行为背后的道德、伦理等富有内涵的价值问题,他们思想开明、善于自省。他们富有理性的责任感,会咨询那些被认为"理所当然"的种种现状,去检验那些有争议的观点,会探索解决问题的系统化方案。他们往往自觉地采取同伴评价和自我评价的形式,不依赖于外部的标准或条件,因此他们的自我效能感和专业水平就会提高得很快。

将自己的反思水平从技术层次提高到情境层次,进而上升到辩证层次,参与

校本研修是一个捷径。

我校近年来为帮助教师提高反思能力,开展了一系列校本研修活动。第1阶段是以"异科异级培训"的形式进行的校本研修,这种形式以不同学科、不同年级的教师同听一节课,并进行评课活动;第2阶段是以"同科异级培训"形式开展的校本研修,即在集体校本研修活动中,教师双周五下午的第3节课校本教研时间同听一位本学科组教师上课,再相互评课;第3阶段是以"同科同级培训"的形式开展教学研讨活动,这个阶段是以备课组为单位,双周五的第3节课听本备课组的一位教师上公开课,有时是以学科备课组为单位进行教学的切片分析教学研究活动,大家再共同评课,本阶段中每位教师在1个学期至少要录制1节有自己教学风格的展示课,然后以备课组为单位进行研修,每次以1位教师的上课录像为研究材料,大家可以对教学的每个片断进行有针对性的讨论。

我认为,以上校本研修活动只是一个帮助教师反思的平台,要真正提高反思的能力,还要与自己的个性化发展相结合。因此,我给教师们提出如下建议:

1. 对自己的反思能力进行评估

善于反思的教师需要具备以下素质:能发现、鉴别和分析问题以及这些问题发生的情境;能以开明的态度对待实验和创新;能从多个角度看待问题;能有计划地行动且注意对行动的监控,评价行动的后果;具有获得和使用信息的基本技能;能对那些被公认为不错的教学实践的特征进行总结;经常记录反思性事件;对多样的、新颖的观点感觉敏锐;欢迎同伴的评价、批评以及建议。

我认为经常对照以上标准,对于自己专业成长是极有益处的,而且更能明确自己参加校本研修的目的。

2. 养成"自言自语"的习惯

有目的、系统化地反思过程应该是可见、可听的。我们虽然不可能在每一次研修活动中都获得发言机会,但内心"独白"也是一种积极的参与。即使在活动之后还有话要说,可以借助文字把自己心里要说的话记录下来。

3. 积极主动地参加反思活动

校本研修平台提供给大家面对面讨论的反思方式,这也是一种基本的反思学习形式,教师可以在为实现某一共同目标而交流信息、观点和经验的活动中互相勉励、共同提高。在这个过程中,大家要消除心理障碍减少顾虑,将表达作为一种最佳的学习方式，积极地与同事进行沟通，而不要作壁上观，成为"局外人"和"边缘人"。在校本研修活动中，每位教师都是学习者，每个人都要做好集体或者小组讨论发言的准备，一些教师不愿意发言是因为总希望自己能"想好了再说"，我建议大家能学会"边想边说"，最好能"说了再想"，这也是反思。

在活动中，为了提高学习研讨效果，会对大家进行分工，让每个人都充当一个小组的角色，通过合作来完成学习任务，希望教师能积极承担实现任务目标的责任。在合作学习中，为了完成任务，大家需要严格地进行自我管理，并且要学会领导和影响他人。只有每个人都担负起完成任务的责任，并积极主动、有责任感、乐于合作，还关心他人，学习才能取得更大的收益。

美国学者巴里·波斯纳认为"没有反思的经验是狭隘的经验，至多只能形成肤浅的认识"，他提出了教师成长的公式：教师的成长＝经验＋反思。反思型的教师是幸福的。美国教育学者福斯纳特说，一位优秀的教师"往往是反思型的决策者，他们能够从学习以及对教与学进行探究的过程中找到乐趣"。祝教师们在校本研修活动中获得各自的幸福。

第二篇
外出学习：感受"陶森教育"

学生在上中文课

模拟法庭课程

2011年9月5日至10月15日，前后一共42天，我们浦东新区（中学校长）教育考察团一行来到位于美国马里兰州巴尔的摩地区的陶森大学（Towson University）学习。此项活动虽然是由陶森大学负责接待的，但我们的主要任务是了解、访问、考察美国的中小学教育（为方便交流起见，我在这里权且称它为"陶森教育"）。我们学习的形式主要是听专家报告、访问学校、与专家座谈交流，以及参观考察美国的一些校外教育场所。总的来说，我的感觉是开阔了眼界，活跃了思维。尽管以前在国内也听过一些有关的报告或看过一些类似的报道和相关的材料，但毕竟都是间接的，感受就是不一样。正所谓"耳闻不如目见"。下面，根据我的记录加以整理，尽可能原原本本地把它们反映出来。

第一部分　专家报告

在陶森大学先后听了11场专家报告。报告中涉及的问题面非常广，有关美国教育简史的、美国学校组织模式的、美国校长（教师）资格认证及评估的、学校文化的、学校的领导力与挑战的、课程与评估的、学校安全的、特殊学生（资优学生和行为障碍学生）教育的、奥巴马总统"卓越计划"的等。下面基本上按照学习的时间顺序一一介绍。

大卫·维克博士（Dr. David Vocke）的报告

时间：2011年9月7日上午

主题:美国教育简史

维克博士说,此次简史报告的主要内容是:教育发展的重大事件;美国公共教育体系的管理与运行;美国公立学校的相关问题等。

报告开始先进行热身活动,让我们自由组成 3 人小组(其中 1 位会英语会话),我们寝室的 3 位正好成一组,到校园中调查陶森大学的大学生,问他们是否知道美国的一些教育政策和关键人物。在路上问的第 1 位(男学生),他说不知道。然后又问了第 2 位(女学生),她正坐在石凳上吃饭,她很高兴地回答了我们的问题,她先讲到了现任总统奥巴马,还讲到小布什,尤其是对"不让一个孩子掉队"的政策她还是熟悉的。回到教室,教授就发问被调查对象说了哪些关键词。尤其他提到了小布什提出的《NCLB》(不让一个孩子掉队)法案和奥巴马提出的《Race-To-The-Top》(卓越计划)等内容。

维克博士的报告首先从美国曾被 13 个国家殖民统治过开始讲起,美国东部分为 3 个区,即北部的新英格兰区、中部的大西洋区和南部区,从各区的人口现状讲到教育的变革。其中北部的教育是宗教文化特色的教育,有统一的要求,建立学校是为了能读懂圣经,为了宗教的目的(这也称为是拉丁文化学校,主要是男学生学习的,富人接受的教育)特别提到在 16 世纪就建立了哈佛大学(之前的哈佛大学是培养国家领导人的,接受具高等教育的人将有望成为议员或以上的领导者),那时教育政策的制定是受宗教控制的。

在中部大西洋区居住着不同种族的人群,是个多元文化聚集地,不像北部新英格兰区有统一的宗教。因此,不同的种族造成了学校的趋多元化。此时提出了学生必须上学,从而有了《初等义务教育体系》。而中等教育则主要是教会学生生存的技能,不仅是读写,还有航海等技术。但本杰明·富兰克林曾指出拉丁文化学校的实践性不够。

南部居民中很少有人能接受学校教育的。穷人家的孩子不能进入学校接受教育;富人家的孩子有的请家庭教师,有的送往英国等国家接受教育。政府的公共教育机构不会对教育提供帮助(这些都有 300 多年的历史)。

其次,讲到了学校教师中女性为最多的原因和历史沿革过程。经研究发现,女性天生有母爱,会关心学生、疼爱学生,也会教育学生。所以,女性最适合教师这个职业,而男性则可能其他行业更需要他们。随着学校的增加,女性教师的数量在不断增加。他在讲课中展示了从16世纪开始兴办学校的一些历史照片,这些照片说明当初的学校是一位教师教授很多不同年龄的学生,也就是我们所称的"复式教学"。还讲到一些女性教育研究者和杰出的女性教育专家,并说明对学生进行教育也是减少犯罪率。

第三,讲到"美国教育中的十人委员会",主要贡献是建立了符合大学需求的国家统一课程要求和测量标准①。

第四,讲到美国教育的种族歧视问题。他并不回避此类问题,还介绍了几个案例,过去在美国有白人学校、黑人学校,不同的学校有不同的要求。黑人布朗对此进行了诉讼,经律师上交国家高等法院获胜,结论是"隔离,但要平等"。隔离学校实际上是不平等的,之后又经多起案件的诉讼,提出了整合学校的概念,即白人和黑人可以在同一所学校就读。

第五,讲到了关于美国联邦政府的作用。过去联邦政府对教育不够关心,各州政府有自己的政策法规,自从联邦政府提出《土地改革法案》之后,各州政府对教育,尤其是高等教育的投入增多,之后对中等教育也越来越关注。

附:

读《最棒的学校》"学业成就信念"有感

《最棒的学校》一书作者是美国阿姆斯特朗(他既是一位多元智能研究的专家,又是一位实务工作者。他从事人类发展信念教学策略和实践的研究多年,并把其运用在幼儿园到高中的教育阶层)所著。本书讲了两个信念,即"学业成就信念"和"人类发展信念",我看完了第一个信念,有关学业成就信念——一种把教育的主要目标看成是要支持、鼓励和协助学生在学校及那些与学校课业有关联的标准化测验中获得高分,特别是与核心学科部分的成绩有关联的言论与书面的资料。

书中介绍了八项与学业成就信念有关的假设:学业课程的知识与技能是学习最重要的项目;只有透过分数和标准化测验才能测得学业成就;学业成就信念偏

---

① 本文后面附:"读《最棒的学校》'学业成就信念'有感"。

爱严格、均匀一致,而且是对每一位学生都同样要求的学业课程观点;学业成就信念主要是为学生的未来着想;学业成就信念本质上是在进行比较;学业成就信念根据合乎科学的研究报告结果来宣称它的合法性;学业成就信念通常发生在一个由上而下的环境,拥有比较大的政治权力的某些人可以为比较没有权力的人们颁布方案、步骤和政策;学业成就信念的底线连接到分数、测验成绩,最终就会连接到金钱的运用。

书中尤其是对学业成就信念的负面后果(主要有 12 个方面)作了概括:学业成就信念导致学校师生忽略某些课程的领域,那些是接受完整教育的学生要体验成功经验和在未来的生活中获得自我实现能力的一部分;学业成就信念导致一个现象,就是让我们忽略那些无法透过科学方式证明效果的正向教学介入策略;学业成就信念鼓励考试领导教学的趋势;学业成就信念鼓励学生作弊和剽窃;学业成就信念鼓励学校的教师和行政人员操弄测验结果;学业成就信念鼓励学生使用有助于表现的违法材料当作表现的助手;学业成就信念将课程的主控权从教室里的教师身上转移到设定的标准和编制测验的团体或组织;学业成就信念对学校里的师生制造了有害的压迫感;学业成就信念提高了学生每年留级并且在毕业之前就可能中辍的概率;学业成就信念没有考虑学生在文化背景、学习风格、学习速度与其生命当中其他重要因素上的差异性;学业成就信念切断为学习本身而学习的内在价值;学业成就信念导致学校纷纷制定不适宜发展的教学实践。

通过以上内容的阅读,使我对美国中学研究者油然而生一种敬佩之情,他们研究问题,既讲正面的,更讲负面的结果。作者可能不是向大家推崇这种"学业成就信念"的观点,但他并没有全盘否定这个观点,而是比较理性地分析问题的正反两个方面。

尤其是对"学业成就信念"的历史沿革作了阐述。我从中也了解了美国联邦政府对教育政策的制定有比较深入地理解。如果美国教育允许在学业成就信念的发展历史上挑选一个事件,作者挑选在 1893 年出版的中等学校研究委员会(Committee on Secondary School Studies)的建议[也称十人委员会(Committee of Ten)]。这个小组是由全国教育学会所创立的,由当时哈佛大学的校长查里斯·艾略特(Charles Eliot)担任主席。召开这个小组会议是想要为 19 世纪正在全美各地逐渐展开的现象——也就是愈来愈多的多元化的学生族群,以及一套愈来

愈岔开的课程——找出对应的秩序。其中特别重要的项目就是探讨学校课程应
该有多少分量反映那些想要进入大学求学的学生的需求。这些学生的需求是与
那些"终端学生"(所谓的终端学生就是那些不想去大学念书的学生)的需求作比
较。十人委员会了解到那些想进入大学念书的学生和那些不想进入大学念书的
学生的需求基本上是不相同的,最后建议这两个不同类型的学生来规划的整个课
程(Pulliam and Van Patten,1998)。就是以这种方式,学业成就信念变成了美国
教育的绊脚石和一直延续到今天的偏差概念。这段历史沿革发展过程的关键事
件可用下面的脉络展示:

——十人委员会发表研究发现(1893 年)

——比奈创造第一个智力测验(1905 年)

——桑戴克发展第一套广为人用的成就测验(1909 年)

——路易斯·特曼将智力测验引进美国(1923 年)

——都会学生成就测验的创立(1932 年)

——爱荷华基本能力测验的创立(1935 年)

——鲁道夫·佛雷西出版《强尼为何不会阅读》(1958 年)

——初等教育与中等教育法(1965 年)

——全国教育发展评鉴的创设(1969 年)

——出版《危机中的国家》(1983 年)

——召开全国教育高峰会议(1989 年)

——全国教育发展评鉴扩张,包含每一州的成绩表现差异(1990 年)

——目标 2000:美国教育法合法签署成法规(1994 年)

——"把每位学生带上来(也译为不让一个孩子掉队)"签署成法规(2001
年)。

莫丽·米博士(Dr.Molly Mee)的报告

时间:2011 年 9 月 7 日下午

主题:美国学校的组织模式家

米博士是陶森大学中等教育系的教授。她所讲的主题是影响美国教育的哲学问题,实际上就是讲她自己研究的课题,即在美国大学的学生为什么会选择教师这个职业,以及他们所研究的内容。

米教授先讲了美国中等教育历史演变过程,从 1800 年末期至 1900 年初期,8年的基础教育,4 年的中等教育;之后为 6 年的基础教育,6 年的中等教育(十人委员会提出的);再之后,变为 6 年基础教育,2 年初中,4 年高中;1900 年中期,又改为初中 3 年。

米教授讲课的内容被"未来教育家"提出的问题而打断,致使下午的讲座无法按照预设内容讲解。最后,她决定让大家回去先写好对美国中等教育的问题,提交上来,再在适当的时间与大家一起交流。

附:

美国初等教育学制

学制是学校教育制度的简称。指一个国家的教育体系,规定着各级各类学校的性质、任务、入学条件、修业年限以及它们之间的关系。

学制是由纵向的学校级别和横向的学校类型构成的。前者反映学校体系的不同阶段及其相互关系;后者反映学校体系的不同功能及其相互关系。

在统一学校系统的过程中,各种不同功能的学校从纵横两个方面开始逐步衔接和贯通,形成了现代学制的三种类型。即双轨学制、单轨学制和介于两者之间的分支学制。

现代学制首先产生于欧洲,其发展是依照两条路线进行的。一条是自上而下的发展路线,以最早的中世纪大学及其后来大学为顶端,向下延伸,产生了大学预科性质的中学,经过长期演变,逐步形成了现代教育的大学和中学系统;另一条是自下而上的发展路线,是由小学(及职业学校)后中学(及职业学校),并上延至今天的高等职业学校。前者是学术性的现代学校系统;后者是大众职业性的现代学校系统。这一发展的结果导致在 19 世纪末和 20 世纪初在欧洲形成了所谓的双轨学制。

两种学校系统在办学形式、教育对象、教育内容、教育水平等方面是完全不同的。当然,双轨学制并不是唯一的学校发展模式。在美国,并没有发生类似欧洲的发展过程,群众性学校由初级中学继续上延到高中,形成了所谓的单轨学制。

在许多国家,初中生的两轨已经合并,传统的双轨学制事实上已经变成分支型学制,这种并轨还在上移。例如,英国的高中正在通过综合中学实行并轨。这说明,随着普及教育的发展,双轨学制必然要逐步过渡,最终走向机会均等的单轨学制。从当前看,综合中学是双轨学制并轨的一种较为成功的形式,因而综合中学化就成了现代中等教育发展的一种重要趋势。

一、美国初等教育制度的历史沿革

(一) 殖民地时期的宗教和慈善的初等教育

殖民地时期的美国初等教育可以是说是宗主国英国教育制度的移植,初等学校是私立的,但受到教会的控制。

1634—1638 年间,马萨诸塞州法律规定,一切财产都需要纳税,以所获税收开办包括学校教育在内的公共事业。这就开办了公民税收办学的先河。

1647 年,马萨诸塞州殖民地通过了一项著名的法令即《老骗子撒旦法》(Old Deluder Satan Law),要求每个有 50 户人家的村镇必须建立一所初等学校。这些法令奠定了美国初等教育制度的基石。

当时作为殖民地的美国没有自己独立的教育体系,也谈不上完整的初等教育制度,只能是宗主国教育制度形式的不完全、非系统的反映。

(二) 独立后公共的和义务的初等教育

美国独立后,于 1785 年颁布的土地法明文规定,凡是以后新建州,而且加入联邦的,政府便赠送一定数量的土地,各州可利用这些土地来建立学校。

1786年美国通过宪法的10条补充条款,规定宪法没确定的事项作为各州的保留权,可以自行处理。而教育则是宪法没被确定的事项。

这些情况加上美国宪法上规定的宗教信仰自由,为美国教育沿着分权、世俗方向的发展创造了重要条件。

19世纪20年代以后,美国现代化获得了很大的发展,在美国历史上曾称为是"教育的觉醒时代"。公民受教育的权利在某种程度上得到确认。

1834年,宾夕法尼亚州率先制定了《学校法》(The Law of School),在全美首先创立了公办小学。到1850年,美国各州普及义务教育为培养输送人才发挥了巨大的作用。

值得感谢的人是积极倡办公办小学的"美国公立学校之父"——马萨诸塞州教育厅厅长贺拉斯·曼(1795—1859年)。

美国公办学校的建立标志着美国独立的教育制度开始确立。

1852年、1853年马萨诸塞州和纽约州分别颁布了义务教育的法令,成为美国各州实施初等普及义务教育的开端(《中国义务教育法》于1986年才颁布实施,比美国晚了100多年)。

1918年美国实现了初等教育的普及。学制有"六~三~三""八~四""六~六"等几种形式。主要以六年制小学初等教育为主要的办学形式。儿童6岁入学,公办免费小学占多数,私立小学占少数。

(三) 义务教育后的改革与发展

这一时期出现了自由学校,成为初等教育学校制度变化的一个重要方面。

从20世纪60年代开始,随着人们对公办学校诸多尖锐的批评,美国出现了一些新型的中小学校。这些学校力图实现一种新的自由的、民主的、合作的和无结构的教育。这种学校名称不一,包括开放学校、无围墙学校、合作保育学校、新社区学校等,但基本的教育主张是一致的。

二、美国初等教育的现状与改革

现行的美国初等教育学制是"二战"后形成的,是义务教育后初等教育发展的结果。

（一）现行学制

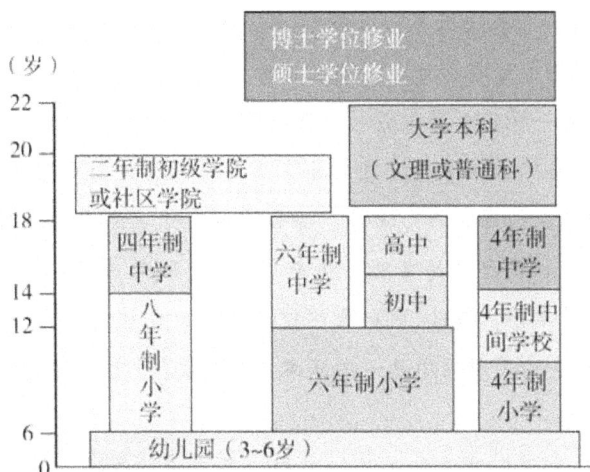

（美国现行学制图）

（二）美国学制的主要特点

1. 单轨学制

美国从 19 世纪中期就实行了学校教育的单轨学制,所有儿童都可以根据年龄、能力进入同样的学校。现行学制中各类教育在总体结构上是相互衔接、上下沟通的,各州虽不同,但州内是统一的。美国这种单轨学制一方面体现了美国教育界一直崇尚所谓的"教育民主化"思想;另一方面也是根据美国的社会政治、经济发展的实际需要逐步形成的。

2. 统一性和多样性的结合

统一性体现了一个统一国家的基本要求,多样性则与教育行政领导的地方分权制密切相关。美国(全国如此)中小学阶段学制结构由小学教育和中学教育两个阶段构成,相互衔接,各阶段既有统一要求,又有多种形式。小学教育和中学教育加起来共计 12 年,这是统一的。但是,允许"六～三～三制""六～六制""八～四制""四～四～四制""五～三～四制"等并存,则是多样性的。这种统一性和多样性相结合的学制,能适应各州各学区的实际要求,能较好地为各地政治、经济和科技的发展服务,这就是美国中小学阶段学制自 21 世纪初定型以来,能经受半个多世纪教育大发展、大改革的冲击而基本稳定的重要

55

原因。

3.正规教育和非正规教育相结合

在美国的学制中没有单独反映成人的教育,这是由于美国各地各类的学校兼施成人教育,年青一代的教育与成人教育相结合,正规教育与非正规教育相结合,最后是普通教育与职业技术教育相结合。美国在教育方面非常重视实用学科和技术训练,重视职业训练和能力培养。综合中学既是实施普通教育的主阵地,也是进行职业技术教育的重要场所。在美国,接受职业教育的高中生占总数的40%多,除综合中学外,工、农、商职业学校以及家政学校都齐全。这也是美国为解决中等教育机会均等所提供的一种模式,它代表了一种趋势,并为各国现代学制改革所借鉴。

当代美国的初等教育学制是多样化的。其主要的形式是六年制小学,同时还有部分四年制、五年制、八年制小学。各州上小学的年龄不同,但一般为6岁。

中间学校的创办是"二战"后美国的初、中等教育学制的一次重要变动。建立这种中间学校是考虑到学生在小学后期和早期青年期的生理、心理等方面的特点,就把五六七八这四个年级建成中间学校,以更切合儿童和少年的身心发育,一些心理学家称之为儿童期向青春期过渡的桥梁。

(三)现代美国初等教育的任务

增进儿童的健康和发展儿童体格;增进儿童的心理健康和发展儿童的人格;形成儿童对社会和科学世界的理解;发展儿童有效参与民主社会的技能;发展儿童符合民主生活的价值。

通过创造性活动激发儿童的创造性。①

2001年美国出台了《不让一个孩子掉队法》,要求面向每一个儿童的发展,使每一个儿童都能在学校生活中有进步,这成为21世纪初美国初等教育面临的重大任务。

(四)美国教育发展的六个目标

2003年3月,美国联邦教育部部长佩奇宣布了未来五年的战略计划,为美国

---

① 摘自美国视导和课程编制协会撰写的《我们需要的小学》

教育的发展设置了六个目标:

1. 创建一种实现目标的文化氛围(Create a culture of achievement)

通过有效教育改革法(No Child Left Behind Act)以及联邦教育项目所依据的实施原则——责任心、灵活性等,达到此目的。

2. 提高学生成绩(Improve student achievement)

通过阅读优先,促进数学、科学教师和校长素质等措施,缩小学生之间的学业差距,提高所有学生的学业成绩。

3. 改善学校环境,加强品德培养(Develop safe school and strong character)

建立遵守纪律、远离毒品的教育环境,培养良好的性格和公民责任感。

4. 使教育成为以事实为依据的领域(Transform education into an evidence-based field)

提倡教育科研,加强教育科研的品质。

5. 发展中学后教育和成人教育,提高其质量(Enhance the quality of access to postsecondary and adult education)

增加学生入学机会,提高办学机构的效率。

6. 建立优质管理系统(Estabish management excellence)

在教育部内部形成一种负责的文化氛围。

上述六大目标为美国初等教育包括学制在内的发展指出了方向。

(五) 美国的中等教育

1. 教育机构

综合中学、普通中学、职业技术学校、特科中学。

2. 教育宗旨

"七大原则":保持身心健康、掌握学习基本技能、成为家庭有效成员、养成就业知能、胜任公民职责、善于利用闲暇时间、具有道德品质。

3. 教育实施

围绕三项任务——教学、指导、服务。

教学——多采用选修制。

指导——专设指导员,通过指导、劝告和提供有关信息,指导学生选择课程、高校、职业和个人关心的问题。方法是个别指导,鼓励学生自行解决问题。

对指导员的要求是有教学经验并获得指导工作的硕士学位。

服务——指在学生自主开展的各项活动中,学校为学生提供的服务,如对学生活动提出建议、视导;保健、膳食、安全、运输、图书馆服务等。

以上三项任务都明显体现了美国学校教育对学生自主能力培养和发展的高度重视。

史蒂芬·埃德加先生(Mr.Steve Edgar)的报告

时间:2011 年 9 月 12 日上午

主题:美国校长(教师)资格认证及评估

史蒂芬·埃德嘉先生是刚刚退休的资深中学校长。他给我们讲了校长资格认证及评估、教师资格认证及评估、教师招聘过程和教师专业发展等方面的问题。他讲课的内容比较多,但条理清晰,从教学目标展示到小组合作学习等美国学校的一些做法在他的课中都能体现。上课伊始他就出示了 4 个要讲的题目,并现场调查我们 20 位校长任职时间。我们中有 5 人具有从事 3~5 年校长的经历;15 人具有超过 6 年校长工作经历的。他很感慨,在美国他做了 34 年的校长,接任他的是 35 岁的年轻人。他认为,在中国做校长需要有一定的工作经历,非常好。

埃德嘉先生在讲到校长的评估机制时,首先提到要获得美国校长(管理者)的资格,必须具有两个条件:一是基本条件,要有硕士学位,27 个月的教学经历,并且硕士专业是州教育局认可的;二是在符合上述条件的基础上,作为校长还必须通过州教育局组织的考试。不具备上述两个条件的人不能在公立学校任校长工作。另外,作为校长还必须完成对教师的评估工作,就是每学期对教师要进行 12 次正式课堂观察、29 次非正式课堂观察,再把课堂观察的结果反馈给教师,并与教师一起制定教学改进计划,再观察教师实施这个计划的过程,每次观察时间一般在 10~30 分钟。

第二,讲到了教师的资格证书问题。在马里兰州获得教师资格证书后,每 5 年要续一次,对表现好的教师,学校可以续聘。每次获得教师资格证书时还必须进行考试:一是大学毕业生必须通过教师专业课程的考试,先修本专业的课程,再修教师类的课程。另外,还必须通过州教育局组织的考试(这比较难),即使是数学家,想当中学教师也必须参加这两项考试才能进来。当然,对一些紧缺的专业,例如,特殊教育、化学、外语等,先招聘进来再进行教师专业课程的学习和考试。

这几年由于经济形势不好,招聘教师的数量也在减少。他说,3年前州教育局每年招聘1000多位教师,现在一年只招聘44人。我们比较疑惑,为什么经济不好对教师招聘有影响呢?他最后回答是,经济不好上面给学校的经费在减少,所以就得压缩办学成本。现在师生比要比过去高了(现在高中的班额是20~30人)。这就像在我国,一般省市一个班级的学生数在70~80人,要抵上上海的两个班的人数,教师当然就少了。这对学生的教育影响还是比较大的。

埃德嘉先生还让我们分组就以上3个问题,各组阐述自己的观点。我们按照他的分组方法分成了3个组,各组开展讨论并把结果写在纸上。然后,各组进行汇报。这如同我们在方略培训时加拿大籍教师给我们培训课程那样(这是合作探究式的学习方式,我们以后可以考虑应用)。在汇报后,他把美国对教师的评估方法也给我们作了讲解,从内容来看基本差不多,只是美国对教师评估结论必须经教师本人签字确认。如果教师不同意,教师可以书面附上自己的申诉理由(甚至可以请律师为自己辩护),但必须签字。所以,校长和管理者对教师的课堂教学观察还是必须认真做好记录的。

对教师的评估,一般两年要接受多次的听课,要想拿到终身教师职位,要求教师表现好、贡献大。否则,教师就会被解聘。对已拿到终身教师职位的老教师,如果表现不好,学校可以用换岗位的办法,或者让其再接受培训。现在美国有些州已取消终身教师职位。

第三,关于教师招聘的问题。教师的招聘也是先由学校报计划。这个计划是学校根据州教育局的计算公式来确定招聘指标数的。然后,学校在1月份上报计划数。校长根据招聘计划数,安排招聘岗位(学科比例)。再进行面试、上课(大学生可用录像课代替),一般在9月份前完成教师的招聘工作。美国的学校课程是根据学生的选课情况来确定的,所以对教师的需求是动态的管理过程。例如,本学期一所高中学生选学微积分的人数很多,一位数学教师不够,就必须招聘会教微积分的教师来上课。但是,下一学期如果选学这门课的学生少了,那就不需要这么多的教微积分教师。所以,教师的录用还可以由州教育局统一调配。尤其是对一些教师在一所学校考核不好,必须换一所学校的情况下,必须由州教育局来协调和调动。

有人问,教师的工资是不是随着学校的调动会有所变化呢?回答美国的教师工资是根据教龄长短来实施的，不是根据学校的不同来定的。一般同一州教师的工资是不变的。现在招聘教师还要看教师的综合能力。

第四，教师的专业发展。他简要回顾了美国教师专业发展的路径，20 世纪 60～70 年代，教师专业发展是自我发展。教师教学的内容是自己确定的，不同的学校差异很大。20 世纪 80～90 年代，以州为单位制定一个统一的课程标准，在此框架下进行教学活动。这样，同一州的各所学校的差异就会缩小（便于统一测试）。2000 年后，考虑全国统一的课程来发展学校、发展教师。现在各州有核心课程，还有国家的核心课程。通过核心课程来达到统测，可能是实施这一法案的初衷吧。当然，他也坦言，这个法案许多教师是反对的。因为这就可以用统一测试的成绩来促使教师的专业发展。

最后，埃德嘉先生还给我们每人发张调查单，写学习收获和对他报告的评价。他的课是精心准备的，尤其是给每人准备的不同颜色（通过不同颜色唤起对教学内容的兴奋感）的讲义纸，包括 PPT 讲稿。

瑞·罗瑞恩博士(Dr.Ray Lorion)的报告

时间:2011 年 10 月 12 日上午

主题:奥巴马总统的《卓越计划》

瑞·罗瑞恩博士是陶森大学教育学院院长。他为我们汇报了马里兰州针对奥巴马政府提出的《卓越计划》所做的一些工作。

所谓《卓越计划》就是提高中小学教学质量的计划,美国没有国家统一的课程标准,但各州自行制定,甚至是由各郡制定的课程标准。奥巴马政府上台后针对小布什政府提出的《不让一个孩子掉队》的法案进行自主发挥的实施。

一、改变现有课程标准

1. 建立技术系统,确保课程标准的实施

主要以网络为平台,建立课程信息资源库。教师可以在资源库中找到自己想要的内容,以及链接到整个网络中,了解当前教学的动态,从而获取信息。教师也可以在资源库中查找资料、教案等,还可以通过系统链接到优秀教师上课的状况,并请优秀教师给自己进行辅导,让新教师学习怎么当教师。无论你在何处,都可以与优秀教师建立联系。教师今后都可以通过网络及时进行培训,无须在周末外出培训。

2. 建立学生资源中心

建立学生资源库:一是帮助学生提高学习成绩,使成绩差的学生提高成绩;二是及时了解学生的学习情况,掌握每位学生的学习动态。每位学生从学前班到十二年级的学习情况都储存在资源库中,需要时随时可以调出来。

二、确保学生在所有学校所学的内容是一致的

针对联邦政府的《卓越计划》,马里兰州提出参加此项计划的实施,所以州政

府拿到了美国联邦政府 40 亿美元中的 2.5 亿美元的款项,拿到了钱就必须干事情,州政府组成了实施组,提出了提高学生成绩的 15 个目标,围绕这些目标,要完成 54 个项目。这些项目经费有一半留在州教育部,还有一半分到了各郡的学区(马里兰州有两个学区没有参加这个项目,可能他们自己也要做这件事,即贯彻全国的课程标准和实施评估),从 2009 年 9 月～2014 年 9 月 14 日完成。马里兰州的 54 个项目中就有提高高中学生达标率比例的项目。后面罗瑞恩博士介绍了这 15 个目标的具体内容。

目标 1：审计这些项目；

目标 2：500 万达标项目计划；

目标 3：制作评估的工具,与全国性的标准一致；

目标 4：建立全州的课程标准与全国标准一致；

目标 5：教育技术支持,跟踪学生学习轨迹；

目标 6：提高教师教学的系统,资源库的利用；

目标 7：全州提高性的评估——学期统考；

目标 8：教师培训系统；

目标 9：给穷的学校、成绩差的学校提供资源；

目标 10：新教师过渡到成功教师(教师前 3 年的工作)的培训；

目标 11：网络培训资源库内容的扩展,让教师享受这些资源的同时,上传资源到资源库系统；

目标 12：对差学校提供各种资源而达标；

目标 13：持续的评估；

目标 14：把好的与差的学校合并在一起,帮助提升的作用；

目标 15：建立全州学生成绩记录系统。

罗瑞恩博士还把这些目标的包容关系作了进一步的解释,这使我们初步明白《卓越计划》的实施是有一定难度的,即建立把州的标准与国家标准统一的课程体系——建立州的与国家的评估体系——建立数据库系统——建立教师校长培训系统——改变差校的策略系统。最后,落实到学生身上就使学生的学习负担不断加重。我在听完他的报告后深深感到,我们现在看到的在美国学校的课堂教学中学生动手实践,以学生为本的教学环境设计,学生从小就树立将来就业的志向,而且为之奋斗。中小学的学习是为将来发展打基础的,学生参与社区实践活动,主动融入社会,主动参与各种社团活动等,都是值得我们学习、借鉴的。如果按照此法案做下去,美国的统一标准出来后,各州去落实的话,美国学校也以应试教育为核心,也许十几年之后美国学校现有的这些好东西,就会消失全无,将来要培养出创新型人才就困难了,为此深感遗憾。

迈克尔·希基博士(Dr. Michael Hickey)的报告

时间:2011 年 9 月 12 日下午

主题:学校的领导力与挑战

迈克尔·希基博士是陶森大学远程教育室主任。他的报告中列举了关于学校领导力的一些评价办法。内容比较多的是关于制定的一些评价标准的设计。我们从他的报告中基本了解了在美国马里兰州关于学校校长和教师的评价有50%是与学生的学业成绩相关的。评价既有定性的,又有定量的内容,这个定量的评价可能就是未来美国社会和政府主要抓的学生的学业成绩,通过《不让一个孩子掉队》的法案后,美国力图通过对学生的学业成绩评价来推动此法案的执行。当然,他也讲到对于学生的评价还要考虑学生的家庭环境、学校环境、来自不同国家的文化及基础背景的相关因素。

希基博士讲到对学生的学业考试时,以前是每学年一次或两次考试,现在是每学年有四次考试,过渡到一个学期有多次考试,通过考试检测学生的学业情况,以便及时进行调整。他举了一个非常生动的例子:如果每人一个 GPS,开车到纽约,设定三种情况:第一种是途中只看一次 GPS;第二种是途中可看四次 GPS;第三种是随时都可看 GPS。试想,只看一次的人如果按照 GPS 指错路的话就会一直错到底,没法照顾到过程。就像学生一学期只考试一次,他在中途错了,没有学好,教师也不知道,到最终考试才发现他不懂,但已晚了。当然看四次 GPS 的就可减少途中失误的次数,可不断调整方向。如果可随时看 GPS,他就不会发生错误,一旦发现就可以及时调整。正如学生经常进行教学检测(课堂的教学反馈),学生会及时把错误暴露出来,教师随时可以进行跟踪帮助。这个例子非常生动,很有启发意义。

希基博士最后还强调,教师要根据学生的实际需要来组织教学活动。希望教师理解自己扮演的教学领导者的角色,明白自己是所带班级的教学活动的领导者。现在有很多教师已认同,学校办得不好只是校长的责任,这是不公平的。实际上如果教师的教学领导力不强,也会造成学校工作的低效,甚至无效。

以前对学校的评价、教师的评价和学生的评价都是分等级的,现在尤其对学生评价,主要看其是否达到最低标准,即期望所有的学生都能达到最低标准。也就是《不让一个孩子掉队》的目标所在。

希基博士今天所讲的报告内容马里兰州政府是否实施,他很坦然地说,还没有实施,要到明年的1月份才做。我们感到他的关于学校、教师的评价中的50%以学生的表现来评价,这个量化很好,但实际操作以什么来衡量,是考试的分数,还是其他什么? 看来美国所做的工作,搞以分数来评级学校和教师的做法,是在学习以前中国的教育评价。实际上,我们现在已经淡化了此类的比较。

美国学校对特色学校还没有这样的提法,只是每所学校可能有自己的一些特色项目,但并没有名码表识其特色之名。

附1:

巴尔的摩公办学校校长助理(副校长)评价表(粉页纸)

姓名 _____　　　　　学年 _____

所在学校 _____　　　　本地任职年限 _____

分管工作 _____　　　　任现职年限 _____

教育年限 _____　　　　负责该工作年限 _____

评价时段从 _____ 到 _____

	达标	未达标	评论(必要的)
Ⅰ 教育教学领导力			_____符合要求_____不符合要求
A. 设计学校有效执行规划			
B. 促进课程发展、实施与评价			
C. 促进专业成长(发展)			

（续表）

	达标	未达标	评论(必要的)
Ⅱ 管理领导力			_____符合要求_____不符合要求
A. 管理技能			
B. 组织技能			
C. 人力资源运用			
Ⅲ 学校风气(环境)			_____符合要求_____不符合要求
A. 人际关系沟通技能			
B. 学校环境(建设)			
Ⅳ 整体有效性(必要的评论) _____符合要求_____不符合要求			_____符合要求_____不符合要求
Ⅴ 建议/推荐(必要的评论)			

校长助理签名_____日期_____

　　本签字表明管理者已经读过本报告,并进行了讨论。但这不意味着他一定认同或同意本评价。

　　评价者(校长)签名_____　日期_____

　　其他评估者_____　日期_____

　　评价小组成员签名_____　日期_____　职称(头衔)_____

　　校长助理的评论(意见)_____

_____

附2:

教师评价表(黄页纸)

　　教师姓名_____　教龄_____

　　所在学校_____　上次评估时间_____

　　所负责/分管的工作_____　任本土教师年限_____　任现职时间_____

	达标	未达标	专业素质评估结果
Ⅰ 教师的教育教学能力			适当评论 _____符合要求_____不符合要求
A．对学生的了解			
B．对本学科知识的掌握			
C．(个人的发展)规划			
D．规划落实			
E．激励学生学习			
F．沟通技巧			
G．专业成长表现			
H．学生学习评价			
I．道德行为表现			
Ⅱ 人际关系方面(素质)			适当评论 _____符合要求_____不符合要求
A．小组关系			
B．与学生关系			
C．与人事管理部门关系			
D．与家长关系			
E．与同事(合作者)关系			
F．对全校的贡献			
Ⅲ 管理能力			适当评论 _____符合要求_____不符合要求
A．学生行为管理			
B．报告及时准确			
C．日常管理持久			
D．时间、资源、设备和教学环境的利用			
E．可靠性			

（续表）

	达标	未达标	专业素质评估结果
Ⅳ 整体教学的有效性			
必要的总结评论			

教师签名＿＿＿＿＿ 日期＿＿＿＿＿

校长签名＿＿＿＿＿ 日期＿＿＿＿＿

其他评估者签名＿＿＿＿ 日期＿＿＿＿

（教师签名表示教师读过报告,通过了讨论。但是,本人不一定要认可或同意这个评价）

布伦达·康利博士(Dr.Brenda Conley)的报告

报告时间:2011 年 9 月 14 日上午

主题:课程与评估

布伦达·康利博士讲了关于课程与评估问题。如核心课程标准、单元计划、课程计划、课程评价等问题。

一、教育哲学

康利博士一开讲就搞了一个活动,让大家在下列三种动物中选一种:乌龟(Tortoise)、兔子(Hare)、良马(Thoronghbred)。这三种动物各有优劣,20 位校长中大多数选了乌龟,意思是做稳健的校长;兔子跳得快,大家选择的少;而良马的生存环境太优越了,步子迈得太快了,良马的平衡性好,它能左右逢源,大家都不想做这种良马。这是什么心态呢? 还是大家都很世故,不想张扬,都想低调做事啦。老美的课往往先搞一个活动,就像体育课上的热身运动一样。

康利博士先讲了美国制定了一个中小学课程标准,从今年(2011 年)夏天开始使用,用这个课程标准来指导全美各州的教学工作。她说,制定一个课程标准先要有教育哲学,也就是从经验或经历、知识、价值观等方面来思考课程标准存在的问题,哲学是起始点。她讲了三种教育哲学思想:一是永恒主义。认为过去的知识要全部继承;二是要素主义。认为一些传统的东西,诸如道德等对所有的学生都需要;三是渐进主义。基于学生的需要,让学生参与其中。这三种教育哲学思想的存在,并不是每个都需要,还是要有选择的。需要什么? 怎么来选择适合自己学校学生学习呢? 她说:教师不能不知道这些理论,早在大学里都学过。只是走上社会就给忘了。现在还出现一种重构主义,要求学校的课程设置,使社会更健全、更民主。美国现在也很矛盾,如数学、科学、工程等课程,美国已失去了全球的竞争力。因此,现在的课程如何定,对他们来说面临的也是问题。基于以上的理论,又出现了四种哲学观点:一是理想主义观点。将历史、宗教等学科内容作为课程,主要采用的是以讲授式的授课方式为主;二是现实主义观点。将数学、科学等学科的内容作为课程,以掌握世界的运转,主要采用的是示范教学,再加上背诵;三是实用主义观点。把社会经验、建立社会秩序等作为课程内容,主要采用动手探索发现,注重一组人的想法,而不是一个人的想法。看整个人类的价值观,也不是一个地区、一个国家的好与不好;四是存在主义观点。学习的重点是以自己的意志来决定的,什么重要就学习什么,注重人的自由,使用的方法是以动手实验去发现。教学方法是渐进式的,要求学生个人对自己的学习负责任,自发地去学习。

康利博士谈到在美国有一位叫玛丽亚·蒙特梭利的教育家(20世纪30年代的儿童教育专家),她认为社区就是课堂,要求2岁的幼儿就要对自己的事负责,自己对什么感兴趣就自己去学习,教师只是指导者。我正好在《最棒的学校》这本书中看到过有关她的工作。蒙特梭利是意大利第一位荣获医学学位资格的女士,她对有关学生的研究发展表现出浓厚的兴趣,于1907年在罗马城外的一处贫民窟创办了一所学校,称之为"学生们的家"。在这里逐渐形成了蒙特梭利教学法的许多构想、策略和素材。这种教育方式在接下来的几十年期间横扫全世界。她的方式在本质上是尊重每位学生都有能力,在没有大人干扰的情况下主动去学习、认识这个世界。她写道:假如有一个星球上没有任何学校或教师,人们不知道要学习,而生活在那个星球上的人——除了生活在那个星球,并且四处走走之外,什么事情都不做——却知道每一件事情,他们的脑海拥有全部的知识。你是否会认为我太过浪漫? 好吧,就是这样,这看起来是那么富有想象力,就好像是我除了提供一种丰富的想象以外什么都没有,这是事实。那就是学生的学习方式,那就是他所遵循的旅程。他在毫不知情的情况下学会每一件事情。这种过程从无意识的状态慢慢转向有意识的状态,是走在愉悦和爱的旅程上。而我们的教育是成人给予小孩太多的指导和压抑,他们不是生活在自己的童趣世界里,而是生活在成人给他们塑造或建造的理想现实中。所以,他们是不快乐的,也是得不到健康成长的。

康利博士坦言,在美国也很少有这种存在主义观点的学校。而她的外孙女就在这样的幼儿园学习,她感到非常好。但是,外孙女就要到公办学校去读书了。

她认为,在美国公办学校还是以持理想主义和现实主义观点的学校课程居多。她还把教育哲学的四种理论与四种教育哲学观点联系起来:"永恒"对"现实";"要素"对"理想";"渐进"对"实用";"重构"对"存在"。

上述理论基础为学校课程建设提供了比较好的思想,存在主义的思想来指导理想主义和现实主义的行动。

二、核心课程

美国的教育也会受到政治的影响。例如,小布什总统上台时提出《不让一个孩子掉队》法案,要求全国各州的所有学校都按照国家规定的课程标准来要求所有的学生,尤其是最差的学生要跟上这个标准是很难的。

美国制定的这个法案是基于"标准"的理念。标准定得高,又有办法来测试和评估,要让学生学得好,就必须把标准定得高,促使学生拿高分。这个法案要求每个州从幼儿园~十二年级都要拿出标准,还要制定测试什么,怎么测试是从三年级~十二年级。否则,州政府就拿不到国家的专项基金。2014 年,所有的学校、所有的学生都要达到标准。她也说基于这个标准的设想是要把每所学校办好,如果学校不达标,就会有改进的措施或时间表(一般 2 年或 3 年),还没改进的学校校长就要被免职或处罚,学校就会被撤除或全部教师被解聘,由新任校长来接盘,好的教师可能会被留任,但其他的教师则会被派到别的学校。这个法案的初衷是好的,但是,实施起来有问题。据最近统计,有 5 000 所学校不能达标(市区收入低的学校)。越到后来测试的标准越高,达标也就越困难。她也说新总统上台后,又会制定新的法案。

奥巴马总统上台后对这个法案做了些改动,要求全国制定一些核心课程,并对这些核心课程制定全国统一的、新的教学大纲,在新大纲的指引下来制定评估的方案,这类似于我们国家的统考制度。以此来统一全国的水平和大学的基础。

奥巴马总统提出的共同核心课程标准(Common Core Standards,以下简称CCS课程)的理念,就是制定一些核心的课程作为国家课程,各个州必须按照国家规定的核心课程标准(教学大纲)来指导各州的课程教学与评估。主要内容是国家制定从幼儿园到十二年级(K~十二年级)的一些核心课程(例如,语文、数学、科学等学科),这样各州之间就有一个横向比较,也为进入大学或入职后的岗位水平有一个统一的基础。这实际上是在学习我国的一些经验,我们不只是一些核心课程,许多省市几乎是统一用国家课程标准来组织教学(上海有自己的一套标准,但不是所有的省市都可以自搞一套的),这完全被国家控制。据说,美国的一些州也有反对的声音,认为国家干涉了州的权力。但是,美国联邦政府说,如果哪个州不按国家核心课程做,就拿不到国家的这笔项目经费。因为有钱,所以各州还是在做。现在有 44 个州(包括华盛顿特区)都采用了 CCS 课程,马里兰州(MARYLAND)的相关内容可参考网站(www.mdk12.org),评估内容还是小布什时的内容。据说马里兰州正在把以前州的课程标准与联邦政府制定的课程标准进行比较找其中的异同。

关于什么是课程设置? 她说:现在许多教师都认为"书本就是课程设置",课程本身就是一门学科,而且还有分支学科,以前在大学都有这个专业,但现在许多大学都不设置这个专业,因为这个专业面太窄。简单地说课程设置就是为学生在校学什么而准备的内容。课程设置要求:学生达到什么目标? 学生有什么经历? 包括教师、学生、家长对成绩有什么期望? 现在还要关注人与人之间的互动(生生、师生、家校),课程设置不仅要考虑书本知识,还要包括学生的行为规范,在社区的表现,甚至包括学生在食堂吃饭等。既要有计划的内容,还要有没有计划到的内容。所以,课程的设置要考虑学生在学校方方面面的事情。

康利博士讲到了课程设置的种类:建设的课程(Keconnended);写好的课程(Written);支持的课程(Supported);测试的课程(Tested);实在学到的课程(Learned);隐性的课程(Hidden);排除在外的课程(Excluded)。她对此一一进行了解释,尤其讲到"排除在外的课程"。她(黑人)说在美国的历史课上不讨论黑人的生活(或有色人种的生活),将黑人的历史排除在美国历史课程之外,这是不对的。美国直到现在还在讲人人平等,实际操作上却是不关注有色人种历史的,这些就是排除在外的课程。

三、教学

课程设置好,就需要教学来落实。运用什么样的教学模式(Eight Step)? 必须考虑以下内容:

目标是什么? 学生已有多少知识? 用什么样的授课方式? 怎么指导? 结束

做哪些工作？作业如何设计？准备哪些材料？测试（量表）是否学懂、学了多少？由此,她指出了布卢姆(Bloom)的目标分类法。

四、评估

康利博士在讲到评估与测试的差别,她说总体测试与过程测试是不一样的。也是我们讲的评价有终结性评价与形成性评价。她说"NCLB"法案的测试错误就在于它是终结性的评价,对教学过程关注不够,从这句话中可以听懂上次一位教授所采用的"GPS"的比喻。如果把终结性评价当作形成性评价来使用,再来改进工作就晚了。一般形成性评价用来改进教学;终结性评价用来比较两所或多所学校之间的差异。

五、教学关注的方面

1. Emotional

认知、情绪、学习是个复杂的过程,必须考虑学生学习的情绪;

2. Social

社会的,师生互动等;

3. Cognitine

肢体的动作,这是美国教师与我国的最大的区别,我们的教师上课都比较严谨,一脸严肃。而美国的教师都运用手势、面部表情来组织教学,形式活泼,能吸引学生的注意力;

4. Physual

教学还必须注意学生的心理反应;

5. Reflective

反思,只有不断反思才能做得更好。

罗克斯·戴尔维克亚(Dr.Roxi Dellervechia)博士的报告

报告时间:2011 年 9 月 14 日下午

主题:头脑理论、指挥与学习风格

关于区别、掌握学习、小组教学、协作学习等方面的内容介绍。

一、多元智能理论

罗克斯·戴尔维克亚介绍自己是研究加德纳的多元智能理论的,对天才儿童有研究。实际上她所讲的内容主要围绕多元理论展开的。这些理论我们也有些熟悉,所以她的讲课内容还是比较好懂的,只是用英语来交流而已。

戴尔维克亚博士说用加德纳的理论来指导教学,问我们尝试过没有,大家都很茫然,实际上我们学到的都是些理论,真正用理论来指导实践还很难呀,她说教学不是灌输知识给学生,而要从学生那里得到什么。为此,她就开始讲课了。她说什么是智能? 智能是指解决问题的能力。人的智力不是正态分布式的,人的智能并不是人的聪明,即是人的聪明外在的条件。比如,皮尔·盖茨在小时候对电脑感兴趣,是因为他妈妈在计算机协会工作,有一台电脑供使用,盖茨近水楼台先得月,这样使他对电脑产生了兴趣,从而研究起电脑,并在电脑上取得了非凡的成就。她说作为教师就要去发掘学生"怎么这么聪明?"(找外在的、内在的因素),而不是去做"你到底有多么聪明?"这是结论的事。

与加德纳教授同时代的耶鲁大学的一位教授认为人的智力主要有:分析力(分析问题的能力)、创造力(与别人的想法不一样)、适应力(适应社会的能力,也就是生存能力比较强)。

加德纳的多元智能理论主要包括以下 8 项能力:

语言能力(LINGUISTIC);逻辑—数学能力(LOGICAL—MATHEMATICAL);

空间能力（SPATIAL）；运动能力（BODILY—KINESTHETIC）；音乐能力（MUSICAL）；交际能力（INTERPERSONAL）；认识自我的能力（INTRAPERSONAL）；探究自然的能力（NATURALISTIC）。

戴尔维克亚博士对这八项能力分别从具有这方面能力的人的特征来理解。如果你有这方面的能力，你会有这方面的表现？具有从事的职业倾向？她从这些方面对每一项智能都作了解释。

加德纳与耶鲁大学的那位教授都认为智力水平不是一成不变的，是可以有变化的。这个人"怎么这么聪明？"要知道他在哪个方面这么聪明，他可能不止在一个方面聪明，这就要进行挖掘和培养。教学就要针对学生在哪个方面的能力着重进行培养。有句话说得好，中国的教育是哪壶不开提哪壶，而美国的教育是哪壶开了提哪壶呀。

戴尔维克亚博士让我们分成 4 个小组。她给我们每人发 1 张纸，上面画有个空心的小人像，让我们根据自己的想法把这个人画完整。例如，你喜欢运动就给小人画双鞋；喜好动手就画上手；喜欢用耳朵听就画上耳朵；喜欢用眼睛看就画上大眼睛等，然后小组交流，看自己或他人具有哪方面的智能倾向。这个游戏设计得比较好。但是，博士一边说我们一边画，结果可能大家都一样，分不出有什么不同。比如说，这幅小人像只能用几个符号（耳朵、眼睛、头发、脚、手、鼻子、手里拿气球、手里拿扫帚，穿条子衣服、穿有纽扣儿的衣服或束腰带等），再把符号的说明写上（比如，通常听课你主要是喜欢用耳朵听，还是用眼睛看文字呢），然后，让大家把自己最喜欢想用的符号添在小人身上，并限定最多添 3～4 个，这样就可能测出该人的智能倾向在哪方面。这有点像是测智商。作为一项作业，我觉得教授教学设计得非常好，她把理论与实践结合起来，让大家在轻松自如的氛围中学习并得到提高。

请装饰你自己的"姜饼"小人（基于你自己的个性）

如果我是

男性——有 1 条短裤

女性——有 1 条裙子

触觉类型的学习者——有手指

运动类型的学习者——有鞋子

76

视觉类型的学习者——有大眼睛

听觉类型的学习者——有耳朵

如果我最擅长的是

阅读——紧闭的嘴

写作——张开的嘴

逻辑思维——戴眼镜

数学思维——有睫毛和眉毛

使用音乐——有长发

使用空间概念——有1件条纹衬衫

反思——有几颗扣子

和别人互动——有1条皮带

使用自然科学和观察——有1个凸出的鼻子

如果我有创造力——手握气球

如果我善于实践——手握扫帚

二、差异性教学

戴尔维克亚博士开讲之前设计了一个问题:有只盒子,打开来发现里面有3只小盒子,再打开来,又发现每只小盒子里面还有3只小盒子,再打开每只小盒子里面又有3只小盒了,试问一共有多少只盒子? 这个问题提出后,让我们说出结果,我忽略了题目的内容,而直接想到这是数学里的等比数列问题,就一口气报出是3的4次方,即81只盒子来,实际上是问一共有多少只盒子,而不是问下次打开的盒子有多少只? 这是审题不清造成的错误。教授的意思是问大家在脑子中形成的是文字(数字)、还是图画(盒子)呢? 如果是数字就会用数学的方法去分析解决(我就想到数字,是什么规律,再想用什么方法去解决),如果脑子里形成的是图片,就会想1只1只去数,有多少只盒子。这两种不同的思维方法可能预测这个人有哪方面的智能倾向。从这个例子可以看出,教学是不是关注到每位学生的能力倾向。如果关注了,平时采用哪些方法来组织教学,而且是针对不同的学生。说实话,我们个别教师可能在一个班级中教学多年,可他除了教材上的内容之外,有关学生的心理、兴趣特长、能力倾向却很少去关注和发掘,这也就是教死书呀。作为现代教师来说，这是不称职的。如果是这样的话，家长要不把学生送到学校来，要不就留在家里，自己来教授知识。或者双休日到培训机构学2天，其他时间让他在家休息就行了。我们的学校教育就是应该提供以上两方面都不能做到的，那就是培养学生的能力，发掘学生的特长，因材施教。

差异性教学，就是关注学生、尊重学生，从研究学生的学业需要出发，设计学习任务，有针对性地组织教学和辅导，这就要求在班级授课制的氛围里，进行合理的分组（以智能倾向分组也是一种形式，但不能以学生的考试成绩分组），这样进行差异性教学就可能关注不同学生的真实需求。

教师怎么进行差异性教学呢？戴尔维克亚博士主要从以下几个方面讲：

1. 教学内容

戴尔维克亚博士举了个研究非洲大猩猩科动物的例子，可以分成不同级别的小组，对每一类猩猩可能有不同的研究方向。也可把学生分成若干小组，让他们自己确定研究方向。然后，把相同研究方向的学生组织起来成为一个小组。或者按照猩猩的不同方面进行研究，如猩猩的身体构造、生活习性、叫声以及进化等方面。

2. 教学方法

差异性教学就不能用一种灌输式或填鸭式的教学方法，必须多种教学方法并用，如阅读来学习、看录像来学习、研究文献法学习、自己表演的方法来学习、操作实验的方法来学习。写到这里，想起我校教儿童戏剧的吴老师曾经与我探讨过儿童戏剧教育对发展学生能力的作用。她讲到实际上戏剧教育不要把它理解为就是教学生学表演，这只是片面地把结果当成教育的本质。从今天教授的课中我对吴老师的话有了更深的理解，实际上学习戏剧的过程就有剧本内容的学习（阅读能力的培养）、有道具的制作（培养学生的动手实践能力）、演讲（语言表达能力的培养）、表演（音乐智能、动作协调性训练）、演出一个节目就是一个集体（培养学生的团队合作能力、组织能力、人际交往能力）、写剧本或改编剧本（创造力的培养），就这一门戏剧教育便能把学生多方面的能力都培养起来，这难道不是一个很好的教育形式吗？历经几年，我们虽然也拿到了上海市中学（初高中）课本剧表演一等奖，可是我们对它的意义是不够明白的。所以这件事还做得不够好。

作为一项比较好的教育形式,目前由于缺少这方面的优秀师资,只能让一部分学生受益。

3. 情感教学

学生的学习会受到情绪的影响,良好的学习氛围和学习情绪可帮助学生学得更好。作为教师本身必须要有良好的自控能力,不能把自己的不良情绪带到班级,带给学生,而要为学生营造良好的学习环境。另外,也要关注好学生的情绪变化,这就要求教师关注每位学生的表情,针对具有不良情绪反应的学生,不要一味地压制,而要进行灵敏的反应,这很重要。记得某所学校有位女学生患有慢性哮喘疾病,一直要用药(喷雾器随身带),那天因为药没有带在身上,上课就喘,但是怕影响其他同学一直克制自己,有时把头埋在课桌下面。由于上课的教师没有注意到这点,直到下课学生已经喘得不行了,班主任老师知道情况后立即报告学校,学校马上叫出租车送往附近的医院抢救。可是,由于延误了最佳的救治时间,这位女学生过早地离开了人世。这个教训是惨痛的、是深刻的,我们的教师不能只顾埋头教书,而忽略了学生呀。

4. 学习环境

首先,学校环境对学生学习的影响,也是差异性教学的关注点之一。这个环境既包括硬环境的布置,如学校的楼道、走廊、教室、橱窗等布置,都是学生学习的良好环境。我们这次访问的几所学校,他们都很注重这方面的布置。例如,在以色列人居住的社区私立学校走廊的墙面布置得非常丰富;上次访问的公办高中的每间教室布置得也非常好。尤其是化学教室的天花板上有化学的元素符号在其中。其次是为学生营造一个自主选择学习的环境。例如,学生想学什么?怎么去学习?是看录像还是与其他人一起学习等都由学生自主选择。学校须为学生的学习提供既有深度又有宽度的学校环境。

戴尔维克亚博士还用几张框图(树图)来展示。

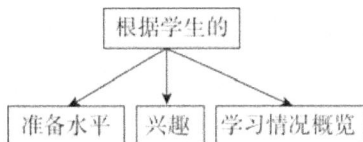

79

```
                        ┌──────────┐
                        │  差异化  │
                        └────┬─────┘
                             │
              ┌──────────────┴──────────────┐
              │  是教师积极响应学习者的需要  │
              └──────────────┬──────────────┘
                             │
         ┌───────────────────┴───────────────────┐
         │  以思维倾向和差异化理论基本原则为指导  │
         └───────────────────┬───────────────────┘
```

适切任务	精品课程	教学提升	弹性分组	不间断的评估	建立共同体

```
         ┌────────────────────────────────────┐
         │  教师可以通过以下方面来进行差异化教学  │
         └────────────────────────────────────┘
```

内容	过程	成果	情感	学习环境

```
              ┌──────────────────┐
              │  运用如下的教学策略  │
              └──────────────────┘
```

组织结构图、支架阅读、学习契约、分层布置、学习/兴趣中心、独立学习、智力、轨道、复合式教学、八步教学法、以探究为取向教学活动法等

```
              ┌──────────────────┐
              │  运用如下的教学策略  │
              └──────────────────┘
```

RAFTS、组织结构图、支架阅读、学习契约、分层布置、学习/兴趣中心、独立学习、智力、轨道、复合式教学、八步教学法、以探究为取向教学活动法等

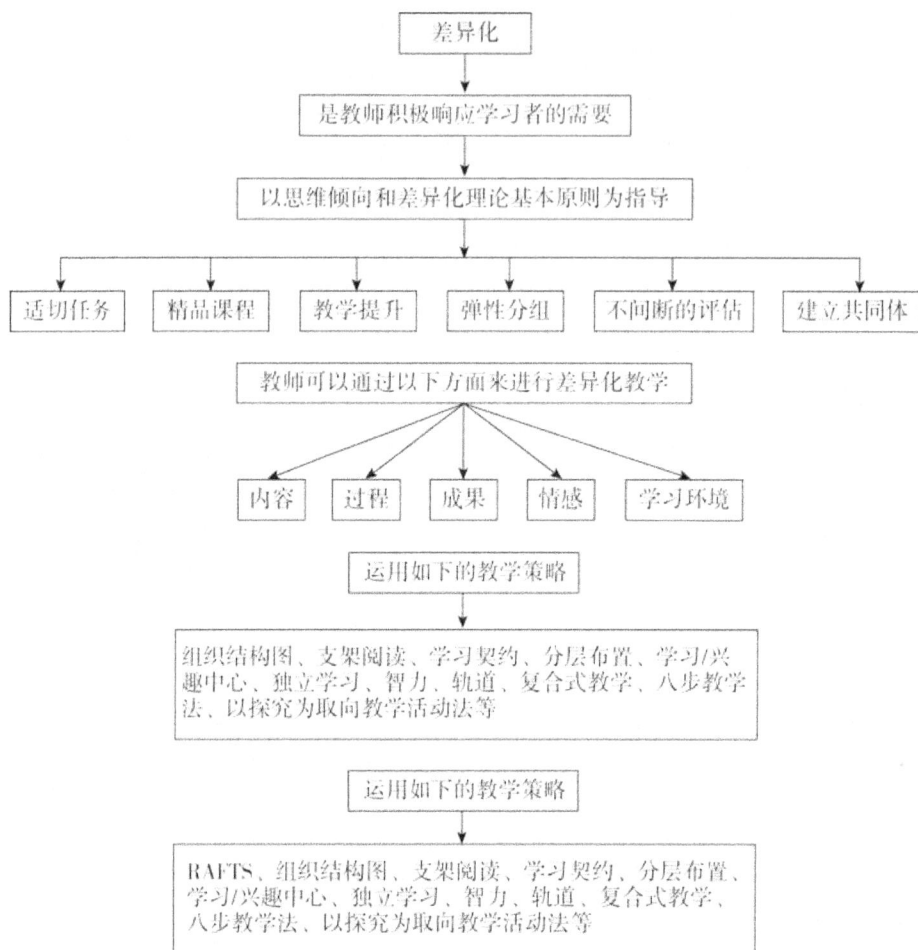

差异教学的每一部分内容,例如讲到"根据学生的"(According to student's)情况中的内容:一是学生准备阶段(Readiness),是指学生对原认知掌握了多少,这很重要,学生已经有这方面的知识,教师就不必再花时间去讲。或者有的学生这方面知道得多一些,有的知道得少一些,把有准备的学生集中在一起学习,把没有准备好的学生放在另一组学习,这也是分组的准备;二是根据学生的兴趣(Interest),研究学生的兴趣,让学生做自己有兴趣的事。例如,一节课围绕主题有不同的活动内容,每位学生可以根据自己的兴趣发挥自己的特长做自己感兴趣的课题或活动。这既是因材施教,也是培养有特长的智能;三是学习资料

的提供(Learning Profile)。根据学生不同的智能倾向,采用适当的方法指导学生的学习。例如,用游戏法、动手实践、阅读、自己研究等方法为学生的学习提供支持。

最后,戴尔维克亚博士又设计了个问题,让我们分成四个小组,每个小组选择一主题,按照主题设计一些活动来培养学生的多元智能。有一个组选择中国的秦朝;有两组选择水循环;我们这一组选择田园生活。我们这个组在大家的讨论之后准备设计一些活动:

(1) 让学生查找文献,找一些有关田园风光、田园生活的诗词来朗朗,演讲活动(具有语言智能的学生);

(2) 反映田园生活的画或写生活动(具有艺术智能的学生);

(3) 演唱反映田园生活的歌曲(具有音乐智能的学生);

(4) 开展除草、种植活动(能动手、具有实践智能的学生);

(5) 设计草地运动项目的运动会(具有运动智能的学生);

(6) 探索田园垃圾的处理的办法,或者观察小动物,研究其习性(具有探索自然智能的学生);

(7) 采摘果实统计数据,或者开展农民收入、财产的调查(具有数理逻辑智能的学生);

(8) 与农民学生交朋友,或者调查农民的业余生活情况(具有人际交往和沟通智能的学生)。

这些活动可以为不同智能倾向的学生提供不同的学习机会,既能发挥其特长,又能提高其学习的效率。我们的教学就是为学生提供适合的教育,而不是绕过他的特长,专找他的弱项进行教育。过去经常讲的中美教师教游泳的方法:中国教师教10位学生学游泳,先是怎么吸气?手怎么划水?脚怎么蹬水?怎么蛙泳?怎么仰泳?怎么自由泳?一一教给学生。中国学生都很聪明,他们都学会了,都会游泳了。但是,要从这10人中选1人参加比赛,教师犯难了,让谁参加比赛?我看大家都很好呀。教师教了这么久,可他并没有发现哪位学生有游泳方面的天赋,这是中国教育模式教育的结果。因为这是工业社会统一模式产生的产品,应该是统一规格的,没有最好的,但都是合格的。如果是次品,早被剔除了。而美国的游泳教练不是先教学生一招一式,而是把这10位学生全部推下水,让他们在水中自己去挣扎,可能有的学生沉下去就爬不起来,有的学生在水中扑通几下又上来了。美国教练就说,这个扑通上来的学生你来学习游泳吧,扑通不上来的学生你就别在这里浪费时间,到你该学的地方去学吧。这就是按照多元智能来培养学生,学生学习他擅长的内容,他学习就有兴趣,从而热爱学习。因为兴趣是最好的老师,这句话是千真万确的。

附:

教 学 菜 单

语言(天赋)菜单

1.用故事解释……;2.针对某一专题进行辩论;3.针对某一专题写一首诗,一个神话、传说、短剧,一则新闻报道等;4.将一个短故事或者小说与……联系;5.讲演;6.组织班级就某一个专题进行讨论;7.针对某一专题创作一个脱口秀广播节目;8.针对某一专题写一个时事通讯、小册子或者编写一本字典;9.针对某一专题写一个口号或者标语;10.针对某一专题制作录音带;11.针对某一专题或者某人进行专题采访;12.针对某一专题给某人写信;13.利用科技写……;14.其他。

数学逻辑(天赋)菜单

1.为某一专题编故事性的问题;2.把……译成数学公式(表格);3.构思创建一个"大事年表";4.设计并实施一项试验;5.做一个有技巧策略性的游戏;6.使用(图示集与集关系的)维恩图来解释某一个问题(例如,两个圆圈交叉);7.通过用演绎推理的办法示范;8.通过用类比的办法来解释;9.使用相应的思维技巧来解决;10.对相应的问题设计编码;11.对相应的问题进行分类;12.就一个问题描述规律或对称;13.筛选和使用科学技术;14.其他。

动觉(天赋)菜单

1.角色扮演或者模拟;2.设计一个或者系列运动来解释;3.编舞蹈;4.发明一个棋盘游戏;5.使用任务卡片和猜谜卡片;6.计划并参加一个实地考察;7.请身体素质好的人示范;8.设计一个到某地去搜寻……的任务;9.制作一个……模型;10.使用传递材料的方法示范;11.为某样东西设计产品;12.筛选和使用科技;13.其他。

视觉（天赋）菜单

1.图表，表格，群组和地图；2.自制幻灯片，录像带，影集；3.设计海报，广告或壁画；4.利用记忆系统学习；5.创作 1 件美术作品；6.设计 1 张建筑图纸；7.为某个专题做广告；8.区分某事物的大小和形状；9.用颜色涂识过程；10.发明棋盘游戏或扑克牌游戏示范……；11.用画画、雕塑进行构思说明……；12.使用投影仪；13.筛选；14.其他。

音乐（天赋）菜单

1.在适当的音乐伴奏下，进行现场展示；2.写歌词；3.通过唱歌和说唱音乐来解释……；4.在……中找出节奏模式；5.解释歌词是如何与歌曲的主题联系在一起的；6.解释一首歌的音乐是如何与……相似；7.呈现一首与……相关的古典音乐；8.使用乐器并进行演奏……；9.利用音乐促进……学习；10.搜集并呈现……的歌曲；11.为一首歌作曲……；12.创作音乐拼贴画来解释……；13.筛选和使用科技；14.其他。

人际智力（天赋）菜单

1.主持会议并发言；2.与搭档一起大声说出解决问题的方式；3.对某一话题实行多角度的角色扮演；4.对某一话题组织或者参与小组活动；5.有意识地使用某种社会技巧来学习；6.参加 1 个服务项目；7.教其他人学习……；8.与小组成员合作，设计规则并完成其过程……；9.通过……方式帮助解决当地或者全球的问题；10.尝试着对于某一话题给别人提出反馈意见或者接受别人给予的反馈意见；11.发挥自己的一个优势，在小组中承担一个角色来完成……任务；12.编制……期刊或者体系车轮；13.利用电信程序达到……；14.其他。

自省智力（天赋）菜单

1.描绘本人所具有的成功做某事的素质；2.为某个问题进行个性类比；3.设定并追求一个做某事的目标；4.描述自己对某事物的感觉；5.解释自己对某事物的个人哲学；6.描述自己对于某事物的价值观；7.自律方式学习；8.就某个话题写日记；9.解释自己对学习……目的的理解；10.实施对……选择的计划；11.接受别人对你所付出努力给予的反馈意见；12.进行自我评价；13.筛选和使用科技；14.其他。

罗恩·托马斯博士(Dr.Ron Thomas)的报告

时间:2011 年 10 月 12 日下午

主题:改革的过程——学校文化

罗恩·托马斯博士(他是教学管理与教学系的教授。还担任过三个学区的总监工作和助理总监工作)作了"改革的过程"报告。他开场就说了美国学校面临最难的问题是:学校文化;学校改革的过程。

该报告谈到学校文化是什么? 怎么变革学校的文化?

一、学校文化

托马斯博士对学校文化的定义是文化代表教师行为、学校行为,学校的共同的价值观等内容。

他从四个方面让我们进行选择:

学校里比较有趣的事是什么? 学校的标识是什么? 学校里永远无法改变的是什么?

学校如何举行一些庆祝活动的? 在学校文化变革中,也要思考如下几个问题:

哪些做法不要改变? 哪些做法可以改善? 哪些做法要彻底改变?

托马斯博士还说一些学校的校长到了一所新校后,说第一年什么也不变,他认为这种许诺不一定就好,实际上还有一些方面是需要改变的,最好不要去许诺。但是,所有的马上都改变,也是不好的。具有特色的东西不要改变。

有研究发现,教师要想改变自己的行为,3 周就可以。希望他们把好的文化融入进去,把过去那些不好的文化、负面的东西全部改掉。

二、学校文化分析

托马斯博士用了美国的一个词语来表达改变学校文化,这个词是"yard sale",就是周六把自家的旧东西放在庭园中向外出售的意思。他设计了5块小牌子,让我们把自己学校的那些东西放在5个不同的位子上。

1. 非卖品

就是永远也不要改变的东西,是好的,要保留下来的。也就是具有学校特色的、传统的,但是有益的东西,需要保留和珍藏的。例如,学校的特色品牌,艺术、体育、科技等特色需要保留,这是不可以卖的。

2. 送去博物馆

自己不用了,可能是过时了的东西。但是,有值得记忆的,可以放到博物馆中让别人去欣赏的。例如,我们过去以学生成绩排队的做法,现在我们认为不是好的做法,这些资料可以放入博物馆(美国现在还在搞名次排队)。

3. 售卖品

就是自己感到不好的文化、不好的东西要把它卖掉。这里的意思就是校长想改变学校文化的"东西"。但是,校长必须想如何去改变这些"东西"。例如,对那些不合格的教师,你怎么进行培训,改变他们的教学方法等,校长必须要有明确、清晰的计划。

4. 有待解决的

学校的有些问题,校长可以争取教师、家长、社区的支持,需要等待时机进行改变。

5. 有毒废物

对这些不良的东西,校长要有决心把它统统送到垃圾桶里。

以上五种方法分析学校文化中的取舍,给出了我们思考的一个方法。作为校长要从上述五个方面进行梳理,看看学校文化中哪些是需要保留和继承的? 哪些是可以改变的? 哪些是不要的可送到博物馆去的? 哪些是有待时机成熟再改变的? 哪些是毫不留情要抛弃的?

三、学校文化的改变

1. 改变的目的

经常要告诉员工哪些是不好的东西，让他们在脑海中留下印记，使大家都认为这是问题了，还要把改变的迫切性告诉大家。经常是上级领导要求基层领导改变学校的文化，据研究：要花三年的时间改变一所小学的文化；要花五年的时间改变一所初级中学的文化；要花七年的时间改变一所高级中学的文化。

调查美国教师，问为什么选择做教师？有85％的教师回答是"要帮助学生学习"；10％的教师是因为教师有寒暑假；5％的教师是为了钱。美国教师的这种回答是不是有点虚伪呢，难道那么多的人做教师都是为了帮助孩子学习吗？持怀疑态度。但是，从美国教师的工作量及待遇来看，他们确实是比较高尚的。

又比如，在对准备做教师的大学生进行培训时，不告诉他们《不让一个孩子掉队》和《卓越计划》的两个法案的理由行不行？最好的方法是从道德层面来说明比较好。因为这不仅仅是为了提高学生的学习成绩。

2. 改变的愿景

要向教师描述改变以后有什么不同，还有哪些是相同的。尽量要简洁，不要复杂化。把学校的现状和未来与教师一起分析，把道理说清楚，教师便会理解需要改变，就会自觉地投入改变的工作之中。

3. 制订学校改变计划

校长要把改变的时间表列出来，开始怎么做？接下来怎么做？今后又怎么做？最后还须怎么做？一步步地列出来，让教师明白今后所做的每一项工作，并要反复讲，让教师明白学校在变化。还应该把正面的信息及时告诉教师。要让教师明白放弃会有痛苦，但不放弃会更痛苦。

在改变过程中，可能会触及一些人的利益，作为校长要听得进不同的声音，甚至是过激的言语和反应。有时改变是绝对的，是没有讨价还价余地的，但怎么改变是可以商量的。

在美国的文化中，也是不要说别人的不好的。尤其是在新任学校的校长之后，不要对前任校长说三道四。而要说："我是站在前任校长的肩膀上，你们以前做得很好，我们要从新的起点出发⋯⋯"

4．改变要有反思

杜威曾说过，在实践中学习、在思考中学习。美国学校的节奏非常快，教师的教学时间非常多，反思的时间却非常少。改变需要经常反思的，要有目的去做才能成功，也就是说成功不是偶然的。

5．改变是过程，不能一蹴而就

改变都是由低到高，是渐进式的。但是，改变又是需要持续的。作为领导要经常与教师进行情感的沟通，了解教师在想什么？在做什么？

今天的 3 个报告，内容都非常好，就是时间短了些，没能进行深入理解和消化，如果对学校文化改变的方法及步骤再深入细致地进行讨论，效果则可能更好。几位专家讲课的一个特点就是把难懂的问题简单化，他们会用清晰的、浅显的例子来说明问题。这也是我们今后讲课、做报告可以借鉴的。

简·纳布列斯博士(Dr.Jane Neopolitan)的报告

时间:2011 年 10 月 12 日上午

主题:学校领导力——变革型领导力

简·纳布列斯博士是陶森大学学校发展系和学校领导力系主任,还负责中小学校长执照的考核工作。今天上午听了她所做的"变革型领导力"的报告。她首先问大家对学校领导的看法,什么样的领导是好的领导? 什么样的领导是不好的领导? 哪些是可以做的? 哪些是可以说的? (What do they do? What do they say?)她说对员工很严厉的领导不是一位好的领导。易变的领导是自己对自己的目标和愿景不明确,所以就多变。她在讲课中着重从下面两个方面展开。

一、交易型领导

交易型领导强调领导与下属是交换型的。该领导必须有可回报给职工的资源。对工作努力的员工将给予奖励,目标明确。但是,每个人得到的回报必须都是公平的。管理的方法是对特别好的案例,给予表扬和奖励;对不好的现象作出反应。管理的重点是对不好的行为作出反应,这种领导像是工厂型的领导,就如质量监管员。因为工厂里的质量监管员主要是对产品检查是否符合要求,不符合要求的产品将被淘汰出去。但是,这也不是什么不好的,至少该类型领导是个守规则、守秩序的。这也是一种比较公认的领导模式。实际上我们在管理工作中,也常见这种类型的领导,主要是以检查工作为主,以找缺点为主的,进而进一步改进工作。

二、变换型领导

该领导是对整所学校、社会和国家负责任的领导。他注重的是道德水准的东西较多,认为领导就是服务。该领导有以下特性:

1. 理想化影响力

以自己的表率作用来影响其他人。是一种有远见、有自信，对大家设定一个很高的标准。

2. 鼓舞性激励

该领导能鼓舞手下人去做，手下人也有动力去做，领导的目标不是一个人的，而是大家的目标，是所有人的目标。

3. 智力激发

该领导不是告诉你要不要做，而是激发你去想、去创造，这是一支学习型的团队。能把大家的创造思维给激发出来，会对传统的东西提出质疑。

4. 个性化关怀

该领导把手下的人不是看成千篇一律的，而是把每个人看成是具有独特性的，知道每个人需要什么？让他们成为更好的。

变换型的领导的优点是：该领导很注重全体人的利益，对下属有民主、有说话的权力。把集体的利益与朋友、家人、团体的利益联系在一起。并把别人的利益放在前面。

该领导的缺点是：他的领导方式很难评估，也很难复制，这不是一种科学的领导方式。光注重影响而不是实际，不太注意实施的步骤，或对每一步该做什么关注不够，比较松散。习惯于领导叫我干啥就干啥的人不适应该类型的领导。该领导可能对小部分人的关系能处理好，而对大多数人的关系则处理不好。面临挑战，是要把自己不喜欢的人团结起来，对每个人都要尊重。

一般来说，大多数领导都是复合型的，领导部门的工作能力很强，处理每天的工作琐事，有主见。但应巧干而非苦干，不只是维持现状，而要寻求变革。

三、变革型校长

这种类型的校长该做些什么？

1. 每天都要到每间教室查看，帮助教师和学生，也鼓励同事间互相听课

新学期开学订好目标，并让大家共同参与和讨论。该领导自己的知识丰富，并鼓励教师对每件事情持有不同的看法。一般来说，教师较多注重的是自己班级的事情，往往对学校整体的关心不够。所以，要鼓励教师把自己的想法说出来，但

不要把领导的个人意见强加给教师。要调查教师的需要,倾听教师的需要。

2. 让教师有自己的想法,鼓励教师去实践

现在在美国做实践研究的学校也不多,所以提倡教师在实践中进行研究。领导对教师做得好的地方,要用亲笔信的方式表扬他们,可能使教师的记忆深刻。

3. 让教师得到多方面的信息

对教师的职业发展进行专业引导,对有关会议和交流的精神进行传达,领导要成为教师的教师,经常给教师进行培训,与教师保持同事、朋友式的关系。

纳布列斯博士特别提醒,在单位招聘新人的时候,要了解该人只对本班的事情关心,还是对整所学校的事情都关心。不能把那些不顾全大局的人招进来,教师不只是对本班级负责,还应该对学校全体学生都负责。当然,首先领导要起表率作用,在教师的合作方面有很大的影响力。

杰克·科尔博士(Dr.Jack Cole)的报告

时间:2011 年 9 月 21 日上午

主题:学校安全

今天一天都在陶森大学听专家报告。上午听的是杰克·科尔博士关于学校安全的报告;下午听的是乔利卡塔(Joseph P Licata)所作的关于学校经费的报告(略)。

上午的报告,科尔博士讲课是采用小组合作学习和讨论形式的。开始他就用问题让我们自己来选择对或错:1.美国学校不安全;2.精确的数据很难获得;3.学校没有想象中那么危险;4.学校比想象中更加危险;5.管理者对学校安全负首要责任;6.全校范围的安全方案包括纪律、教室管理、工作准则与规程。

然后,科尔博士逐一进行分析有关美国学校的安全性问题。他说,在美国学校还是比较安全的,教师、校长都是训练有素的,他们的安全意识非常强。有一些不实报道也是媒体为了挣钱以吸引人的眼球而夸大其词的,使得学校的安全成为人们关注的焦点。同时,也使不明真相的人有种恐惧感。实际上美国校园中发生不安全的事情还是很少的。万一发生法律诉讼,学校有律师出面解决,不需要校长去面对的,而且学区也有校长协会为校长说话的。当然,校长也需要搞公关。每所学校都有一套完整的安全体制,每所学校都可以制定自己的安全预案。

在美国,由联邦教育部制定有关教育法规。但是,不管地方的具体教育事务,还是由各州自己去管理和解决问题。因此,许多专家都说,各州不一定听联邦政府的话,尤其是基础教育都是各州自己管理的。在讲到安全案例时,他列举了以下方面的情况:针对学生的暴力;针对教师的暴力;个人;帮派;毒品;惩戒和不良行为;环境安全;人身安全。

这些都是美国学校安全管理中遇到的一些问题。他对每项内容都一一作了解释。例如,在讲到"个人安全"问题时,要注意学校建筑物的安全,还要注意如触电、屋顶漏水、着火，以及食物过敏（花粉过敏）等。现在"团伙犯罪"在美国学校很少有。但是，美国移民越来越多，有时是一些族群在一起聚会，而不是团伙，他认为是团体，他们为了保护自己的私有财产和文化，这是好的，但作为校长应该与这些团体进行交流，彼此尊重很重要。这也给了大家心理上的安全感。

在讲到"毒品"问题时，这已成为美国社会的一大问题。尤其是合法的止痛药已使毒品成为难以控制的源头。学校教师如果发现学生吸毒要及时向校长报告，教师和校长也需要学会判断该学生是不是在吸毒，但判断是否正确必须经过培训的，才能作出合理的判断。

最后，科尔博士又提出了几个问题，让我们小组讨论学校安全与安保：1. 关于学校安全与安保你有什么问题？2. 你看到了什么，导致你想到了这些问题？3. 你听说过有关美国学校安全与安保的什么信息吗？4. 你有没有在你们国家的学校中发现类似的问题？

我们选择了第 3 个问题，认为美国学校的安全做得非常好，主要有以下几点：

一是，学校的环境是封闭的，尽管看上去没有围墙，但学校的建筑物就是一堵很好的围墙，外人进入学校内部是很难的，学校只有一个不起眼的小门，甚至连校牌也没有。但是，管理非常规范。我们学校刚开办时曾被沪上媒体宣称是上海第一所没有围墙的开放式的学校，后来随着居民区人员结构的变化、社区环境的变化，学校不得不修建围墙，这件事也曾被当地居民投诉过。实际上在国外的中小学也不是人们所说的开放式，只有大学是这样的。

二是，大多数学校（尤其是高中）派警察驻校，维持学校和社区的秩序，在陶森高中，我们就亲眼所见、亲耳所听。

三是，学校对安全确实抓得非常紧，校长是第一责任人，经常巡视校园，他们手里都拿着对讲机，好像时时都在进行实战演习一般。

四是，教师具有安全意识。比如上课时，教师都会在教室门口迎接学生的到来，学生看到教师在门口，既有亲切感，又有安全感。因为美国学校的学生每节课都要换教室，所以学生对教室的安全感比较敏感的。我感觉教师站在门口不仅是迎接学生，也是给学生安全感。另外，在中午吃饭期间，食堂的大厅里学生是井然有序地在排队购餐。但是，在食堂的每个位置都站着教师在维持秩序，这也是给学生一种安全感。

五是,学生出教室前都要先在门口的登记表上登记姓名、外出理由、外出时间和进来时间,并拿好本教室的挂牌挂在自己的脖子上,以备巡视教师检查。

六是,学校对毒品的关注程度非常高,对学生的一举一动都会密切关注。例如,发现学生上课发困、精神不振等情况,学校就会进行调查,防止学生是因吸毒而造成的。

我们有些校长对比国内学校的安全问题,谈了一些想法,认为我们学校的安全意识还是很淡薄的。尽管学校有围墙、监控设备,但对学生的安全教育、学生的安全意识的培养等都缺乏经验,还有就是社区环境有的也比较糟糕,大家多次提到网吧问题,网吧使得青少年学生沉迷,不能自拔,甚至走向犯罪道路。

大家还对学校的安全工作、学校应承担的责任问题,请教了科尔博士。科尔博士说,在美国,一般小的安全事故上面是不追究校长责任的。如果是大的事故,上级在对学校的考核中,只就安全工作给予不好的评价,对其他工作做得好的还是一样好评的,不存在国内所说的安全问题一票否决。

最后,科尔博士又举了几个案例:

案例 1

一位中学生在教师下达指令说明时,她不停地说话。当教师训斥她时,她反而对着教师大声尖叫。

你该怎么办?

案例 2

你在课间看到学校大厅里有 3 位初中生,他们把另位同学往墙上的储物柜上推搡。据了解他们经常这么干。

你该怎么办?

案例 3

两个男孩在争论,其中一位威胁另一位要用圆珠笔划伤他。

你该怎么办?

科尔博士与我们一起分享了他对这几个案例的想法。尤其是在谈到美国学校的"零容忍"政策，我们感到在美国学校的安全肯定是得到保障的。他举了三个例子：他朋友是位喜欢打猎的，由于双休日在外打猎把一把长柄刀放在车子里，他儿子忘把刀从车上拿下来，就把车开到了学校，后被发现，因为他把刀具带入学校而受到处罚；小学二年级女学生的妈妈给她准备了一只苹果，并把塑料刀片放入书包一同带到学校，后被同学发现报告老师，该生因此受到处分；幼儿园的小男孩吻了小女孩，被学校处理。这些事虽然微小，但是作为美国的"零容忍"政策，教育学生从小要注意安全，真正把安全放在首位。

山姆·戴尔维克亚博士
(Dr.Sam Dellervechia)的报告

时间:2011 年 9 月 19 日上午

主题:关于教育立法(性侵、上网)——美国教育立法

今天听了一天的报告,上午是有关美国教育法律的报告;下午是有关美国州下学区教育部门与学校工会谈判签订合同的问题。这些报告的内容都是围绕依法办学的角度来展开的,这也是这次培训组织方为我们精心设计安排的内容。美国的做法与我们有很大的区别,但有些做法还是有一定借鉴作用的。所以,听后觉得非常有帮助,至少了解了美国联邦政府与州政府在教育方面所承担的不同任务与职责。

报告人山姆·戴尔维克亚博士(上周三下午他爱人罗克斯·戴尔维克亚博士给我们讲过一课)。他主要讲多元智能理论方面的内容。他讲课非常有精神,从美国法律的由来,谈到现行美国教育法案的形成,以及各州制订的教育立法,最后到学校怎么执行,都用比较浅显的案例来说明法律的应用,对我们这些校长很有借鉴作用。

戴尔维克亚博士一开始就给我们每人发了美国宪法小册子,又发了中国宪法英文版的文件。他说在文法上看,美国宪法与中国宪法基本相同。但是,美国学校的教师不大关心教育法规,指学校有关的相关法律。他说:美国法律可以追溯到罗马法典,在公元前 100 年,就有人提出 Cicero "Father of Natural Law"～100 B.C.E.意思是合理的法律,对所有人都是适用的,永远都不会改变。合理的法律是来自于人的内心的。Justinian Code, 550 A.D, legal principles written down 到了公元 550 年左右,将这些法律用文字记录下来,以后如遇到类似的问题,就有可操作的范本(现在有文字解释什么是合约,违约将承担什么后果等)。从此由罗马帝国向国外输出,从英国到美国,美国在独立前被 13 个国家殖民,其中也有英

95

国。这 13 个国家殖民这块土地的同时,带来了 13 个国家的文化(每个殖民地在一方土地上有自己的军队、钱币、邮政等)。各个殖民地的情况不同,带来一系列问题,比如有的农民不能偿付贷款就会发生暴动,当时在马萨诸塞州就发生了暴动。到了 1786 年,有人提议建立联邦组织作为保护伞,因此成立了联邦政府,使用统一的军队、统一的货币、统一的邮政,这有利于各个州的发展,一些权力就归到联邦政府,就是人民的权力给了联邦政府。但是,各州又不想让联邦政府的权力过大,便制定了宪法来限制联邦政府的权力,又把一些权力仍归还给各州,并不断对宪法作了一些修正案,从而使各州有自己的自由与平等。戴尔维克亚博士又举了一些各州不同的法律案例。例如,联邦政府不涉及宗教信仰,对犯人剥夺生命权利之前给他一个辩解的机会等。总之,法律修正案都是针对联邦政府的。到了 1868 年,各州又通过了第 14 个宪法修正案,其中就增加了针对各州的法律修正案,各州也不能有限制宗教信仰、言论自由等。在涉及宗教信仰方面,联邦政府必须保持中立。

联邦政府不管教育具体政策的制定,只管给教育经费。但是,前提是州必须按照政府的要求去做事。具体的教育事务、政策制订都由各州自己去管、去做,各州都有教育立法,教育是各州必须做的事。如果各州没有按照政府资金来做相应的事,政府经费就不给。例如,学生严重违纪被学校开除,学校将不再接受其上学。但是,如果这位学生是残疾人,他被这所学校开除,地方教育部门还必须把他安排到其他相应的学校接受教育(例如,工读特殊学校),因为各州拿了联邦政府给特殊学生(残疾人)接受教育的经费,不管他犯了什么法,都必须保障他接受教育。而正常学生被学校开除,不让其继续接受教育,联邦政府是不管的。说起来也可笑,政府给钱了,你就得按联邦与州的协议去做。还有就小布什总统提出的《不让一个孩子掉队》的法案,各州如果按此法案做,就能得到联邦政府的一笔经费;不做也可以,就是拿不到这笔经费。现在奥巴马提出的"建立国家核心课程法案"(即《卓越计划》),各州可以做,也可以不做。如做了,就可得到经费。据说现在有 44 个州准备做,还有一些州不想做,就拿不到经费。各州对联邦政府的规定是一种自愿行为,联邦唯一能限制的就是给不给经费。

美国宪法到现在还是用拉丁文写的(是从罗马引进来的),各州可制订是人的福利相关的法律。如各州认为教育对人的一生影响很大,也很重要,就制定法律,但这个法律可能与宗教信仰相矛盾。例如,有些宗教信仰只要求男孩接受教育,女孩可以不接受教育。但是,各州都认为一个州的繁荣、民族的繁衍都离不开每个人的素质。因此,州就要求不论男女,都要接受教育。这时,州政府就起到了主导作用。州政府就要制定这样的法律,要求学生都要接受教育,但不限制到什么地方接受教育。例如,可以到公办学校、私立学校或宗教场所,甚至在家接受教育。这是美国各州的远见卓识——只有教育能改变人。所以,各州都很自觉地提高本州民众的素养。因此,各州也愿意出钱办教育。我们国家,现在是中央很重视,地方上还没有真正重视,以为教育是国家的事,不是地方上的事,地方上只要把经济搞上去,领导有政绩就行。至于教育办得好不好,与自己没有什么关系。所以,地方政府对教育的投入严重不足也不觉得理亏,这是地方对民众素质不够关心所致的。实际上中央政府鞭长莫及呀,必须依靠地方政府自觉行为,才能把教育真正做好。

又如,宪法第一修正案,是关于言论自由的,这个言论自由是指政治的,有歧视性或煽动暴力或暴动的言论是不受言论自由保护的。在什么场合有什么言论自由也都是有规定的,不是我们理解的美国人有言论自由,到处都可以说话、什么都可以说,实际上并不是这样的。例如,在公共场合、公园、停车场等地,政治言论是受保护的。但是,在法庭是没有任何言论自由的(在案件审理中,如果每个人都可以表达自己的言论,法官就无法判决案件)。在有些公开或半公开的场合,有些言论也是不受保护的(如学校里、在课间、吃饭时发表政治言论是受法律保护的。但在上课时这些言论是不受法律保护的,如随便说话,发表言论,就会妨碍他人的权利,干涉他人的权利)。所以,美国的法律中规定的言论自由是有前提的,就是自己的言论不妨碍他人的权利。否则,就是违法的。因此,美国有关学校的法律基础是由几个案件提出的。

一是有关言论自由。在美国,学生在学校有法律赋予的权利;使其他人的权利受到影响的权利是不受法律保护的。学校教育的目的是培养学生遵守法律,如果违背了会受到惩罚的。

二是有关文字自由。学生在校报上登载有悖学校办学理念的文章是不受法律保护的。这也是言论自由的一个方面吧。正如学生在校外的一些言论自由在校内就未必都有。在校外的言论自由受法律保护,在校内的言论自由未必都受到保护。

三是学校与家长的关系。美国的地方法律有规定,在学校里,教师、管理人员扮演的是家长的角色,教师有公认的权威,学生就要服从教师的决定(教师与家长一样)。一旦在校外,教师就没有这个权利,除非是与学校有直接影响的问题。

美国没有统一的教师法和学生保护法案,但教师还是受人尊重的,有许多成功人士都认为自己的成功是与教师的培养分不开的。如果2位学生打架,教师去解决,假如一方学生受到伤害,教师是不承担责任的。又比如,教师处罚学生,是不需要听从家长的意见的。学校对学生的处罚现在也不能用体罚或变相体罚,但有些州还是可以体罚的。对学生的处罚可以停课(10天,即2周以内)、开除(超过10天)、双休日来学校、多做作业,这些在学生守则上都有的。停课10天以内的,要与学生说明清楚,为什么要停课,也要给学生以申诉的机会,这是非正式的。如果停课10天以上,可以认为是开除了,过程就更复杂,这就是正式的。例如,学生吸毒、袭击教师、带刀枪进入校园等就会受到惩处,教育局开听证会就可,不需要上法庭的。开除学生,学校必须提供公开证据(通常是一个学年不来上课),但学生可以聘请律师为自己辩护。

之后,戴尔维克亚博士又列举了几个案例,说明学校处理一些学生违纪的办法。例如,有的学生在校外、放学的路上欺负其他同学。这是在校外发生的事情,学校怎么来处理学生?按照美国的法律,学生在校内违纪,学校处理;在校外,学校是管不到的。但是,学生受到伤害或影响了其接受教育的权利的行为,学校是可以处理的。对这种行为学校必须阐述清楚,如受到别人欺负的学生不想上学,或者要求家长开车送到学校,或者提前要求离开学校;或到了下午最后一节课就感到心理紧张等情况,学校可以就这位学生妨碍了他人的自由,或影响他人心理等理由,对这位使坏的学生进行处理。学校的宗旨是为每一位学生提供安全的环境(包括心理上的影响),所以学校应当干预。但对这位学生给以处理的办法还是以教育为主,或让他提前到校,最后离开学校;或布置更多的作业。严重的就是停课。在一些高中学校还派驻警察,维持学校正常的教育秩序,或对违法学生进行教育。

关于性侵犯的案例,戴尔维克亚博士认为这是美国社会受到重视的一个问题,教师对学生有性侵犯的行为是会受到惩处的。学生之间发生的性侵犯,不告诉学校,校方也不会主动去处理的。如果有学生告诉了学校,学校不理睬是有意的忽视,这是不行的。性侵犯达到一定的程度,才能认定为性侵犯。但是,政府又不能过度干预,学生认为这是私人生活,必须有足够的证据认为这是对另一个人的伤害。发生这种男女学生之间的性侵犯,还不能马上开除,美国认为这是几千年来人的本性。如果发生了,就要把他们分开,还有就是心理教师要参与进来,严重的就要找警察或家长来处理,学校有教育的权力。如果在学校里发生了,学校就要干预;如果在校外或课后发生,学校就无能为力了。在川山高中,我就亲眼所见男女两位学生在楼梯口众多学生面前拥抱接吻,这事情发生在课后,学校是不管的。

还有一个案例是学生在家上网,用的是学校邮箱地址群发或经常发给人信件,以影响到他人的安全和心理,对他人造成伤害,学校就有权进行干预。如果用的不是学校邮箱地址,学校就无权加以干预。又比如,学生在外面开车超速行驶,接收了很多罚单,学校是无权干涉的。因为这是学校外发生的。

学校开设的课程是由州政府的教育委员会制定的,学校必须执行。学生家长对公立学校开设的课程、阅读哪些书等是无权干涉的;如果家长感到不满意的话,可以选择去私立学校。如果家长对学校的课程、教材有想法,可以通过选举新的教育委员会的雇员来实现。

最后,关于教师合约的问题。一是有时间的期限;二是有关于工资、福利、工作时间等规定。美国的教师工资是按照学历和工作年限来定的。教师工资的横坐标是:学历是本科、修 30 学时的硕士、修 60 学时的硕士、博士等级别;纵坐标是工作年限;坐标点在哪儿就拿哪个级别的工资,没有我们的那么复杂。我们的绩效工资不知道是向哪国学习的,弄得如此复杂,让校长难做事。在美国有的州有终身教师,有的州没有。即使是终身教师,如果有违背合约的,也可以解聘。在美国教师是州的雇员,雇员必须服从雇主的要求。如果教师对校长不尊重,使校长的威信降低,州教育局可以惩罚教师。因为教师是雇员,校长是雇主派来的代表。所以,教师对校长的不尊重就是对雇主的不尊重,这是不可以的。如果家长说校长不称职与校长发生争执,家长是不会受到教育局惩罚的。教师之间发生争执,在师德上受到影响,就会降低教师在学生心目中的形象和信念,其今后在学校的工作就很难做。所以,校长就有权对这些教师进行处罚。对于家长虐待学生或者学生告诉教师,或者被教师发现,教师是有义务向校长报告的。如果教师知道了但不报告,也会被校长处罚的。如果不是这样的情况,可以不报告。美国的法律是保护教师、医生、护士、警察的。学生一般遇到困难是会向教师讲的,教师可以报告,但不参与调查。这是美国社会对教师社会责任感的重视和保护,也是对教师地位的尊重。

学生在校内发生的意外事故或伤害,学校是不负责任的。因为学生都有保险。如果是由于学校的设施设备问题造成的有意事故,学校就有责任。学校的设施设备在管理中也要特别注意这方面的情况。例如,学校的地毯裂开一个大口子,没有及时修补,而使学生绊倒,这可能就是学校的责任。

上午的"学校法律"课程使我们对美国的学校法律有了一个基本的轮廓,也使我们认识到,在美国的学校哪些事是学校必须做的,哪些是家长做的,哪些是学生做的,各司其职,事情就好做了。美国学校不承担更多的社会责任,只要按照州教育委员会的要求来承办就可以。

12场专家报告,对我的影响很大。报告涉及面非常广,既有宏观方面的属于教育行政部门的内容,如教育立法、教师合约、美国国家卓越计划、课程评估、教师职业资格认证等,又有学校层面的内容,如学校文化、学校领导力等,还有一些对所有教育部门和教育工作者都值得参考、值得借鉴的观点或做法。例如,人类发展信念、不让一个孩子掉队的观念、多元文化和多元智能的观点,以及差异教学、掌握学习特殊学生(智优生、行为障碍学生等)。我认为,对于我校来说,美国学校文化建设、课程改革、特殊学生(智优生)等方面的做法,都很有启发。

第二部分　访问学校

如果说专家报告主要是理论和观念层面的,那么访问学校就是深入学校里,亲临教育教学第一线,比较完整地了解和感受美国的中小学教育。我一共访问了12所各类不同的学校,其中涉及初中教育的有5所,它们是私立贝丝·提弗洛学校、公办瑞奇利初中、公办帕克维尔中学、公办温德森米尔中学和公办战役纪念碑学校(属于特殊学校,专门为居住在巴尔的摩东南地区3~21岁的多重残疾学生提供服务的)。其余是高中或完全中学,虽然它们是高中或完全中学,和我们初级中学有一些差异,但涉及的许多内容、理念、观点、做法等与我们有关,很有借鉴意义。所以,我就将它们完完全全地罗列出来。最后,我们还参观了联邦教育部。

这次学习从形式上讲有对方学校领导介绍办学的,也有教师跟我们共同交流的,其中有的学校还有学生汇报的。访问期间我们花了比较多的时间进行观课和听课(一共有56节),这对他们的学校教育教学有了直接的、比较深入的、比较全面的认识。

访问贝丝托夫私立宗教学校
(Beth Tfiloh Private Religious School)

时间:2011年9月8日

这是小镇上的犹太人社区学校是所私立学校。学生从2~18岁,即从幼儿园到高中，一共有 1 000 多名。该校主要招收本社区的以色列后裔信仰东真教的学生。学生在这里学习的费用很高，每学期费用从 1.5 万美元到 3.8 万美元不等。在这学校里的学生不仅要学习公立学校的所有课程，还要学习校本课程。校本课程主要是以以色列文化为主的。

该校的一位女士（办公室接待人员）把我们带入学校各楼层参观。先是参观学校的一个教堂，这里正好有一些小学生在唱圣经歌。男女学生分别在主台的两侧，由主教带着大家在做祈祷。学生们看到我们很兴奋，在教师的带领下与我们打招呼"Salu"（译音，据介绍是吉祥美好的意思）。

我们在参观中看到，学校的设施完善。例如，体育馆就有许多个，而且都是多功能的，里面的篮球架是可以升空的，既可以作篮球场用，也可以作网球场、羽毛球场，或派其他用途。阶梯教室也是这样，既可以开会，也可以排演节目等。我们在参观时，正好有一些学生在跳操、排节目。学校设施的利用率都很高。高中部的校长说，只有教堂使用率比较低（小学部、初中部、高中部各有一间教堂），但是，必须有。

学校墙面的布置非常丰富，色彩斑斓。有宣传栏，有学生的绘画作品、照片和历届毕业生名单，在类似于电影院（阶梯教室）外墙上还有学生演出的照片集。几乎所有楼层的墙面都布置得满满的。从教学楼的墙面到门口的小贴饰，可以看出校方无处不在进行宗教的渗透。不仅如此，教室的墙面也都布置得很有特色。例如，在一间接待室内的墙面上把历任董事会成员的照片以油画的形式悬挂着。

我们看到全校整洁有序。学校的每层楼面都非常干净，而且不用学生打扫，是由专门的清洁工在晚上来校打扫的。虽然学生每节课都要去不同的教室上课，但都是整队前行的。小学生有教师引领，前后各有一位教师；大一些的学生都是自己排队前往的，一点也不乱。教室内学生上课坐的姿势各式各样，有的盘坐在座位上，有的在吃东西，还有的在画画。但是，他们从不发出声言，自己可以不听，但绝不影响他人。这是我们的学生做不到的，也是我们必须强化的。

参观之后是听校长介绍。

我们了解到，该校教师的工作量很大，每周要上 25 节课，行政干部每天也要上 3 节课。因为这是私立学校。校长把对学生负责、以学生为主心、为学生的发展服务放在第 1 位。校长对教师有绝对的解聘权，如果教师对学生不负责任，校方就会解聘你。校方会在两年里听教师上课，如果发现有问题，下次再来听课。假如发现问题还没有改变，校方就会说："你不适合在这里工作了"（不会说你很差的）。这和我们学校在解聘部分教师的做法是一样的，不说他不好，只说他不适应我们学校的教学氛围，也许他到其他学校还是好教师呢。

学生的负担也很重。这是犹太人后裔居多的学校。学校非常注重对学生进行民族精神和传统文化的教育。学生上课量很大，学习的内容是一般公办学校的2倍。学生从上午8:00开始到16:00结束，学习公办学校的课程之后，还要到教会（或教堂）学习犹太教的内容，通常要学到18:00。从学生的学习负担可以看出以色列这个民族确实非常了不起，从小对学生就进行严格的强化训练，即使他们现在已经来到了美国也不忘本。以色列这个国家虽然很小很小，但他们的民族自豪感非常非常强。据陪同我们并为我们当翻译的陶森大学金博士（上海人，上海师范大学英语专业本科毕业，留学美国，现在陶森大学任副教授。她是上海市浦东教育发展研究院附属中学季校长的大学同学）介绍，以色列人的凝聚力非常强。这也是一个民族强盛的基本条件，这确实值得我们学习和借鉴的。

学校真正做到了以学生为本。该校每个班级的学生数在20人左右。教师非常了解每位学生，不仅是他（她）的身体，还有脑、心和灵魂。学校对后进生也特别关爱，专门有一间教室给后进生补课、辅导的，有专门的教师进行一对一的辅导。而且对于这些后进生，学校的有些选修课，他们可以不去上，而安排来参加主修课的辅导，从而不让他们掉队。学校在对教师管理上也是如此，如果教师对学生不能关爱，教师会被解聘的。

接着是听课。我听了一节历史课，主要讲的是以色列文化。从教师的上课表情和学生答题的情况来看，学生是在认真听讲的。教师问，如果美国人不让他们传播以色列文化，怎么办？我们是自己去与上级讲呢？还是通过社区去讲呢？学生可以发表自己的见解。

美国的课程内容看上去浅显的，但培养出的学生创造力和凝聚力却非常大的。相比之下，我们的课程难度大，但剥夺了学生的天真和童趣，更抹杀了他们的创造力和想象力，对学生进行民族精神的教育更是少之又少。譬如，我们对学生进行"两纲教育"，但实际操作上却缺乏抓手，没有落到实处。

访问公办里奇利初中（Ridgely Middle School）

时间：2011 年 9 月 20 日

里奇利初中地址在 121 Ridgely Rd Lutherville，MD 21093。

校长苏·埃文女士（Mrs.Sue Evans）首先给我们介绍了学校的情况并给了我们书面的学校资料，还给我们准备了笔记本、笔等。

里奇利初中是一所值得骄傲的 NCLB（"不让一个孩子掉队"项目）全国蓝带学校（全国蓝带学校荣誉的由来是，首先每个州在每年要对申报的学校进行审查、考核，并从中选取 6 所学校上报到联邦。联邦对各州的选送学校再次审查、考核，最后确定全国 10% 最好的学校为美国蓝带学校）。

里奇利初中有个动态的学习环境，鼓励学生完成他们的学业和发挥他们的个人潜力。他们用成熟而全面的课程给所有学生提供丰富的学习机会。里奇利初中在地方、全州和国家的评估中通过出色的表现展示追求卓越的奉献精神。

里奇利初中开设二外课程，给七～八年级的学生提供了学习法语、西班牙语、汉语、拉丁语的机会。这是在马里兰州初中开设多国语言最多的学校之一。该校是社区学校，校内有较多的特殊学生。他们通过特殊教育和学生志愿团队计划实施障碍者教育法案（IDEA），使特殊学生在学校得到发展与提高。尤其是该校的学生通过志愿服务和在大社区给别人服务来努力实现学校的座右铭："里奇利初中的学生是谦恭的、有责任感的和有准备的。"

埃文校长向我们介绍该校有六～八年级学生共 1 060 位。学生中的语言有 10 多种（据翻译说的）。学校给学生提供不同的课程与项目，主修课程有英语、数学、社会科学、自然科学。七年级开始修外语，现在开设了法语、西班牙语、汉语、拉丁语等。她说在巴尔的摩有 25 所初中，开 4 门外语的学校只有他们学校。该校生源来自于社区周边的 16 所小学。该社区是全州最好的社区，教师非常敬业、奉献的，而且该校考试成绩在全州也是非常好的。

然后,校长一一介绍了学校的使命、初中的学习任务、学习方式、学业测试和怎样与家长沟通等。

学校的使命是:学校为所有学生具有知识、技能和态度做准备,使他们在社会上能有立足之地;为了学生的成功所有人都要精诚合作;为学生提供安全、有秩序的学校环境;使学生对科学技术有所了解。

初中的任务是:为学生升入高中做准备;为学生将来读大学完成预科的一些课程做准备。

初中的学习方式是:

1．了解自己的学习方法

从六年级进校开始,让学生更好地了解自己的学习方法,并让教师帮助学生找到适合自己的学习方法,在教学活动中实现或满足他们的学习方式。

2．合作精神

为了学生更好地学习,教学中让学生进行多重的组合(不是要好的同学在一起),从小培养他们的合作精神。

3．合作学习的方法

让学生进行全方位的交流,使他们有更多的想法。

4．注重提高分析问题的能力

注重学生分析问题的能力,用联想的方法看问题,从而拓展学生的思维。

5．根据需求选择不同的课程

初中生也是选课程的,不同的学生到不同的课堂中学习。根据学生的需要选择不同的课程。学校有一位副校长专门负责学生的课程安排。

6．树立正确的价值观

初中生的人生观、价值观还没形成,学校要积极引导,使他们树立正确的价值观。

关于学业测试,埃文校长用图表的形式分析了数学、阅读两门课程在马里兰州参加测试的成绩统计。

马里兰州的教学标准

科目＼年份	2010	2011	2012
数学(Math)	71.5％	78.8％	85.7％
阅读(Reading)	80.8％	85.6％	90.4％

埃文校长展示的图表是该校各种学生的平均分分布图。以阅读为例,亚裔、白人、混血儿等人种的成绩均高于平均分以上很多,只有特殊学生未达标;以数学为例,亚裔、白人、混血儿、拉丁等成绩都高于平均分,非裔等在平均分以下,特殊生的此项成绩高于均分。

从上表看出,该校这几年的成绩整体看还是不错的。

有关特殊学生,埃文校长解释,这里所指的特殊生是指以下三个方面:一是学生在认知方面、表达方面有障碍,他们不善于用文字或语言进行表达;二是有一个班的学生是智障学生,他们也要参加考试,只是题目比正常学生要容易一些(题目的表达方式不一样);三是学校还有 15 位学生是有纪律问题的,好动、行为偏差等。教师会给他们专门上课,以纠正他们的不良习性,把他们转化到正常儿童范围之内。他们学习的课程与其他学生是一样的。在美国通过"障碍者教育法案(IDEA)",有关特殊学生的教育经费是由联邦政府专门拨发的。各州拿到这笔经费后,要完成联邦政府的指定任务。所以,学校对这部分学生都予以特别的关爱。在访问中多次听到他们讲,对特殊学生不能放弃,必须按正常学生一样对待,包括考试和成绩统计,都与正常学生一样对待。昨天还听他们说,如果是特殊学生违纪被开除了,教育局必须把他们安排到其他类似于我们所说的工读学校去就学。这就是联邦政府的法案在起作用。

回想我们对待特殊学生的政策还是有些问题的,现在有些学校为了追求升学率,把一些学习困难的学生放弃不管,甚至于让他们做智力测试,给他们贴上弱智的标签,然后可以不参加考试或考试不算成绩。这种做法严重地损害了学生的利益,并且给这些学生造成心理的极大伤害。他们将来走向社会却还会始终背着沉重的包袱。作为教育者,我们应该让学生树立自强不息的精神,争取公正、平等的机会。实际上,知识的学习只是人生之路的一小部分,即使一个人掌握了很多知识，但是，假如他失去了生活的勇气，没有自尊心、自信心，那他的创造力也就无法发挥出来，也许将来还可能成为社会的包袱。所以，作为教育者，应以育人为根本，就是要培养人有向上的信念、不断进取的勇气、追求卓越的精神；而不是简单地育知、育分。一学生只要他想学习知识，通过本人的努力和环境的营造，一定能够在短时间内很快取得实效的，也是容易达到目标的。所以，作为校长，我们一定要有这种教育追求，那就是以全面育人为根本，不放弃每一位学生，让每一位学生都树立信心，让他们在不同的阶段都取得进步。

埃文校长介绍完情况，一位副校长（女）走过来向我们介绍了 CFIP，即以班级为单位的教育提高计划（The Classroom-Focused Improvement Process）。通过教师的集体备课、分析学生情况，年级组开会、甚至在六～八年级范围进行与教学相关联的研讨，有时甚至还与小学的教师进行研究，以使小学与初中进行有效的衔接。

CFIP 计划有六个步骤：就是理解数据的来源；主要问题在哪里；数据来源于多处；找典型的案例；看每位学生的特殊需求；提高教学的途径（怎么上好课）。

CFIP 步骤：了解数据源；以一个问题作为开端；寻找一个班级范围的模式；按照班级模式来采取行动；满足学生个体的需求；在下节课中改善教师的指导。

最后，埃文校长还讲了与家长沟通的网络平台。这个家校沟通的平台能把学校的课程安排、活动安排等放在上面，还有学生两周一次成绩（课堂作业占 50%、回家作业和小测验合起来占 50%）登录在网上，让家长可以实时查看。这样，增加了家长了解学生在校学习情况的机会。

这样的网络平台，我们几年前就做过了。政府的用意非常好，但实际效果不明显，还有许多学校没有真正用起来。

接下去是听课。

我们的听课班级安排是两人一组，随机分配。我觉得这种安排非常好，可以让来宾一目了然，不需要自己到处去找。今后我们也可以尝试此种做法。

上午共听了 4 节课。

第 1 节课是八年级的社会课。这个班级一共有学生 25 位。先是一位男老师讲了教学内容，并布置了学习任务。然后，学生有疑问就提出来，老师及时予以解答。之后，两位教师（其中一位女的是计算机教师），带学生到计算机教室查阅资料。在机房里,学生按照教师布置的作业纸上的要求,打开电脑查找网页,并把网页上的内容抄在纸张上。从学生学习的内容看,并不难,只要在电脑上查阅资料就行了。有的学生做得非常快,有的学生则漫不经心地做。教师巡视指导学生。

第2节课是六年级的阅读课。这个班级共有学生29位。上课的是年轻的英语教师。学生把自己的课桌拼成两张长条桌,对面坐着,4人一组,进行小组学习。每位学生都拿到1张阅读材料和1张作业纸。在美国学校中,教师用纸量是很大的。许多内容都是教师准备好后印在纸上,包括每节课的作业内容。这节课上,学生阅读后小组讨论再独立完成教师布置的作业。最后,由教师讲解阅读材料上的内容,并点评学生的作业。我在观课中发现,学生可以相互抄写对方课堂作业内容。当然,如果是讨论一致的结果就算了。但抄写的作业内容学生是不是搞懂了,也没有得到证实。这种上课方式与我们课堂教学的形式也差不多。

第3节课是七年级的西班牙语课。这个班级一共有学生28位。教师上课前先点名,看到一位学生课桌上放着资料夹,但人不见,就问情况。等这位学生回到座位上课后,教师还在关心他的情况。这位女教师上课很有办法,课前准备非常充分。她在学生进教室之前已经在桌子上摆放了每位学生的卡片和一些小卡片;在黑板的左面写上一些将要学习的内容,还贴了一些纸质的内容。这些上课时都要用到的;前面的屏幕上也有本节课的学习内容和要求(教学目标)。上课先是用西班牙语唱歌,活跃气氛。后又用西班牙语与我们打招呼。教师上课能用各种手势与学生进行交流。这是我国教师与国外教师的最大区别所在。她们上课的气氛非常好,教师的手势、身姿、脸部表情都能打动学生的心灵。这是我见到的第二个上课上得如此活跃的外语教师。她还用游戏的方法,例如传抛有地球仪式的软球与学生进行对话,学生都站起来与老师一起边说边接球。老师上课还用小铃铛提醒学生保持安静。这是初中生与高中生的区别,必须时时组织教学。

第4节课是音乐课。我们共跑了3个音乐教室。在第1个教室里,1位男老师在教打击乐——击鼓。一共有学生9位。可能是初学,老师从拿鼓棒开始教,然后打击简单的声部。学生在用橡胶做的模拟鼓上打击,老师则用的是真鼓。老师的基本功很扎实,打出来的节奏感非常强;第2个音乐教室里分别在吹黑管、长笛和萨克斯,一共有学生42位(有几位学生没带乐器,手里拿支笔当乐器在比画着吹),学生围成半圆形,一位男教师指挥着学生吹奏(这个班的学生可能是有些基础的);第 3 个音乐教室里共有 21 位学生。他们在吹长号、小号或圆号。长号只有 2 把,圆号有 11 把。一位女教师让学生吹奏的曲子是"两只老虎"。整体来看,学生的音乐素质还是比较好的。学校的乐器很多,在乐器储存室摆放得很整齐。大的乐器每件都有摆放的架子;小的乐器都放在柜子里,并用锁锁好。

午饭后,学校又把我们集中在图书馆里,听学生和教师的介绍。

学生会的主席、副主席、秘书分别介绍了他们学生会的基本情况和运作形式,以及学生会的选举形式及办法。比如,学生会主席必须是在学生会做过委员之类的人员才能竞选。校长在一边插话:哈佛大学有个调查报告,调查了世界 500 强的高管 CEO,寻找他们的共同点。研究发现,他们并不是家里都有钱的,也不是受教育程度特别高的。但在初中、高中读书时都担任过学生领导工作。这个领导职务让他们得到了锻炼与提高,尤其是领导力的锻炼。因此,他们学校有 30 多个课外活动小组。这些小组培养出一大批学生领袖。

另外,还有两位学生,说是"未来教师俱乐部"的。她们对做教师非常感兴趣,从小就学做教师,尤其是做小教师,每周有一天跟着教师后面备课、上课,给同学辅导。真的有点像老师呢。美国的这种做法很好,教师这个职业要想成为人人想做的职业,必须从娃娃抓起,从小培养他们热爱教育,喜欢与学生打交道,把培养人当作自己的奋斗目标和崇高使命。这对将来教育事业的兴旺发达是有好处的。据说埃文校长的丈夫也是一所特色高中学校的校长,他们学校就有一些学生选择了将来做教师这个职业。

有两位教师,一位是教科学的并兼指导学生会的工作;另一位除了上课、担任年级组长外,还要辅导学生开展一些活动。应该说,她的工作量是很大的,而她的报酬却和其他教师差不多,只是多点年级组长津贴而已。在美国,教师一般每天都有 5 节课,比我们的老师课上得多得多。我们走访了许多学校,他们的工作量都很大,而且他们把做社会工作当成非常光荣的一件事。如果学校让他(她)做些工作,他们认为这是实现自己价值的时候。

今天的访问,学校给我们提出了一个要求,就是不能拍照和录像。学校说是这里的家长怕把学生照片传到网站上,对学生不利。这也许是对学生的最好保护吧。

　　结束时，我们很想在这所学校的大门前留影。但是，在大门口没有校名的牌子，令大家很是失望。这也是与中国学校的不同。我们的许多学校把校门装饰得非常豪华，真是浪费金钱。如果把这有限的资金投入教育教学中或改善教师的工资待遇，那才是正事呢。

访问公办帕克维尔中学(Parkville Middle School)

时间:2011 年 9 月 22 日

帕克维尔中学是一所初级中学,坐落在巴尔的摩东北边,帕克维尔社区中心,占地约 5 英亩。该校一直是社区不可或缺的成员,自它开办以来,就一直保持着浓厚的学术传统。1953 年建校时作为一所高中使用,至 1958 年改为初级中学直至今。据说,去年奥巴马总统到马里兰州视察,曾到过这所学校访问。但是,我们没有从学校领导口中听说此事,也没有看到有关奥巴马来校视察的照片。可能是他们觉得这个不值得一提。

帕克维尔中学和技术中心是由一个综合性学术课程和六~八年级的一个"磁铁计划"(意思为有吸引力的特色项目,相当于国内的特色学校)组成的。参加"磁铁计划"的大约有三分之一的学生(每年招收外社区或本社区的学生 135 位,约占本年级近 400 位学生的三分之一左右)。该校的特色项目主要有应用工程、环境科学、大众传媒、视觉和图形艺术课程。同时,参加综合性课程和"磁铁计划"的学生统一到所有的学术课程中去。

艾琳·欧图尔·特拉维斯(Erin O'Tool-Travas)校长接待并全程陪同我们。她为我们准备了热水、绿茶,还自己出钱请我们吃中饭(美国没有公款招待一说),最后,在我们离开时还送给我们一些巧克力和有学校标识的茶杯(简单的纪念品各校都还是有的)。显示了这位女校长做人的大气、为人的谦恭、待客的热情。

上午,校长给我们介绍了学校的办学情况。该校有学生 1 000 多位,其中 400 多位学生在特色项目课程中心学习,还有 600 多位学生在普通课程班学习,学生主要以本社区的为主。校长对"磁铁计划"项目特别推崇。她解释:所谓磁铁就是有吸引力,所以以其命名。六年级招进来的 135 位学生都要学习 4 门特色课程,这些学生到七年级可以从 4 门特色课程中挑选 2 门课程继续学习,得到提高。到八年级时,从七年级选的 2 门课程中再挑选 1 门课程继续学习,并得到深造。这种层层递进、不断提高的选择课程的方法有点像大学里硕士、博士生的感觉。这些特色项目的课程选拔的学生都是从各校自愿报名的 600 多位学生中选拔出来的。据说，他们先是参加学校统一组织的测试，达到标准后，再用随机抽签的方式选拔出来。本社区的学生也可参加测试，录取标准和方式是一样的。但是，这个项目的人数是不能突破的。这有点像我们特色班的招生工作。不过，他们相对来说还是比较民主和公平的。特色班招生以什么来选择呢？是不是以文化课程的成绩？校长没说，我们不清楚。因为这些项目在小学时基本没有涉及，如果是高中招生还可以在初中有特长的学生中招生。从我们的观察来看，招到的学生大部分是白人，黑人较少。

在这里学习特色课程的学生，应该是一些特殊学生，美国的特殊学生是指资优生和学习困难的学生。并不是我们片面理解的特殊学生，主要是指那些有学习障碍、能力缺乏的学生。例如，弱智、行为偏差、听力障碍、视觉障碍（盲人，此校就有一位随班就读的）、多动症等类的学生。对于那些智商高的学生，他们就有天才儿童教育，这也是特殊学生的培养。

校长很热情，她说给我们准备了热水壶，可是水放好了却忘记插电源，所以，临喝时水还没有烧开。但她真诚、坦诚相待，给我们留下了难忘的记忆。校长请了 6 位（3 男 3 女）特色课程班的学生，来给我们一一介绍他们的学习经历和感受。这些学生也谈到了他们为何要选择这所学校的原因：一是因为他们在来学习这个课程之前就对这些课程感兴趣，很喜欢；二是通过学习这些课程为将来读大学、就业打下基础；三是他们有特权能够选修比其他学生更多的课程内容；四是他们喜欢动手操作类的课程，而这些课程都是需要动手操作的。所以，很喜欢。校长进一步问在座的 2 位学科主任，这些项目有没有类似的俱乐部？她们都说是有的。比如，有美术社团、工程社团、绿色社团等俱乐部。

接下来是听课活动。我们 5 位校长（严、柴、郑、王、杨）还有翻译孙老师（她是吉林人，1999 年从北京到美国读教育管理硕士、教育技术博士，毕业后应聘陶森大学，现在定居美国），在本校一位教师的引领下，走访了各个课堂，但属于走马观花式的观课。

八年级的工程课程，有学生 20 多位。这是他们本学期从七年级所学习的 2 门课程中再挑选 1 门课程（属于再深造的课程）。该课程从本学期的第 3 周起，每周上 90 分钟课,今天这节课是第 3 次课。教师把泡沫板制成的一个模具实物模型发给学生。学生先是将这个模具用制图用的方格纸画出它的立体图形,再画出三视图(正面图、侧面图、俯视图)。这些我在读初中的时候曾经学过。当时还是"文革"期间,学生要学工、学农、学军,我们曾用泥巴制作这些模型,还学会画三视图。现在的中学生基本上不知道这些内容。不是读工科的大学生也不一定懂这些。从这个意义上看,过去我们学习的内容,把知识应用到生产、生活中去的路子还是符合现代教育理念的。最后,学生每人 1 台手提电脑(内有各种制图软件)把有关数据输入电脑,通过制图软件来完成这个模型的制作。从学生的电脑作品来看,他们做成的基本上都是 3D 作品,可以翻转,也可以从不同侧面展示这个模型的形状,打印出来的彩页就是学生的作业,存放在学生自己的文件夹中。在这节课上,学生的动手能力、制图技术,都得到了提高。这对开发他们的创造力和想象力是很有帮助的,对他们今后走向社会选择职业也是有帮助的。想想我们的教育,觉得有些可悲。学生学习的还是几千年传下来的一些经典知识,学习内容又难又深,学生学会了怎么套公式计算,而与现实生活相结合的知识几乎没有学习过,更谈不上与信息社会密切相关的现代技术。我们过去学习文化知识强调与生产劳动相结合,现在基本不提。那怎么能培养用现代信息技术来解决日常生活、生产中问题的能力呢? 实际上,运用现代科学技术成果、信息技术成果来对学生进行教育,既可提高他们学习的兴趣,又能对他们将来选择职业有很大的帮助。我们的建设缺乏的是蓝领。应该明白,现在的蓝领工人也不是过去意义上的操作工人,而是具有现代科学技术能力、创新能力的技术人员。

第 2 节听了八年级的数学课。据说这是天才班的课(天才班还有科学、历史等类的课),近 30 位学生,由 1 位女教师和 1 位实习的男教师上课。这节课教的是函数知识,属于函数的定义域和值域,是从函数的图像中去观察,然后把它写出来。学生先是在作业纸上做,然后教师在实物投影仪上边写边讲。教师也是用集合图形的形式,又做了 1 张函数对应关系的内容,用箭头标注出来;还有根据函数表达式(一次函数)求函数值的题目;根据两点坐标求直线的斜率等题目。这是我们七年级就学习的一次函数的内容,很简单。我认真观察了一些学生的课堂练习,做对的不多,说明有许多学生还没有搞懂。这是所谓的天才学生学习的内容(一般学生是不修这些内容的),这些学生是为升高中做准备的。据接待我们的教师说，他们学校还有 1 位学生已开始修高中的数学课程，课程内容是高中学校从网络上传过来的，有本校的教师专门为他辅导。这就是他们的个别化教育计划，对有特长的学生给予特殊的教育。我认为这也是因材施教的思想在实际教学中的应用，每位学生都有不同的智力倾向，也许这位学生在数学上将来有所成就，让他学得深些、学得远些未尝不可；而对那些在数学学习上还存在困难的学生就要给他们降低难度，以使他们通过学习能达到基本的要求就可以。因此，我一直在讲，我们的课程内容太单一，标准太高，不是每位学生都能接受的。如果对现有的数学课程标准进行多级设置，让不同层次的学生学习不同级别的数学内容，以减轻他们的负担，这才是以学生为本。上级教育主管部门一再强调减轻学生过重的学习负担。我认为也可以从课程设置上做些文章。不是教师愿意给学生压力的，也不是家长要给学生增加负担的，而是课程内容和标准是单一的，不管这方面有能力或没有能力的学生都要学习同样的内容，无形之中在学生还没有学习数学时，就决定了必定会给那些数学能力弱的学生增加负担。也许他在数学上能力弱些，但可能他在文学、艺术或体育、动手操作等方面的能力非常强。我们整天让他做他并不喜欢的数学题，他既没有兴趣也浪费了他在优势项目发展上所需的时间。

第 3 节是六年级的英文课，有 21 位学生，1 位女教师上课，1 位实习生在教室里巡视。这节课是教师先讲单词、语法，然后分析一篇阅读材料。屏幕上显示了人的轮廓图，教师讲了学生要学习的内容，可能是与这幅图有关系的内容。之后分组学习。学生在小组中针对学习的内容进行讨论，教师参与其中。教师上课时坐时站，有时还拿着水杯喝水。学生也是一样，可以下位子走到讲台前拿手纸擦脸、擦鼻子等。但是，整个过程还是有序的。学生的座位排成"E"字形，教师在中间可以来回走动，观察每位学生的基本情况，便于师生之间的交流。教师对所有学生的学习情况一目了然。

第 4 节是七年级的视觉艺术课，在美术教室里上，教室很大，有课桌，还人手 1 台台式电脑。这节课是特色课程的内容，有学生 20 多位。学生每人定主题，根据主题在网络上查找资料并做成文件包（文件夹）。我们观察到每位学生的主题是不一样的。有的选择世界名画的主题（如蒙娜丽莎），有的以画家的生平简介和主要作品等内容，根据画家的作品自己模仿着画画。这些资料都存放在自己的文件夹中。另外,学生还要完成教师布置的作业单的内容。这节课不仅是我们传统意义上的美术课,还是艺术鉴赏能力、创作能力、科学研究能力的综合性能力培养的课程。如果经常接受这种艺术训练的学生,将来不仅能画画,还会欣赏艺术,从整上体提高了他们的艺术素养。

第5节课是八年级的环境科学课(特色课程),学习的内容是化学元素周期表中的内容,共有学生26位。教师给每位学生发了张化学元素周期律表。这张表是用图画的形式展现各化学元素符号的。例如,Li就画锂电池;F就画牙刷和牙膏;Fe就画铁索桥。这张表设计得很好,我正准备用相机来拍,这时黑人女学生立即送了1张给我,好像她知道我需要这东西似的。

这节课是环保课程,教师给学生介绍了一些化学元素的特点,然后让学生对这些元素进行分类,并说出理由。最后,学生完成作业单上的内容。这节课不仅是化学知识的学习,还是对环境保护意识的培养,从小培养他们把学到的知识与日常生活结合起来,不是把它们隔离开来。这节课的教师运用网络资源为学生讲解非常多,每当学生说出1个化学元素后,教师总是打开网页与学生一起学习里面的内容。在这里真正把网络当成学习的工具。

第6节是六年级的世界文化课。共有学生25位,由漂亮的女教师上课。教室环境布置得非常雅致,有世界地图,也有一些张贴画。另外,还有中国地图,图上贴了一面中国国旗;左面墙上有东南亚国家的地图,如印度、中国、日本的,还有具有中国元素的长城、熊猫和很多小朋友拥挤在一起的照片。据接待我们的教师说,学生六七年级要学世界文化课,包括各国的文化、风俗、科学等内容;八年级学习世界历史,九年级学习政府(即政治课)。这节课上,教师先拿出1只装满清水的玻璃杯给学生看,说这代表一国的文化,很纯的;后又拿起1只有颜色液体的瓶子给学生看,问是什么颜色,学生答是蓝色的。教师滴入1滴蓝色的液体到装有清水的杯子里并用玻璃棒搅拌均匀,结果整只杯子里的水都变色了。她说,这就是两国文化的交融,文化的融合会带来多彩的世界。教师提出问题与学生进行讨论,不断有学生举手发言。然后,教师让学生完成作业单上的内容,并用实物投影仪向学生展示,并讲解。最后,还让学生按顺序自动报数1、2、3、4,让报有相同数字的同学组合成学习小组进行合作学习(这种方法,已在好多课程中见过,教授给我们上课时也用到)。

　　第 7 节课是六年级的语文写作课。共有学生 31 位,由 1 位男教师上课。这节课上要求学生写一段习作。先阅读一段文章,然后根据教师的提示,自己完成一段文字的写作。教师的提示有十几条,比如第 1 条提示语是"如果我想做教师,我会……"。据美国的语文教学来看,是分阅读和写作两块的,阅读的内容非常广。学区每年会给每个年级的学生推荐 5 本书,学生从中选择 4~5 本书进行阅读。这些书图书馆都有,据说现在准备电子书籍,可到网上下载,或登录学校图书馆网站直接网上阅读。这节课每位学生桌上都摆放了 1 本小说《授者》,这是人文科幻小说,作者洛伊丝·洛利,于 1993 年 4 月 16 日出版(该小说获得了 1994 年的纽伯瑞儿童文学奖,销售量过 350 万册)。在美国,这本书位列很多初级中学的必读书目。据说,学区推荐的这些阅读书籍都是与社会、历史等学科的知识相通的,阅读这些书籍对学习历史、社会有帮助。这种做法比我们国内的语文教学要好。我们只是读语文教材上的一些经典范文,很少去读原著。语言的学习可以多读书,增加阅历,从中既能培养欣赏能力,还能培养鉴赏能力。学生在阅读中学会选择、学会学习。而写作课就是培养学生的写作技能,而且教师把文章的架构告诉学生,学生有了阅读的素材,就会去写自己想要写的内容。我们也问了教师对学生习作的批改情况,语文教师说,不是每篇都批改的,会在学生的习作当中选一些进行批改。

　　我们从听课中发现,六年级的学习任务单都是用各种颜色的纸打印的,给我们上课的一位教授也用过以不同颜色的材料纸发给我们。今天听教师介绍,我们才恍然大悟。原来这是初中的新生,要培养他们的学习习惯、行为习惯,让他们学会按学习的内容归类、整理材料。因此,教师把不同的材料用不同颜色的纸张印刷。然后,在上课时,让学生拿出某种颜色的纸,学生便不会搞乱。最后,在归档时(发给每位学生一个非常厚的文件夹)学生便会按照颜色归类放在文件夹中。这种在每一个细节上都考虑周到的管理,真是令我敬佩有加。

　　吃中饭时,我们边吃边与校长聊一些有关学校管理的问题。例如,学生怎么分班? 她说,在美国小学三年级就有学区的统一测试,每位学生都有成绩记录,到五年级小学毕业,这份成绩会转到初中。初中会根据学生的成绩进行电脑排位分班,当然是随机的。这种分班不是我们认为的按照学生的成绩高低分成所谓的好班、差班,他们的班级是行政班,每天早晨到校后去行政班,由所谓的班主任讲讲当天的一些主要事情,之后各自根据自己选择的课程到各自的班级上课,也就是"走班"上课。六七年级的学生每天的第 1 节课由班主任老师上 10 分钟的班会课,八年级是每天下午的最后一节课由班主任老师上课,主要都是检查学生是否到校,还有就是布置一些任务,讲一些工作安排,向学生传达一些信息。其余时间学生各上各的课。当然,每节课任课教师都要点名的,对没有上课的学生,任课教师会联系班主任的。

有关教师的工作量,这与其他学校的讲法是一致的,教师每天要上 5 节课。现在经济形势不好,对学校招聘教师每年都有限制。因此,就像谈学校经费来源报告中所说的,只能增加班额数(原来每班 20 位左右,现在每班 30 位左右)和增加教师的工作量(现在教师一般每天要上 6 节课),以减少教师的工资支出。这里和高中学校一样,正、副校长(共 4 位)是不上课的,学科主任(系主任)每天上 3~4 节课,而且至少上两个学科、不同的年级的课。由此看出,他们的教师工作量要高于我们教师的工作量。实际上,这所学校有 1 000 多位学生,而要采用小班化教学,所需要的教师数是很多的,但该校只有 67 位教师(包括 4 位不上课的领导和 7 位少上课的学科主任),这在国内学校是少有的。对比后想想我们的教师实在是太舒服了,上课时间少、压力小(非考试学科)、备课量更小(非考试学科教师每周只需备 2~3 节课,而且只有 1 门课)。他们的教师工作量增加了,但是,工资待遇并不跟上,这就是一种奉献精神的体现。我们现在处在商品经济的浪潮之中,资本主义这些优秀的东西也是应该值得我们好好学习的。

今天听的课最多,尽管是走马观花式地听课,但是收获还是很大的。我们一直认为:帕克维尔中学是以特色课程著称,确实名副其实。在所听的 7 节课中,其中应用工程、环境科学、视觉艺术这 3 节课培养学生的动手能力,学生的学习视野宽广,利用网络学习的能力强;网络技术已改变师生教与学的方式。教师上课都在运用电脑,且不仅仅是几张 PPT,而更多的是利用现代信息技术作支撑的网络学习,每间教室的电脑都可以直接上网查阅资料。我们观看的课程里,师生几乎都在使用互联网查找所需的资料。例如,环境科学课的教师运用网络资源为学生讲解得非常多,每当学生说出 1 个化学元素后,教师便打开网页和学生一起学习里面的内容。又如,应用工程、视觉艺术、世界文化等课程的教学也都是如此,在这里已把网络真正当成学习的工具;学校管理真正达到了精细、精致化。我们看到学校的每面墙壁、每个角落都被布置得井井有条,各具特色,教室的布置更是如此,尤其世界历史教室有各国的文化介绍,一般每学一个单元就变化一次。而数学、化学、西班牙语、英语教室都有教师的名字和特色的布置。这就是学习氛围的一种营造。另外,从学生使用有颜色的纸张,也可以看出该校管理中每个细节对学生能力的培养都考虑到,真是精细化。

访问公办温德森米尔中学
（Windsor Mill Middle School）

时间：2011 年 10 月 4 日

　　温德森米尔中学建校已有 22 年历史，是巴尔的摩地区建校最晚的一所中学。于 2004 年搬入温莎米尔路 8300 号新校舍。现学校拥有 35.5 英亩土地，接收来自 Stevenswood，Liberty Manor，Mayfield Woods 和 Merrymount 社区的学生。学校除了一座三层楼高的主体建筑外，旁边还有一座一层楼的教室。学校课程设置非常丰富，有阅读、数学、英语和语言艺术、科学、社会学习、健康、音乐、艺术和体能训练等。

　　我们来到温德森米尔中学，受到校长黛比·菲尔普斯女士（Ms. Debbie Paltinore，就是在 2008 年北京奥运会上一人拿走 8 块金牌的美国游泳名将迈克尔·菲尔普斯的妈妈）的热情接待。我们早有耳闻（在陶森高中访问时，得知菲尔普斯是他们学校的毕业生。该校校长就以他们的学生中出了一位世界冠军引以为荣，把学校前面的一条马路改名为菲尔普斯路）。

　　在学校门口有 3 位黑人学生和 1 位中国女士用中文与我们打招呼。我问那位女士是不是中文教师？她说，自己的丈夫是这里的中文教师。后来我们在听课时得知上中文课的是一位英俊的白人青年（美国人），自称罗教师（其爱人翁女士是南京六合人，是学音乐教育的，随丈夫来到美国。目前她还没有工作，只是陪伴丈夫）。

　　在校长接待室，菲尔普斯校长给我们介绍了学校的副校长、学区的教研员、学生代表。然后，她就去参加每天早晨的校长讲话。我们在接待室观看了她的讲话实况转播。一开始校长领着学生向国家宣誓，所有学生和教师都把右手放在左胸上，口中念念有词（见附件 1）。宣誓完毕，校长主要讲了学校精神的内容，就像我们每周一次的升旗仪式教育。且他们每天都要如此。所以，学生的爱国热忱强烈

（美国人对国家的责任意识比我们强）。之后，校长回到接待室把我们今天的安排说了一遍，让我们分成3个组，每组分别由1位学中文的学生和1位教师带领，到各个教室去听课。

今天我们听了5节课，分别是中文课、舞蹈课、数学课、科学课、语言艺术课。整体来看，教师都是精心准备、认真上课的，而且在我们已听课的这些学校当中，该校的教学效率比较高，学生学得也比较扎实。

例如，中文课上共有七年级的学生10位，罗老师充分运用各种方式让学生开口说中文。比如，让学生跟着教师说；让学生自己说；用造句子、用图片等载体，让学生说出数量词"有几个"和几个名词，如"教师、校长、学生、你、小朋友"等。学习过程中既有拼音，也有英语，学生接受起来非常快，而且这些都是学生每天接触到的。

在舞蹈课上，年轻的黑人女教师带着七年级的学生18位，其中有2男学生。教师一边跳一边说，学生跟着她跳得非常认真。教师边跳边走到学生中间去辅导，一个动作一个动作地教，开始看上去还不是非常熟练。但是，在这节课结束前师生跟着音乐一起跳时，学生跳得非常整齐，而且韵律也很强。我想，黑人在运动方面的确很有天赋啊。

在数学课上，有七年级的学生18位，其中6位女学生。这节课是代数式的加减，这个单元的第2节课，白人女教师（也是学校的干部，可能是数学教研室主任）她上课前把教学目标写在黑板上。上课时，先复习第一节课上的正整数与负整数的加法。接着，讲整式的加减。从教师讲课来看，他们的解题规范还不够严谨，没有我们说的要先写"解"，再是后面一步步的推理演算过程。新课是"整式的减法"，先学整数的减法，也是讲运算法则，"减去一个数等于加上这个数的相反数"，从学生的作业来看，错误比较多，还是运算法则不清楚（后面再举例讲解）。

在科学课上，有六年级的学生23位，其中10位男学生。3人一组，站在实验桌前，每组有一架天平。这节课是讲天平的知识，教师指着投影大屏幕讲天平的构成的要件名称，学生在教师发给他们的讲义上记着笔记，就是填写有关天平要件的名称。填好后，教师检查学生填得是否正确。接着，讲天平怎么使用。第一步也是关键的一步就是把天平调零。教师演示，然后让学生自己操作，并进行观察。每组的学生都做了，并观察是否调零。教师还把一位学生请到前面来做示范,说明调整平衡的重要性。这节课师生互动非常好,学生一直处在亢奋状态之中,可见教师的调节作用非常重要。课结束前教师发给每位学生1张小纸,让学生写上这节课学习的收获,每位学生都能认真完成。我观察了几位学生,他们有的写调整零位的重要性;有的写自己认识了天平等。这节课上我们发现还有一位年龄稍长的教师。请教了校长,才知道这是助教,主要是为一些特殊学生辅导的。虽然我们多次听到特殊学生的教育,但该校的具体做法是国内比较少见的。我们可能还是缺乏对这类学生的人文关怀。

语言艺术课是位年青的男教师(黑人)上的,共有八年级的学生25位在听课。这位教师首先以此讲了主角与配角,又用幻灯片打出了中国老子说的两句名言。其中一句是"以柔克刚",他用英语写的是"用一种很简单的办法可以解决一件很难做的事"。从这句话中可以得出一个结论就是"无为而治"。如果不懂得中国文化,真是很难翻译出来的。今天陪我们访问的陶森大学的博士生小丰先生(原是上海市静安区外国语学校的英语教师),我问他是什么意思? 第1句他是按英文原意翻的,第二句讲到"无为"两字,我就想到是讲"无为而治"。这节课教师给每位学生1份讲义,上面有1首诗词。他让学生朗读时要分出重音和轻音,还要根据屏幕上打出来的教学目标上的内容,找出诗中的关键词(PTWIS)进行整理。这项任务,学生回答,教师板书,师生共同完成。他们上课较多借助实物投影仪来讲解。每节课上,教师都直接用记号笔在塑料卡片上书写,用完了再用纸擦掉,然后再写,就像在黑板上书写一样。但是,我感觉还是用粉笔写在黑板上可保留更长的时间,学生可以充分看到整节课所学的内容。尽管我们没有听完这节课,但从教师与学生的互动来看,学生的学习兴趣、学习热情都被老师调动起来了,师生沟通得相当好。教师不停地在学生之间穿梭,回答学生的问题。据罗老师介绍,这位教语言艺术课的教师是语言系的主任(精通英语、西班牙语、汉语),他曾经获得巴尔的摩教学一等奖,也在马里兰州教学比赛中获奖。看来美国也在搞教师的教学比赛活动呀。

听完课,我们又回到接待室,校长继续向我们介绍。她特别强调他们学校的外语教学的特色,开设了西班牙语、汉语(在巴尔的摩市共有西班牙语、汉语、日语、拉丁语的教学,其中只有4所初中学校在上汉语课)。

我们在听课中的确感到这所学校在知识教学方面做得比较扎实,尤其是教师的教学方法和教学策略比较适合学生学习的需要,每节课都能把学生的学习兴趣充分调动起来。促使教师都能做到的是什么原因?校长和负责教学的副校长作了回答:

一是学校遵循美国著名的教育家布卢姆的目标教学法。把每节课的教学目标都列出来,分低层次、中层次、高层次。根据教学目标要求实施教学,让每位学生都能达到目标。我们在听课中确实感到,每节课教师都把教学目标写在纸上、打在屏幕上,或写在黑板上,学生一看目标非常清晰,知道这节课该学什么,学到什么程度。当然,按照目标教学法还要把三级目标分得很细,教学才能一步一步地做到。记得在 20 世纪 90 年代初,我参加了安徽省安庆市教委组织的教研活动,也就此教学法进行了探索和交流,桐城市的青草中学、潜山县的野寨中学等都有这方面的经验介绍,只是后来到了上海,也就没有再继续进行这方面教学法的研究。

二是运用差异教学法。即在一个班级中实施差异教学,或分类教学,培养每位学生的思考能力。这也是我们在陶森大学听到的多次关于差异教学的理论。这种理论在大学教师的口中出来,在基层学校找到范例,这也是我们要学习之处。

三是进行课堂教学改进。现在美国的学校实行核心课程的统考制度,对教不好的教师,则要求整改提高。所以,教师的工作责任心进一步加强。过去一直以为国外教学的要求低,教师没有什么压力。实际上他们的压力还是有的,州、学区的统考都要进行排名,学校还要进行排队,甚至国家还要评出蓝带学校。全国排名、州排名等,这比我们抓排名还要厉害呀。

我们有的校长问到学校的教研活动怎么开展?校长特地把他们搞的每周一次的教研活动作为经验之谈。实际上,他们每周进行的以教研组为单位的教研活动,还是比较扎实的,主要研究教学方法和教学策略,很少有研究教材内容的。如关于提问技巧研讨的资料。由于教师的教龄不一样,对提问的尺度把握也不一样。所以,学校提出了提问技巧的要求(这个内容有纸质的材料,但没有翻译出来)。

关于创设公平考试环境的一些要素,这也是行政人员检查各考试场所的依据。这个内容是学校根据州教育局的要求自行制定的(见附件 2)。

校长在谈到教师评价问题时说,有单元的评价标准;通过测试题(包括选择题、应用能力题)来进行标准化的测试,并可利用数据库来调整评价内容。对教学改进工作不到位的,那就要更换。对年轻教师,要有带教教师指导,并保证年轻教师有足够的资源助他成功。大家愿望是一样的,就是为了学生的将来。

最后,校长还给我们每人准备了一份礼物——她儿子的签名照片。我们请她也在照片上签名留念。

附1:

学校学生每天的宣誓(承诺)内容

I pledge allegiance to the Flag,	我宣誓(承诺)
of the United States of America,	忠于美利坚合众国的旗帜,
and to the Republic for which it stands:	忠于它所代表的共和国 ——上帝庇护下的国家:
one Nation under God,	不可分割的,
indivisible,	所有人享有自由和公正的国家。
With Liberty and Justice for all.	

附2:

关于创设良好的考试环境的规定

黑板上不用的信息要擦掉;

要把有关目标张贴出来,比如为了考到评价标准的86%或更高,学生必须采用考试策略;

教室整洁;

自己判断会分散学生注意力的东西要取下来;

课桌排整齐,给学生留足够的空间,教师能在课桌间走动;

考试时间要在黑板上公告,考试期间及时更新;

铅笔、纸等附加用品学生有效使用;

考试公告贴在门上;

要准备好学生完成后的工作;

课桌内的东西与考试无关;

允许学生吃糖果或口香糖,但执行这条建议要根据你的判断力;

对于教师,要保证整个考试期间学生是安静的;

开考前与学生简单讨论考试的重要性,鼓励学生尽力而为;

记得指导语要大声朗读且只读一遍。

访问公办战役纪念碑学校
(Battle Monument School)

时间:2011 年 10 月 13 日

战役纪念碑学校是巴尔的摩的公办学校,是为 3～21 岁多重残疾并居住在巴尔的摩东南地区的学生提供服务的。目前学生 80 多位,教职工 100 多位,其中教师 20 多位,12 位类似于班主任的,其余就是看护人员,如理疗师、护士、康复师、体能师、言语训练师等。根据联邦法案,对残疾学生的教育是享受与正常学生一样的教育。所以,对每位残疾学生,都有专家、专业人员、家长一起为他们制订教学计划。根据《法案》的要求,无论学生残疾程度如何,作为学校必须接受任何残疾的学生。作为家长是不能随便选择公办学校的。入学顺序为家长提出申请后,由学区统一分配学校。如果家长对这所学校不满意,可以选择到其他的地方去上学。比如,去私立学校,可能就要付更多的费用。

我们一行到达战役纪念碑学校,由于校长正在处理事情,我们便坐在走廊的沙发上等了一会儿。看到来来往往的家长领着孩子(这些孩子残疾的程度确实很严重)来上学。校长忙好了工作,就来接见我们。大家在走廊里寒暄了几句后,校长便把我们带到接待室。室内桌上放了一些名片,还有水和饮料,让大家自己去取。大家落座后,就听校长介绍情况。

该校学生 8:45 到校,下午 3:00 家长接回去。每班 6～8 位学生有 1 位教师、1 位助教、2 位看护员,还有其他社会工作者及志愿者。从学校整个人员配置来看,至少 1 位学生得配上 1.3 位教师和工作人员。由此可知,学校公用经费的支出是多么高呀。

该校有两个项目是值得校长引以为豪的。一是 FALS 项目,即功能恢复的基础教育。通过提供实用学术支持,使学生在体力上得到恢复,身体素质得到提高,生活自理能力得到强化;二是 BLS 项目,即改变残疾学生的行为习惯。

通过行为学习支持的课程来改变他们的行为，使他们能逐步向正常学生过渡。

我们通过走访每间教室，看到校长一路与学生进行交流，脸上充满了笑容，轻声细语，生怕吓了学生。但听他说就在前几天还被位学生打了呢。他向我们介绍，这学生3岁到这里，现在已经16岁了。校长曾教过他（也就是说校长在这里至少工作了13年）。校长说自己是有机会可以调离的，但为了这些学生，他选择还是不离开这里。作为校长真是不容易，对这些学生充满了爱心。我们应该向他致敬！向他学习！

在这里工作的教师也是非常受人尊敬的，他们面对每位重度残疾的学生，就教他最简单的动作，还得有耐心、恒心，更要有爱心。尤其自闭症的学生，我们站在他旁边，他看都不看，自己在用铅笔描写字母。甚至一刻不停止地重复着这个动作，直到把这张纸全部描满。教师把纸拿走后，在桌上喷点水，再把手纸给他，他会把桌子擦干净。还有位女学生一手手指放在嘴里；另一手拿着塑料杯。教师让她起来，她挥舞手中的杯子，把年轻漂亮的女教师鼻子打出血来。还有几位学生在教师的辅导下，自顾自地玩着玩具。

在功能恢复教室，我们看到1位学生不能站立，连叫声都发不出，还流着口水。2位男教师把他抬到特制的床上，用腰带、脚带等把他绑在床上，然后用挡板放在他的胸前，把这床摇起竖直着，让这学生有站立的感觉（实际上他是站不起来的）。还有的学生坐在轮椅上，教师在训练他的体能。我真佩服这些教师的伟大。个别轻度残疾的学生，则自己举起双手，并不停地重复着这个动作。

在有几位既是耳聋，又是身残学生的教室里，几位教师围绕着他们，用听筒样的教具来教他们发声。有时听到"啊"声，教师便都欣喜若狂，觉得非常成功。其实教师并不在于为学生做多大的事，关键在于付出有了回报，即使学生的点头、片言只语，都能唤起教师成功的喜悦。所以，作为残疾学校的教师实在是太伟大了。

我们在学校的走廊里不断听到有些学生在大声地尖叫，有个别学生被绑在平板上，用手支撑着地面向前滑行，还有的坐在小车上，用脚蹬着地面向前行。这些学生都是不能行走的，学校里有各种工具在训练他们的体能。

在一间教室里，我们看到一些学生在电脑前玩游戏。我们上前看了看，这是年龄大些的学生,经过多年训练之后,有了转变。他们能在电脑上玩一些简单的游戏,其中有位学生正指导着旁边的同学寻找游戏的步骤。

在学生的放松室里,灯关了,显得比较暗淡,但放着音乐,有教师和护士在里面,学生或躺在地上,或坐在地上,教师陪着他们说话。学生一批一批地进来,又一批一批地出去。看来学生是喜欢到这里来的。

还有一间是类似于禁闭室的房间里面空空的,边上还有间观察室。把门关上后,从观察室里能看到"禁闭室"内的一切。但是,在这间房间里的人是看不到观察室里的人的。这就是对那些不愿意接受教育的学生的惩罚场所(让其独处一间有恐惧感,以后他就不会犯错)。

学校的设施不错,还有运动场所、图书馆等。教师已经适应了学生的个性需求和日常生活技能的指令。他们全天在学校里,目的是给学生增加独立的机会;以课堂为本的活动,目的是更大限度地增加学生成功的机会。另外,还有些相关的服务,如治疗、理疗、言语和语言训练,以及行为的支持。

参观了整所学校,我们来到了接待室。校长这么忙还抽出时间来接待我们,让我们深受感动。他在与我们的座谈中,我们问了几个问题:这里教师的工资待遇是不是比其他学校要高?他说,是一样的,待遇不会高的,只是有的岗位有点补贴而已。在问到教师是不是都愿意从事特殊教育工作?他说,在特殊教育学校工作的教师流动性是很大的,尤其是年轻人。他们做了几年之后,就会不做的,这里的工作非常难做。问到寒、暑假教师是不是休息?校长说,只要家长愿意把学生送到学校里,学校是不能拒绝的。所以,学校在寒暑假里都是不关门的。学校会根据学生的多少,临时聘请教师。学校一般每年的一月份就会登记当年的暑假是否把学生送到学校。学校先征求本校教师的意见,如果他们愿意留下来,就聘他们,如果教师的人数不够,就会在社会上招聘临时的合同教师来工作。因为美国教师是只拿10个月的工资的。作为特殊教育的教师是非常辛苦的,平时就比那些招收正常学生学校的教师要累,寒暑假也得不到休息,还要工作。我为他们的无私奉献的精神而敬佩。

在与校长座谈中,校长也谈到对特殊学校学生的评价问题。对于这些学生的评价确实是很难的,如果这些学生被训练好了,一旦生活能自理或智力稍好些,就会被家长送去正常人的学校读书。当然,我们学校和教师希望这样的学生越多越好。而对那些重度残疾甚至生活都不能自理的学生又怎么来评价呢，学校和教师都感到困惑。这些学生还需要评价吗？但是，联邦政府有规定，这些学生也要享受与正常学生一样的免费教育，而且联邦政府给钱了，就要对这个项目计划给予监督与评估。政府教育部门有关专家就计划执行情况进行评估和考核。校长说了，上面对这些学生的考核是降低标准的。比如，五年级的学生可能考三年级的内容，甚至更低的。而对答题，还可有另外的表达方式。总之，既要有考核，又要让这些学生有成功的喜悦。

中午，我们在学校的食堂用餐。校方没有把食物拿到接待室，而是让我们与这些学生一起用餐，可能这是校方的有意安排吧，让我们亲身体会这些学生用餐的情况。我们观察到，这些学生很少能自己独立用餐的，都是教师一勺一勺地喂的。有的甚至被绑在"车"上，吃了两口就会吐掉，而教师则用大的纸巾接着，让其吐完后，再用毛巾将其嘴擦干净。干这样事的竟是男教师，真不容易呀！我们坐在长条桌旁，大家心情沉重，吃得很少。

在回去的车上，大家有个共识，孩子读书差点没有关系，只要其身体不是残疾的就好。孩子健健康康地成长比什么都重要。残疾的孩子给社会、给家庭、给自己都带来沉重的负担。所以，作为年轻人，最重要在育儿育女方面要在意的是培育身心健康的孩子。美国的残疾人教育法案，给这些残疾学生带来福音。但是，这些学生自己还是很痛苦的。吸毒、酗酒、不健康的性行为等都可能导致残疾孩子的降生，将要成为人父、人母的年轻人特别需要关注自己的行为准则。孩子无法选择自己的健康，父母必须承担起自己的责任。

我们访问了美国巴尔的摩地区的 11 所学校，这是最后 1 所。从第 1 所的私立学校看到的健康活跃的学生，到今天看到的身体、智力有残疾的学生，这么大的反差。我深深感到美国在人人享受教育平等的政策方面确实做得非常好。他们不是嘴里说说的，而是实实在在做。我们深深地为这些教师的爱心、责任心感动，为学生有这样的好教师感到高兴，教育需要有这样一批具有奉献精神的人来做。我们更为校长先生放弃优越的工作条件，选择与特殊教育中的残疾学生在一起而自豪，他的无私精神值得我们学习。

🌿 **附:**

学习美国特殊教育立法的感想

在最近3周的专家报告和访学中,不断听到有关美国特殊教育的话题,在山姆·戴尔维克亚博士给我们讲授美国的教育立法中,讲到特殊教育的立法问题,那就是美国《能力障碍者教育法》(Individuals with Disabilities Education Act,简称 IDEA)明确规定,有能力障碍的学生应该与健全学生一样在普通教育课堂中接受教育,同时获得辅助性的帮助和服务。只有当学生因为能力障碍的性质和严重程度无法在普通教育中获得令人满意的教育效果时,才考虑特殊教育、分离学校或者其他将学生从普通教育环境中分离出来的教育安置。IDEA 还规定特殊教育应遵循6个原则,其中有3个原则即无排斥原则、适当教育原则、最少限制环境原则与美国公立普通学校的教育密切相关。无排斥原则指学校应保证能力障碍学生(students with disabilities)与其他学生一样享有同等的受教育权利,禁止将能力障碍学生排斥于公立教育之外。适当教育原则要求学校为每位特殊学生提供适合其需要的个别化教育,为所有3～21岁的能力障碍个体制定个别教育计划和为出生到2岁的个体制定个别家庭服务计划。最少限制环境原则又叫做全纳原则,要求学校尽可能将有特殊需要的学生与其他学生合班进行教育。

为了保证教育效果,学校必须为每位特殊需要学生设计个别教育计划,详细制定课程内容、教学的长期和短期目标,规定学生接受特殊教育和普通教育的时间比例,以及接受特殊教育的环境和服务内容,指导教师的教育和教学活动。这些服务并非都由学生所在的学校提供,而是由学校、校外教育机构及心理服务机构共同为学生提供全方位的服务。如由学校执行联邦政府提出的 IDEA 的法案,联邦政府则提供资金帮助学校和家庭支付特殊学生的教育与服务费用。

Ridgely Middle School 是值得骄傲的 NCLB(《不让一个孩子掉队》项目)全国蓝带学校。校内有较多特殊学生,他们通过特殊教育与学生志愿团队计划实施障碍者教育法案(IDEA),使特殊学生在学校得到发展与提高。

无论从专家的报告中得到的政策信息,还是到基层的公办学校所见到的实际情况,无一不使我感到,在美国特殊教育立法的过程中,始终倡导"以人为本",非常强调"人人平等"。重视满足每位学生因个别差异而造成的个别需要,尊重每位特殊学生，使他们享有与健全学生平等的受教育的权利，尽可能确保面向全体学生的教育质量。无论是在学习、工作，还是日常生活中，都积极创造特殊学生和健全学生共享的环境。

近年来，美国的这种全纳教育的思想和教育模式开始引入国内，并被我们一些学校借鉴。美国的特殊教育法案中提出的"为全体儿童，尤其是障碍儿童提供'最少限制环境'的教育服务"同样应该成为中国公办普通教育改革的目标。相比而言，我国特殊教育的相关法律法规对残疾人的定义与分类还与当下特殊教育的发展有很大的差距，这也给我国特殊教育的发展带来很大的阻力。

我想教育改革应从教育理念更新、教育政策与法律构建、学校管理与师资培养等各方面同步推进，逐步构建适应中国国情的、满足健全儿童和特殊儿童教育需要的全纳教育服务体系。

访问公办川山高中(River Hill High School)

时间:2011 年 9 月 13 日

今天上午 8:00 点出发去 MARYLANG 的公办川山高中车程开了 1 个多小时才到达。沿途风景秀丽,高速公路的两侧森林密布,房子在大树的映衬下显得格外美丽。无论居民家附近还是无人居住的地方,草坪都修剪得非常整齐。

公办川山高中设在一个周围没有人居住的旷野之地,外围环境非常好,都是草坪和树林,风光优美,有室外足球场、大型停车场提供给学生停车的,很大,可以停几百辆车(十二年级的学生可以开车来上学)。

进入学校大门,副校长来接待我们。她把我们带到图书馆(综合性的大厅,可以阅读、讨论问题等)介绍学校的情况,该校有学生 1 390 多位、621 个学科班级(非我们理解的行政班级),每个班级人数不多,而且同一位学生可能选择不同的课。之后,她请学生部主任来介绍情况。

学生部主任讲了学校的宗旨:把为学生服务放在第一位;为家长服务放在第二位;为教师服务放在第三位;为社区服务放在第四位。尤其是在讲社区的重要性时,她举了个例子。如果一位女学生在学校死了,社区就要对该学生之死负责。学校不仅为学生的成长做工作,还要保证学生进入高一级的学校学习;同时培养学生家庭技能,锻炼学生服务社会,使之成为社会有用之才。学校对学生的上课有时是一对一的指导,有时是小组学习的方式进行(在化学课上见到两位教师),学校能做到以学生的需要来组织教学,上课是以师生讨论的方式和互动的方式进行。十年级有学生俱乐部,学生可根据自己的需要搞一些大型的活动;十一年级有职业训练课程,例如雕塑、木工、电器等,通过实践操作的训练和指导,培养学生的动手操作和生活能力;到十二年级,学校的课程分得更细,为学生进入社会做好准备,有一些社会培训课程,不仅为学生继续升学提供支持,也为他们走上社会做必要的准备,这正是终身教育的思想。我感觉美国的学校教育理念确实是为学生

131

的终身发展服务的,而不是纯粹地学习一些书本知识,是注重学生的动手操作和社会实践能力的培养,既有为升学打基础的课程,也有为学生走上社会做准备的课程,这才是课程的丰富性呢。

她还介绍,学校不仅要保证学生的体力、满足学生的需求,还要在心理上予以关照,让学生有充足的睡眠时间。除必修课外,选修课是按学生的需求来选择的,学校的课程具有可选择性,对每位学生来说也是平等的。想想我们办的所谓特色班,从某种意义上说,对每位学生来说是不平等的。我校在周一下午有两节拓展课,上管弦乐的学生家长提出他们的孩子应该有选择上其他拓展课的权利,而非一定要上管弦乐排练课,也想多选择一些课程学习。我校现在让他们有了一节课的选择权,这种做法虽然是有点问题的,需要不断地改进。但是再想想,今年六年级搞的特色班,尽管每个班都有特色,从表面上看是公平的,深思一下还是有些问题的。因为这个特色不是学生自己选择的,是我们强加给他们的,是需要在实践中不断总结和改进的。副校长插话,他们学校的核心课程也是在不断变化的,她说核心课程是根据社会需求有所变化的,比如,在马里兰州(MARYLAND)的24个学区就有共同的核心课程数学、写作,还有一些课程如科学、工程等,数学要修4年。

接下来是5位十二年级的学生来给我们介绍:

第1位介绍者是学校荣誉协会的领袖是一位美国女学生(白人)。她介绍这个协会主要是负责对学生作弊的处理(例如,抄作业、考试作弊),通过处理使学生今后不再出现类似的问题,让学生养成诚实、不依赖别人,自己的事情自己做的好习惯。这些资料都将存入学生的档案,可以作为诚信档案供上大学时参考。所以,从小就要养成诚信做人、做事的好习惯,不要有不诚信的记录。该组织是目前这个地区中学里唯一的一个组织。

第2位来介绍的是学校学生会的主席是一位美国女学生(非白人),她讲了学生会的主要目标是营造学术氛围,道德教育,生活交流等内容。还介绍了他们开展的一些学生活动,有学校突出主题的活动、学校的节日活动、社会实践活动(例如,漂流),周五穿黄衣服跳舞等活动(周庆活动)。还介绍了他们学生会的会议,每月有3周时间的学生活动,由学生会主持,有讲座、讲演,其中每月还有一次是在周三有30分钟师生共同参加的主题活动,教师要全程陪同学生,其中要定主

132

题,要有内容。她还介绍了学校俱乐部的情况,学校有各种俱乐部,如机器人、艺术、文学、读书等 CLIP。

第 3 位来介绍的是郡学生会(由 12 所学校的学生领袖组成的)服务部部长陈康宁,是一位中国女学生[这位学生非常优秀,她现在读十二年级。她爸爸(安徽人)、妈妈(北京人)在 1989 年来到美国。该生(美国芝加哥出生)还有个妹妹,现在也在该校读书]。她介绍该学生会每年要召开两次大会,每月召集学生会成员开一次小会,商量学生会该怎么做?如何做?

第 4 位来介绍的也是学生会的成员,是一位美国女学生(白人),她负责文艺工作。她介绍学生会的工作范围很广,除了俱乐部之外,还有募捐等,经常开展音乐剧、乐队、舞蹈等活动,也举行春秋季音乐节。通过这些活动,培养学生的创新能力和对生活的乐趣。

第 5 位来介绍的是一位美国男学生(白人),他是学生会负责体育社团工作的。他介绍社团开展的体育活动,有许多的体育项目,通过体育活动可以锻炼学生的体魄和意志,还可以培养商业领袖人物。他介绍全球 25 万位学生加入这个体育项目,成为该项目的会员,本校就有 200 位成员。该团体为学生提供的机会可以让学生学会竞争,以适应未来世界的需要。从这位同学的介绍可体会美国的学校教育充分发挥学生自主管理的作用,让学生从小参与社会,适应社会、适应未来、适应世界,这是我们的学校无法比拟的。我们的学生整天坐在教室内学习知识,从掌握的知识内容和多寡来说,我们学生可能比美国学生掌握的多得多。但是,从能力来说,我们学生与美国学生的差距相当大。他还介绍他们学校的学生拿了 8 个国家级体育项目的冠军,学校为学生提供了奖学金。同时,也培养了学生商业运作的能力。该团体每月举行一次比赛活动,发展他们的技能。该校副校长盛情邀请我们本周五晚观看他们学校的足球比赛。

从这 5 位学生的介绍中可看出,他们的能力都非常强,就在他们介绍的间隙,下课铃声响起,副校长让学生停下来,引我们到校电视直播间观看他们学校的新闻联播节目。我们来到电视直播房,外间是直播的机器,全部由学生操作,里面一间是现场录制间,男女播音员在台前面带微笑、充满自信地进行播音,两台摄像机对准他们在转播,两位播音员看着眼前两台大显示屏上的内容,在读上面的内容,就像央视播音员一样正襟危坐在屏幕前,说得可好呢。这也是我们学生要学习的

133

方面。我校也有校电视台，但发挥的作用却不大。建议八九年级成立学生会，主要负责学校高年级的学生工作；六七年级以大队部为主，负责低年段的学生工作。通过大队部、学生会的工作培养一批优秀的学生干部，培养一批学生领袖，也为他们未来的人生之路做好铺垫。

上午，我们听了 2 节课，每节课听的时间不长。我和严校长在一组，他负责与老外进行交流，我主要进行课堂观察。

第 1 节上的是法语课。法语教师上课时不仅面部表情非常丰富，而且配有各种手势，且肢体语言运用得当，学生的注意力完全被她的精彩讲课吸引。我们虽然不懂法语，但是还是感到上她的课确实是一种享受，像是在看戏剧表演一般。她的声音非常甜美，带领学生朗读，学生读得也非常认真。据陈康宁介绍，他们学校的法语分成 A、B、C、D 四个层级，不同层级的要求不一样。学生可以自由选择。如在 A 层，可能有九年级的，也可能有十年级的学生。在课堂上有一位头裹丝巾的女学生（可能是伊斯兰教）举手等待教师提问，教师讲完内容问她有什么问题。她说投影仪不用时应该关闭，教师接受了她的意见马上关闭投影仪。小小的一个举动说明学生节约能源的意识非常强。坐在我边上的一位女学生见我把头伸过去看她课本上的内容时，便很主动地把课本推向我的面前，让我看。从中可以看出美国学生很有礼貌，很懂得尊重别人。我看了标题后，把课本仍然推到她的面前，并表示谢意。

在 2 节课之间的时间学生换教室。正逢学生上上下下的流动，我站在楼梯边上准备下去。于是，顺便进行仔细观察，有两点体会：一是学生上下楼非常有序，既没有教师维持秩序，也没有类似学生自主管理委员会的成员监督。大家都非常有序地按右行走，也没有奔跑现象，而且都比较谦让对方；二是全校 1 000 多位学生在走廊、楼道中行走，没有大声的喧哗，都很安静地向自己教室的方向走去。这也显示了美国社会的文明程度。反观我们的学生，一下课就是在走廊、楼道中奔跑，甚至大声疾呼，生怕他人听不到。这些事虽小，却也反映了文明的程度；三是观察到两白人学生（一男一女）就在楼道扶手处、大庭广众下拥抱接吻的场面，而且不止一次。这可能也是美国社会的习惯吧。这是一所高中学校，十二年级的学生都已经有十七八岁了，可能早恋有这种好感，美国社会也是允许的。这说明我们在学生的青春期教育方面还有差距吧。

第2节听了计算机科学课。这是十二年级选修的 AP 课程(与大学接轨的课程)。我们进去时,教师已经在给学生讲课了。9 位学生围站在教师面前听他上课。教师讲解结束,学生便自己分组讨论。他们有的坐在电脑前看学习内容,有的在想问题,有的站在黑板前讨论问题。每位学生都在做些事情。他们时进时出,有的甚至在教室外逗留一下再进来。这好像是常事,教师也不强求他们。该教师在与我们交谈学生情况时,严校长对学生的分数提出疑问。该教师解释,学生的课堂表现不好,就可能要扣分,表现突出就会加分。如有 2 位学生得 11 分,其他学生都是 10 分;还有一次,其他学生都是 20 分,有 1 位学生只得 16 分(这可能与该学生的作业完成情况或者上课专注程度有关吧)。十二年级学生的这门课程可能与他们将来进入大学所选择的专业有关系,是他们感兴趣的内容,所以学生会认真学习的,而且钻研得还比较深呢。我看到有的学生在用电脑设计飞行器;有的学生在纸上画图;也有些学生在一起讨论,每人发表意见,很热烈。

中午,我们与接待我们的学生围坐在室外的方桌上吃西餐。其他学生有的坐在地上吃自带的午餐;有的午餐是在学校食堂里买的。陈康宁就坐在我边上吃她妈妈早上给她做好的鸡蛋炒饭和切好的水果。还有学生是带点心的,分量不多。他们吃得非常开心。坐在我对面的美国男生(体育部长)说,他准备报考哈佛大学或者军事学校(比哈佛还难进)。他的志向是当美国总统。这个志向在中国人看来简直是不可思议呀。但在美国,学生有这样的想法,还会说出来,并不怕别人笑话,而且从小就立下如此大的志向,真是不容易。陈康宁第一志愿是宾夕法尼亚大学的商科。她还说,自己报了 10 所大学的志愿。我衷心祝愿她报考成功。吃好午饭,我们和这些接待我们的学生合影留念,大家都很开心,就像遇见了大明星一般。

下午听的课安排得很紧张。第1节化学课,我们从 12:50 开始听。我们听的是九年级和十年级学生混合在一起上的(这是初级的 AP 课程,这门课在十二年级也是 AP 课程)。据介绍,该校的学生在十二年里必须选修 3 门自然科学课,即物理、化学、地球科学,至于哪个年级选哪门课,由学生来定。我们进教室时,学生正在实验台前认识实验器材,在教师发下来的有关实验器材的图案纸上对照实验器材,用铅笔描粗,然后再坐到课桌前。两位化学教师中的一位在讲实验器材的使用,学生都认真地看着教师的演示。演示完成后,教师发作业纸给每一位学生。

学生再做上面的题目。做作业可以看教材,也可以相互讨论。但是,每个人都须思考。教师会走到有问题的学生面前予以辅导。年轻的那位可能是辅导教师,他较多在学生旁边辅导。上课的教师在间隙时间与我们交谈,并把我们带进实验准备室。我看到准备室非常大,一旁放课桌;另一旁放了3张大型的实验长条台,每张长条台面对面都可以做实验,两边各有台电脑,可供学生查阅资料的。实际上实验室也很大,且布局非常好,可以做到上课和实验两不误。这实验室环境布置很别致,除四面墙壁张贴了与化学有关的内容之外,就连顶上的天花板也写上许多内容。

下午第2节课听的是心理课(这也是 AP 课程)。上课的是一位年轻教师。我们看到每位学生都上台就事先准备好的内容向全班同学进行展示。学生上台都不胆怯,落落大方,有的还脱稿演讲。展板上面有人物画像、有事例介绍、有图片等。在学生讲解时,教师坐在学生桌子上在类似于 iPad 的平板电脑上用笔写,屏幕上就会显示教师写的内容。这个发射器相对来说还是比较先进的吧。据副校长介绍,现在每个学科组长都发 iPad 供教师使用。学生讲解后,时不时还有教师或同学发问,教师在课结束时还有一些简短的点评。我们听了4节不同的课,给我的印象非常深刻。

印象之一是教师以学生的发展为本,真正做到让学生自由选择适合自己的课程。也正如副校长和学生部主任在介绍中所说的,以学生的需求来施教,真正体现以学生为中心。从听课和观课的情况来看,学生选择学习什么课程完全是自觉和发自内心的。例如,化学初级的课上既有九年级的学生,也有十年级的学生,这就是学生自己选择的结果。

印象之二是基层学校真正在落实"不让一个孩子生掉队"的理念。以数学补差课为例,课上只有十几位学生,但是有3位教师在里面进行辅导,而且教师不断地走动,巡视学生的情况。当发现1位女生把一个很简单的问题做出来,教师奖给她一张卡片(类似于小学的五角星)。这位学生非常开心。教师还让她把卡片张贴在前面的墙上,充分相信学生的进步,并予以表扬和激励。如此激励学生,在高中还是少见的。回想上周去的以色列社区学校,中学副校长就坐在给后进生补课的教室里。每天有不同的学生进来接受教师的帮助和辅导。无独有偶,今天下午我接到美国杜邦公司总部王女士的电话,她说她女儿薛同学(初中刚从我校毕业)来到美国私立学校读高中,刚来英语听力比较弱,学校给她安排了一位英语教师单独给她进行英语听力的辅导,让她较快地跟上教学进程。这个例子充分说明美国社会不歧视来自世界各地的学生,也是对人接受教育权利的一种尊重吧。

印象之三是美国教师的奉献精神和职业道德感是值得我们学习的。美国学校教师没有职称、岗位补贴,工资是根据教龄长短来定的,工资基本是相同的。当我们问他们,那么多的课有没有额外的报酬时,他们都感到惊讶,反问为什么还有报酬呢?学校发给我们工资就是报酬,怎么能还要额外的报酬?让我们这些问问题的人都感到不好意思。他们说,学校让我多做事,是相信我的能力,是有能力做好事的,我应该感到高兴啊,是学校给了我奉献社会的机会呀。我们应该感谢学校,把这个机会给了我,而没有给别人呢。从中看出,美国的文化观念和我们的不一样。过去,我们都认为资本主义社会就是讲多劳多得的、少劳少得的。实际上,我们走进美国社会才真正了解了情况,感到事实有些颠倒。难怪美国人要做志愿者,即使去国外驻军打仗也不惧怕,这是为国奉献的精神在起作用。

印象之四是学生的诚信意识非常强。学校荣誉委员会成员的任务是对不诚信学生的处理,就是要让他今后不再出现这种不诚信的情况。这种把抄作业作为不诚信的范畴来抓,让学生自主管理,实际上也是让学生在自我接受教育。所以,美国社会不讲诚信的人很少,就是因为学校教育从小就开始做了。进陶森大学商店购物时,书包不能带入商店。学生都把书包放在门外的地上,没有人看护,可从来没有听说有书包被人拿走的。我们住在万豪酒店,有一次柴校长没有带房卡,给服务台报了房号,他们也不向他要身份证明或让登记,就给了他一张智能卡。这说明人家充分信任你,相信你不是来偷东西的。我们学校也在进行诚信教育,把诚信做人、做事放在首位,今后就从抓学生抄作业现象做起,从每天都必须做的事做起,不要到了期中、期末考试来一次诚信考场。从小培养学生养成诚实守信、自己的事自己做,不要依赖别人。

访问公办陶森高中(**Towson High School**)

时间:2011 年 9 月 15 日

    8:30 我们乘陶森大学女教师开来的小面包车前往陶森中学访学,车行不到 10 分钟就到了。其实该校就在陶森大学的旁边,周边只有一些私家别墅,大树环抱,绿叶葱葱。走进学校,大厅周围挂满了各项招贴布。例如,有绿色学校的标识(上次在川山高中见到过)。他们所谓的绿色学校是指学生的环保意识。例如,利用废旧报纸、回收废电池、在社区参加环保活动等。还有其他的标识,就是他们学校是全市"法律与公共政策"特色学校,也有此类标识张贴在墙上。大厅里还摆放着两张小长桌,桌上有一些介绍学校情况的资料,放在一只只小盒子里,供家长和来宾取阅。大厅还有一张长的皮沙发。大厅不大,但布置得非常得体。

    我们在大厅拍了照片后,校长就把我们一行引入校长接待室。接待室不大,中间放着简易的长条桌,周围放了些椅子,非常简单。但是,有咖啡机、有点心,布置得非常温馨。我们坐下后,校长先介绍自己的情况。她在这所学校担任了 5 年副校长,10 年正校长。该校于 1873 年建校,1949 年重建。该校有 1 位正校长、3 位副校长(本学期 1 位副校长去其他地方工作),他们都没有教学任务。学校有 12 位学科主任。她说,美国游泳名将菲尔普斯就毕业于该校。校长的介绍很短,接下来各部门轮流介绍自己所承担的工作。

    副校长(男):去年主要分管校的课程安排、教学工作(即记录每个学段中对学生的评估,而不记录学生考试的成绩。对学生的评价主要在每节课上,具体为每节课教师都要对学生的学习态度、完成任务情况、出勤情况等作出评价并记录在案)。学生在课堂上可以随便进出,但都要自觉在门口桌上的那张表格填写(包括姓名、日期、何时出去、何时进来);还有学校的紧急情况(如地震、飓风)计划的制定(本学期这项工作由另一位副校长接任),本学期主要负责学生的测试、校车的安排等工作。另一位副校长(黑人,头发编了许多小辫子,看起来很精神的女士)

说自己负责总务后勤方面的工作(例如,维修),还有学生特殊需要(心理辅导等),协调学生课外活动的安排(例如,校运动队参加比赛),保证学校安全、有效工作。

陶森中学在全美高中的排名是靠前的,今年的 ACT 考试中名列全郡第一。该校还有一个特色学科"法律与公共政策"(Law and Public Program)面向全郡招生,每年有 200 多人报考,录取 50 位学生。

这时 1 位荷枪实弹的警察走进接待室。我还误以为学校发生了什么事,来找校长的。没有想到,他站在那里与我们聊起来了。原来在美国马里兰州的每所高中郡里都要派 1～2 位警察入驻,而且是常驻点。警察的任务:一是维持学校和周边居民的安全与秩序,防止有违法事件发生。万一发生了问题,能够第一时间做出反应;二是让警察在学校为师生做出示范,并帮助师生,为学生树立良好的警察形象,从而激励学生将来从事警察职业;三是给学生讲法制课,因为警察有许多案例,教导学生怎么处理危机事件,还有就是巡视校园周边情况,发现有学生吸毒、酗酒、不上课而逃学的,警察就会把他们带回来,并做教育和心理辅导工作。他还说,这个郡有 65 位警察下到各高中学校,有的重点高中有 2 位警察。

接着,进来 2 位教师和 3 位学生,他们都是学校学生会的师生。其中 2 位教师是指导教师,3 位学生分别是校学生会的主席刘翰文(男,北京人,他是二年级时来美国的),1 位副主席、1 位财务部长(女)。他们各自介绍了学生会的一些情况。

比如,学生会的运转情况:校学生会设主席 1 位、副主席 2 位、财务 1 位、秘书 1 位、档案员 1 位。另外,每个年级还有学生会,4 个年级就有 4 个学生会。每年 1 次竞选,刘翰文谈到他曾在九年级就参加竞选,当时选上了秘书一职;十年级又参加竞选,被选为副主席;十一年级还参加竞选,被选为校学生会主席,他打算在十二年级继续竞选主席。通过一次又一次的竞选培养自己的社会竞争力。他坦言,在竞选中他被教师、学生所认识。校长也说,陶森中学为学生营造追求公正、公平的环境,学生也知道他们心目中想选的人,而不会为只会说笑或为自己说好的人投上一票。

学生会经常组织一些大型的活动,学生会的工作之一就是开展课外活动,现在学校的课外活动组织就有 40 多个,学生还可以发展另外的社团或者说兴趣小组,只要提交申请即可。

在谈到学生会工作会不会影响自己的学业,家长是不是支持问题时,刘翰文同学说,在学生会工作肯定要花很多时间和精力,对自己的学习时间肯定会有影响的。但是,他能合理地安排时间,只能少看电视,晚上在家里要多花时间学习,经常做作业到深夜。他还说自己每天早上 7:00 到校(7:30 上课),下午放学后还要参加外面的学习(弹琴、练跆拳道、打羽毛球等),晚上有时学习到深夜 2:00。财务部长也说,她会把每天要做的事情列出来,把重要的、要紧的事情先做,有的作业可以晚交的就放在双休日完成。她有音乐才能,会唱歌,是学校荣誉俱乐部的负责人,又是学校法律与公共政策学科的模拟法庭的主席,他们经常搞一些提案、听证、建议修改等活动。他们都说参加学生会是为了锻炼自己的能力,对将来上大学也很有作用,家长都很支持他们做社会工作。学生会的指导教师最后概括说,对学生领袖才能的培养,就是让学生参与各种活动,让他们在活动中锻炼与提高。同时,他们主动、积极地参与也能提高自己在公众中的形象,大家都认识你,你的知名度就能提高,今后在选举中获胜的机会也就增多。

学生会的师生介绍完后,来了一位"中国大使"。这位女学生进来就用中文向我们问好,并用中文作了简单的介绍。她曾到中国北京访问了 6 周时间,对中国文化有所了解。现在她在陶森中学的第一外语(中文)高级班学习,学习中文已有 3 年时间。她还学习了日语,会简单的日语会话。在后面我们听的中文课上,又见到了她。她的中文书写也不错,还能用中文写一段作文,比有些美籍华人的中文读写水平还要高。

最后进来的是退休的英文教师(男),他是 20 世纪 60 年代陶森中学的毕业生,离开学校 40 年后主动回到母校,每周 2 天义务辅导学生。我们在访问期间亲眼看到、亲耳听到他们讲奉献、不计报酬的事例,他们把能为社会作贡献视为高尚的事,光荣的事。这种无私奉献的精神是值得我们学习的。

接下来全面听课。学校考虑得十分周到,安排得非常细致。我们共听 7 节课,其中 2 节是十二年级的 AP 课程(即和大学衔接的课程。学生向大学提交申请,须出示他们在高中时修的一些大学课程,如微积分、物理、化学、生物等学科,有的大学会承认这个学分的;有的大学只是在录取时作为参考因素之一)。在微积分课上共有学生 26 位,教师采用讲练结合的方法。教室的正面是投影,左、右两侧都有白板。坐在两边的学生就在白板上书写作业。教师会从电脑中把学生提交的作业调出来评讲,也可进入学校资源库随时调出所需的资料。从课堂表现来看,学生发言非常踊跃,能主动提出问题和解决问题。教师利用网络组织教学比我们要熟练得多。我们现在的电脑装备很好,但主要还停留在代替教师的板书,而把信息技术引进教学的目的就是为了转变学生学的方式。这点我们做得还非常不够。用电脑就是让学生学会在网上查找资料,补充学习内容,学会自主学习、学会合作学习、学会主动学习。

在生物课上,只有9位学生,教师用PPT讲的内容很少,剩下来的时间让学生自己去学习,有的学生拿了材料出去了,有的留在教室里做自己想做的事,还有的学生用教师的照相机放自己拍摄的照片(可能上课要用的)。教师时而走到我们身边与我们说话。这个课堂好像不在上课,学生进进出出,教师也不管,教师和学生在一起有说有笑。

我们集体听了1节工程课。在课上,教师让学生制图。我看到许多学生在画桥梁的钢结构图形,有的画成W型,像上海老白渡桥的桥梁,有的是悬索桥的弧形桥梁,还有的在度量实物模型的长度来制图,有的把画好的图纸用大头针钉在泡沫板上准备加工呢(工程教室的隔壁有各种工具,包括钻床、车床等大型的机械设备)。这种动手操作能力的培养,是真正意义上培养学生的实践能力和创新精神。这些学生不管将来是继续深造(上大学),还是走向社会(工作),学校都为其提供了基础性的学力。再想想我们的学生,学的知识是与社会完全脱节的,学的内容又偏深、偏难的,整天埋头在书桌前做一些重复的练习,都是纸上练兵,没有一点是培养实践和动手操作能力的。他们走上社会后,就连最简单的安装电灯泡可能都不会做,更谈不上用电钻、车床、钻床。

又听了1节中文课(在这里可是外语课)。上中文课的是中国教师(女,河南人)曾在复旦大学教过2年。她说,在陶森中学每位高中生必须选修1门外语,修满2年就有1个学分。该校现在有西班牙语、法语、拉丁语和汉语班。其中汉语共有4个级别。她每天要上3节课。在中文课上,教师主要教学生怎么说中文。这节是4级班的课,学生会说一些中文,尤其一位黑人女学生学得特别好,还有一些学生会写少量的词语和短文。汉语在国外的学校开设,也是弘扬中华文化的最好的途径。我校在康乃迪格州NEWTOWN的结对学校也开设了汉语课。我们的交流应该会增进两校之间的友谊,还会增进两国之间的友谊。

再看了2节美术课,尤其是前节课,每位学生前面都用大小不同的海螺摆放成各种造型,以此自定主题。然后,学生按照自己的主题作画,画桌就是每人拿的画板,每个人的桌子上都有一盏或两盏台灯照射在海螺上,形成不同的亮度和光影。学生画图要考虑光影和亮度的效果。我看到每位学生都很认真地作画,虽然有的学生还在构图,而有的学生画已经基本完成。无论他们画得如何,我都感觉他们是在画自己心中想要画的东西。这很重要,是自己想要的,他就会把自己的想象力发挥到极致,才有迸出创造力的可能。美术这门课是培养学生想象力和创造力最佳的载体,千万不要因学生学画画花了很多时间和精力,而怕影响学业。实际上学生从画画中可以得到学习的灵感,培养思维力。另节美术课是写生,就是按照桌上摆放的植物盆景来画植物的茎和叶。学生画得也非常认真。美术课(包括音乐课、体育课)是学生的必修课之一,选修一年即可。所以,每门课上都有不同年级的学生在一起学习。这种不同年级的学生在一起学习能发挥各自的特长和分享不同的学习经历。

我们还参观了该校的室内体育馆。馆内悬挂了许多旗帜,都是本校学生在各种比赛中获得的,尤其在主墙面上悬挂着有泳坛名将菲尔普斯名字的旗帜。该旗的左面是美国国旗,右面是校旗。体育馆是多功能的,空中悬挂着许多篮球板。

最后,观看学校管乐队学生上的管乐课。小乐队十几人,教师非常认真地指挥。其中打击乐的一学生去弹电子吉他后,指挥的教师立即补上去打击。看来学生的能力也是多方面的,教师也不例外。这个管乐教室很大,里面的储藏室也很大,四周有三面都是铁丝网状的大柜子。学生用好乐器后,会主动地把它们摆放到柜子里。这个班级的学生下课后,另一批学生又来了,看来选修这门课的学生还是不少的。想起我们学校,管乐队、弦乐队、萨克斯队、爵士乐队等也很多,但真正把这些作为学校课程让学生来自由选择的还做不到。一是学校没有这方面的师资,学生想学但缺乏师资,是无法做的。而依托冀瑞凯艺术中心的师资,又不能收费,上级部门给学校的公用经费是按照学生数下拨的,而学校特色创建又无这方面的经费资助,这就断了学校开设这些课程的路。但说到底影响的还是学生。所以,上级部门在制订教育公共政策时不能为了防止乱收费而把所有合法的收费都给堵掉。我认为,在上级财力还不够充裕,我们的师资又不能满足学生需求的情况下,对于学生和家长都有需求的项目,应该允许适当收费。只要上级部门制订合理的收费标准,有关部门监管好,还是可能把这种适合学生发展需求的事情做好的。

访问公办纽敦高中（Newtown High School）

时间：2011 年 9 月 25 日

我们于昨天（周六）来到纽约参观，今天上午坐游船远眺自由女神像，之后在曼哈顿街区走了走，13:00 方书记的儿子开车来纽约接我们，15:45 我和方书记到达纽敦高级中学。一下车就见到了老朋友 Jason Hiruo 副校长和丁老师（中国国家汉语国际推广领导小组办公室派出的教师），他们已经在停车场等候我们（2010 年 4 月份我们在北京见过面，还草签了两校合作交流协议）。

我与方书记就随着 Jason Hiruo 副校长、丁老师陪我们在校园里参观考察。

首先，我们来到了学校的足球场，场地是标准的 400 米跑道，有 8 条跑道，场内是人工草坪，场地上正好是女子足球队的学生在训练，Jason Hiruo 向教练招手，教练就上来和我们握手后便又下去训练学生（这些学生都是业余队员。但是，她们代表学校参加大赛，获得过很多的荣誉。这位足球教练还是英语教师，足球训练是他的业余爱好。这里的教师身兼数职的很多）。我们在操场上与同学们也打了招呼，看了她们在操场上做奔跑训练之后我们就离开了。

随后进入学校的教学区。教学区楼层不高，与马里兰州的学校都是一样的设计，就是该校有一层在地面上，还有一层在地面下。但是，都是透光的，设计得很好，好像是依山而建，不浪费一块地，也不破坏一块地。例如，足球场就是建在山坳里，周围的高地可以做看台，尽管看台的位子不多，但是四周的地面（因为都是草坪呀）都是可以站人观看的。学校还有 3 个运动场地，如网球场（在围网内）、棒球场、曲棍球场，停车场的面积也很大。我们在教学大楼前，Jason Hiruo 介绍了该校的吉祥物是头鹰，学生根据鹰写了 4 句话，在整所学校的墙面上都可看到。我们在学校标志物前留影纪念。Jason Hiruo 说参观整个教学区要 120 多分钟，我们从 16:20 进校，快到 19:00 才结束参观，果然如此。

该校的教学设施真是一流的。有 1 000 多个座位的大礼堂，是阶梯式的，舞台可以容纳下大型的乐队表演，座位是沙发椅；游泳池 50 米长，还有看台、跳台，里面是温水的，与比赛用的标准池一样。还有主、客队用的更衣室。有室内体育馆（可兼做篮球场，有 6 个悬在空中的篮球架。或兼做排球场，空中有帘子可分割开。场馆很高，两侧还有活动看台，拉开来就可以，设计很科学）。健身馆场地很大，里面器材很多，各种新式器材都有。学校还有 2 个内部食堂和 2 个餐厅。其中一个餐厅供学生上课用的，有操作间和餐厅。餐厅还有一个小型的舞台，可兼用于开会或搞小型活动等。学校的卫生室也很大，至少有我们的 2 个教室那么大，有 5 张床位，还有几间检查室，校医有 3 位，检查设备是一流的，环境也很好。学校的图书馆都是开放式的，其功能是查阅资料和供上课使用。图书馆内藏书并不很多，内有许多电脑，学生可以在电脑上查阅资料。这在美国各所学校都能看到。学生也可以在家里的电脑上登录学校的图书馆网页看电子图书。我们的观念要更新，学校资源的利用率要进一步提高。

之后，Jason Hiruo 带我们到各教室去看看。他用万能钥匙打开了所有教室的门，让我们一间一间地参观。教室都不大，座位在 25 个左右，每间教室都不一样，是根据各学科的功能来配置的，但各学科实验室的器材都很现代化。

学校有各种功能教室。例如，汽车修理教室，室内放着 1 辆小汽车、1 辆货车，还有许多修理工具；有培养幼儿教师用的上课教室、体验教室和幼儿活动的场地等；在乐队训练场地，室内陈列着很多奖杯，这是该校师生历年比赛获奖的成果，还有各种大型、小型的乐器，种类繁多。Jason Hiruo 就是这所学校的毕业生。他曾是打击乐手，其中一个奖杯就是他在做学生时获得的。学校还有供学生上厨艺课用的教室、实习教室（厨房设备齐全）。学校接待外宾就是用学生制作的食品；媒体制作教室内有各种影像制作设备，制作电脑都是苹果大屏幕电脑，还有多台剪辑机器；印刷教室内有印刷用的设备（印刷机器等），学生比赛用的 T 恤衫上的字都是学校印刷机印制的。这里展示着学生自己设计的一些图案；美术教室的条件也很好，既可以利用自然光线画画，也可利用灯光让学生写生或画画等。学校的教室很多，估计 Jason Hiruo 也不清楚一共有几间。

参观完校内的设施设备，在 Jason Hiruo 的带领下出校门参加正校长为我们准备的欢迎晚宴。

第二天早上 7:00，Jason Hiruo 准时开车到我们下榻的宾馆带我们到昨天参观过的学校。走在教学楼时听到广播,Jason Hiruo 停下脚步,我们也停了下来。后来,丁老师告诉我们,这是每天早晨大家对国家宣誓(相当于我们的升旗仪式),有教师讲话,还有学生宣誓。实际上美国也不放松抓学生的德育工作,每天都要让学生对国家进行宣誓,体现了学生的爱国情感,也是爱国教育。

上了 2 楼,进入教学楼的主要场所,Jason Hiruo 把我们带到校长办公室,他进去与校长说了一会儿后就让我们进去。校长给了一张名片,他叫查尔斯·杜迈斯,名片上写着:美国康州山东省姐妹学校(Connecticut Shandong Sister School)。这张名片显然是针对中国人制作的。我们希望他下次来上海用上"美国康州上海市姐妹学校"的名片。接着,先后有 3 位副校长(都是男士)进来与我们交谈。我在会谈中说起,我校除了与美国学校结对外,还有澳大利亚、英国、法国、日本、新加坡等国家的结对或友好学校。他们开玩笑说,以后我们结对学校从美国到英国、法国、澳大利亚、中国、日本,可以一起交流,这才有意思。在校长室,我表达了期待他们到我们学校来访问,并询问了他们来有什么要求。他们说,适当的时候来中国,主要还是了解中国的课堂教学,希望能了解我们的教师评价工作,并参观上海。我表示,要尽早地把策划拿出来。出了校长室,我们在一起合影留念。

接着,我们听了一节数学课(十一年级的),讲的是含有绝对的函数表达式的知识,教师主要让学生从函数表达式中找点,再描图看函数的图像的变化情况。尽管知识不难,但教师让学生自己探索,先由直观、形象思维,再向抽象思维过渡,让学生主动发现问题。而我们教授这部分内容时,先是让学生讨论函数定义域,再把绝对值函数表达式转化为分段的一次函数。这种教法从知识的系统性看是比较好的,但学生没有探究发现的过程。而这节课的教师用函数计算器直接通过电脑屏幕显示函数图像。只要输入函数解析式就可以得出函数图像,这是值得我们借鉴的。

我们听完课就离开了学校。Jason Hiruo 开车带我们到镇上的乡间小路逛了一圈。然后把我们带到镇上最中心的地带。这里有 2 个教堂,我们没有下车,车一直开到山上的一个最高点。从山上往下看,可看到纽敦镇的全貌,尤其是看到竖立在教堂顶上铁杆上的公鸡。他说,当时英国殖民者在美国北方独立战争中,英国士兵把这只公鸡当作练枪法的靶子。但是,他们怎么也射不到这只公鸡。镇上的人都认为这只公鸡非常神奇,于是就把这只公鸡当作该镇的吉祥物。在他们的名片上都以这只公鸡作为标识——上面有"1 只公鸡、1705、CONN."意思是1705 年建镇,CONN 是指挥操舵的意思。纽敦公办学校的表示就在这些元素的圆圈外面加一行字:"NEWTOWN PUBLIC SCHOOL"。

Jason Hiruo 还开车带我们到他小时候放马的农场、马屋,以及他家周边转了一圈。

参观完乡间环境,我们来到了纽敦镇镇政府所在地。据说这里以前是精神病院的地址,整个镇政府就在山坡上,每幢楼只有两三层,并不高。但各楼之间的距离都很开阔,让人感觉是一个静于思考且开阔眼界的地方。我们进入学区的办公中心,这个镇里的公办学校都归学区管理。办公区的人员与 Jason Hiruo、丁老师都很熟悉,相互打招呼。我们来到最里间不大的办公室,学区总监(学区总监就相当于学区的教育局局长,分管本学区的所有中小学的教育教学工作、人事工作、工资经费使用等)出来迎接我们。我们在她的办公室里坐下,相互交换了名片。总监 Dr.Janet M. Robinson 女士将在 2011 年的 11 月份来我校考察。我表示欢迎并期待他们的到来,表示一定要做好接待工作。他们也想了解我们在教师评价方面所做的工作,并深入课堂进行听课、交流研讨。在总监办公室她谈了该学区公办学校的情况。该学区有小学(K~四年级)、高小(五~六年级)、初中(七~八年级)、高中(九~十二年级)共 4 个学段,这对学生的培养也是一种尝试。但是,每个学段所需的教育经费肯定要比三段式的设置贵。当然,经济条件许可的话这样的安排对学生是有利的。记得 2009 年 1 月我在英国访问时,也看到过这种安排。他们是小学(K~五年级)、初中(六~八年级)、高中(九~十二年级)。这也是美国大多数学校的建制,马里兰州的学校基本上都是这样。以学生为本,学校规模越小,教师和管理者更能照顾到每位学生的成长,这样的安排更有利于学校的管理。

出了总监办公室,我们还到一所小学参观。车行不远就来到 Sandy Hook Elementary School,该校校长 Dawn Hochsprung 女士早早在门口迎接我们。还做了一块中英文写着"欢迎"的牌子。在门口,她用单反相机给我们拍了照(昨晚在一起吃饭,所以比较熟悉)。由于时间紧张,她亲自带我们在校园各教室看了看。先到四年级,再到三年级、二年级、一年级,还有学前班(幼儿园大班)教室。

每到一间教室,她都要教学生们说中文"欢迎""再见",非常热情。听 Jason Hiruo 介绍原来她是高中的校长,她治校有方,就让她到小学来办学。她非常热爱教育,对待小学生格外亲切,与他们有说有笑。在校长室里大家简单地进行了交流。我口头邀请她能早日来上海,与我们共同交流办学经验。说到这里我得插句后话,Jason Hiruo2012 年 4 月份来上海访问时与我商量 2013 年 4 月份 Sandy Hook Elementary School 小学校长 Dawn Hochsprung 女士来上海访问,我特地走访并安排参观进才实验小学和第二中心小学。万万没有想到的,2013 年 1 月份美国康乃迪格州的伦敦发生震惊世界的校园枪击案,校长 Dawn Hochsprung 女士为了赢得让师生尽快离开学校的时间而与枪击手进行周旋,最后壮烈牺牲。闻此噩耗我深感悲痛,发了一份唁电,以表沉痛哀悼。

访问公办东方科技高中
(Eastern Technical High School)

时间:2011 年 9 月 27 日

今天大家一起访问东方科技高中,由于路程比较远,路上又堵车,到达学校已经迟到了。陶森大学教育学院的孙伟院长(中国人),立马把我们带到中文课堂听课。

教中文课的是位中国教师。这个班是两个年级的学生混在一起上课的,今天才上第二次。从上课的情况看,我认为她还不会教外国学生学中文(学生只有在交流中才能学会语言),课上都是教师在说,学生说得很少。

听完课由副校长给我们介绍学校的办学情况,并放了该校的宣传片。片中主要介绍该校 10 个专业的特长。这 10 个专业分别是:卫生专业(护理、急救方面),汽车修理专业(轮胎换修、零件更换等),投资金融专业(会计、财务等),建筑管理专业(电工、地毯、木工、建筑测量等),厨艺专业(加工点心、西餐制作等),工程专业(各种钻床、车床、机器人、制图等),信息技术专业(计算机安装与维修等),图像处理技术专业(主要是多媒体制作、摄录像等),法律专业(有模拟法庭等),教师专业(见习教师)。这 10 个专业为学生将来的工作和上大学选定了发展方向。该校的学生都是选拔进来的(每年在各初中学校进行招生宣传,并与学生、家长进行谈话,确定申请人数,以随机抽号的方式确定候选学生名单,并报学区,由学区负责招生的部门统一录取)。

该校在初中选拔学生时,就定好了每位学生今后进一步深造的方向。学生进校不能自己更改专业。因为学生进来都是自愿选定的。正因为你是自愿选的,学校就选了你,其他人想来就没有机会。如果你改变了对其他学生是不公平的(这种公平理论在美国经常会听到。我们常常说美国是个自由的社会,实际上美国也不是处处都是自由的,而是有它的规则,且每件事都强调公平)。学生在自己的专业领域,每年选 2 门课进行学习。高中课程与其他学校是一样的,必须全部学习。学校还设 AP 课程,如 AP 数学、AP 西班牙语等。学校开展的活动非常多,学生参加外面的各种比赛活动也很多,获奖不少。

从我们走访的这些学校来看,这所学校比较特别(该校升学率很高),据说该校是全美前 5% 的优秀高中之一。因为他们的学生都是从全学区选拔进来的,而且本社区的学生如果不符合条件也是进不来的。相当于我们的市、区重点高中。听副校长说,如何评价一所学校的优秀等级主要有以下几条:一是学生是选拔进来的,当然生源很好;二是家庭对教育的关注,有良好的家校互动形式,并有家长对教育的承诺;三是学生修习 AP 课程的人数以及参加 AP 课程考试的成绩。

我们走马观花式地又听了 7 节课,分别是:(1)工程专业课。学生共 25 位,1位女教师教学生画三视图,通过制图、看图知道工程设计中的一些基本知识与技能。学生自己画,教师再讲解;(2)卫生专业课。学生共 24 位(只有 3 位男生),1位男教师在上课。课上 1 位男学生平躺在示范用的床上,教师用手指按学生的肝部,并示范肝的大小,而判断是否有肝病。一边讲、一边按压,学生在一旁观看,一边记录在纸上。教师讲解结束,学生两两一组,1 位学生躺下,另 1 位学生按压。这是理论与实践相结合的课。现学现做,这样不仅是理论的讲解,还有实践应用;(3)媒体制作课。学生共 21 位,男教师上课。这节课是用图片处理软件来制作 1幅图片,以学生教学生的方法,如有位女学生生把自己的制作这幅图片的过程,一步一步地向其他同学进行讲解,然后其他同学学做。教师在一旁指导;(4)AP 物理课。共有 24 位学生,男教师上课,讲的是光的折射。从学生画光的折射线来看,学生掌握得并不算好,可能是教师先让学生自己去探索,然后再讲的缘故吧;(5)物理实验课。学生共 15 位,1 位年轻的男教师执教。上课的内容是测量重力加速度。3 人 1 组,2 人操作实验器材,1 人做记录,他们设计测量次数、测量数据等都一一记录下来,他们并不因我们在旁观课而分散注意力;(6)数学课(这节是几何课)。学生共 25 位(十一年级的学生),女教师上课,主要学习轴对称图形。教师发给每位学生 1 张纸,有印好的坐标轴与图形,还有 1 张透明纸,让学生自己描画。教师是让学生先把原来的三角形图形描下来,后用对折的方法,沿 X 轴对折并画出同样的三角形(即轴对称图形),然后放到坐标轴上,找坐标之间的关系。这就是美国式的教学,让学生先自己去探究,然后再找规律。这节课上,学生回答正确,教师就给盖个小印章,可能是奖励吧;(7)厨艺课。男女学生(黑人比较多)穿着白大褂子,头戴白帽子,俨然就是一位大厨的样子。学生在切食物、打蛋花、做饼等,据说送给我们吃的东西就是这些学生做的。

今天共听了 7 节课,整体看,美国学校对学生的实践能力、探究能力的培养比我们多得多。这源于两国教育在人才的培养模式上的不一样。教师培养学生主要是以学习知识的多少为目的,学生学习知识是为了应付考试为目的。而美国的教育主要是教会学生学会生存。例如,上大学所需的专业知识、将来就业的能力,在美国从初中就开始培训,我们没有这样做,而是更多强调的是知识的积累与掌握。

校长说,20 年前的美国,学校的办学模式与中国现行的高中分重点中学与非重点中学相比是一样的。现在不是了,高中也是以社区的学生为主,要求每个社区都办好自己家门口的学校。所以,美国的中小学公办教育都是就近免费入学的。如果要选择,只能选择到私立学校或者公办有特色的学校读书。这些学校试点为学生将来上大学尽早做好准备,也为他们的就业打下扎实的基础。有些学生在高中阶段修了一些 AP 大学预科的课程,到了大学可以申请免修或进入更高一层的学习,这也为他们大学的学习减轻了负担。从美国的教育来看,他们的学生负担不重,而且他们学习的内容都很实在,没有浪费一点时间的。从学生掌握知识深度来说,他们可能比不上我们。但是,从学习知识的广度来看,我们是比不上他们的。他们学得浅显但很实用。我经常讲,我们的数学学得太深、太难了,没有必要。除了将来从事数学专业必须掌握的除外,其他的人不需要学得如此深奥。从课堂观察来看,美国学生上课轻松,与教师进行交流很自然,上课没有讲话的,基本上不听课的也没有(这可能我们看的都是优秀的学校)。据说在巴尔的摩市区学校的学生也是很难教的。

关于经费的问题,校长介绍他们学校的经费主要有 3 种来源:一是由学区拨给学校的生均公用经费,也是按照学生数来拨款的,学区的钱是用来改善学校环境、建筑维修、修路等;二是由郡(县)政府的拨款,主要是用来购买大型机器设备的;三是项目经费,每位学生 210 美元(相当于生均经费),这是郡给学生的额外经费。由此,学校的招生由郡来统一录取,学校是没有自主权的。该校共有 1 287 位学生,4 个年级,每个年级 300 多位。

访问公办赫里福德高中(Hereford High School)

时间:2011 年 9 月 30 日

赫里福德高中是一所综合性的公办高中,于 1909 年开办。它是巴尔的摩最北部的学校,位于宾夕法尼亚一线以南到科基斯维尔,从哈福德郡东部以西到卡洛尔县地区,招收九年级~十二年级的学生,学校共有学生 1 402 位。赫里福德高中被中东国家的高中与中学协会完全认可,也被马里兰州教育厅认可。自1993—1994 学年,这所学校的学生已经按日常安排的时间表(这个时间表包括 4个 85 分钟,外加 30 分钟强化时间)。

赫里福德高中有久负盛名的卓越学术,2008 年《美国新闻与世界报道》评赫里福德高中是全国前 200 所公办高中中的一所。同年,《巴尔的摩》杂志评赫里福德高中在大都市地区中是最好的公办高中。

早上因校长有事,约定在 9:30 来接见我们,我们早到了 30 分钟,就在校外等候。校门前场地的两块石头上有用铁铸的两块牌子,上面分别书写了参加越战的该校学生的姓名与参加伊拉克战争的学生姓名,以此来纪念他们。校正门前的草地中央是用砖砌成的墙,上面有校名与学校吉祥物[牛头(在美国的许多学校都有类似的动物作为学校的精神象征,在康州我们结对的学校以鹰头为吉祥物)]。

校长安德鲁·拉斯特先生(Mr. Andrew Last)如约与我们见面,我们进入学校门厅,映入眼帘的是学校用中文书写的"欢迎中国校长来访"的字样,还有学生画的中国国旗等。这说明拉斯特校长是十分用心接待我们的。他把我们带到中文教室,这里有位中文教师在与学生交流,原来这些学中文的学生是接待我们的[这也是他们学习汉语的机会(看来校长是十分注意细节的)]。不一会就有十几位学生进来,他们站在我们的面前,由音乐系主任指挥,他们为我们演唱美国国歌和一首当地的民歌,尽管歌词我们听不懂,但他们的声调、和声都非常动听,而且学生的表情非常自然。拉斯特校长介绍自己是美籍英国人,而这首国歌是写 19

世纪英国与美国的战争,这已不是什么问题了。

接着,就由学中文的 3 位学生为一组带领我们(也是 2~3 人一组)到校园参观,给我们领路的是九年级的学生(2 男 1 女),其中有中文名叫大老虎的男学生和有祖籍越南(她是在美国出生的)的女学生。他们从七年级开始学习汉语,学了3 年,能用汉语与我们进行简单的交流,尤其是大老虎的汉语水平较高。这个校园确实很大,室内主要看了有 600 多座位的大演播厅、室内体育馆、乐队排练教室、舞蹈教室、美术教室等。教室虽然比较旧。但是,内部的设施设备还是比较好的。室外更大,有棒球场(天然草坪)、网球场有 4 片场地、板球场 2 个(天然草坪),我们从学校这边山顶走过山坳到达另一山顶上,有 400 米跑道的人工草坪的橄榄球(美式足球)场。校园内有培育花草的玻璃暖房,还有一些简易教室(在其他学校也看到过)。这所学校同美国的许多学校一样,从外面看上去都是一层的,实际上还有一层在地下。参观结束,这 3 位学生把我们送到图书馆,与我们话别,他们就上课去了。

10:30 拉斯特校长来到图书馆与我们碰头,他说他们学校有一个特色就是在吃中饭的时间内(有 30 分钟吃饭,还有 30 分钟是学生俱乐部活动),大部分学生参加各个俱乐部的活动,个别不参加活动的学生(例如,哪科成绩比较差需要教师辅导的),利用这个时间由教师给予辅导。但是,学生在中午吃饭的时间是不能随便离开学校的,所谓学生在,教师在。如果不想参加俱乐部活动的,又不去教师那里辅导的,都在学校演播厅休息或看书。听完校长的介绍,他带我们到国际象棋和机器人俱乐部参观,我们看到机器人俱乐部里有好几组的学生正在组装机器人,另一些学生在实习场地演示自己完成的机器人[即一辆简单的四轮运行的平台车(机器人),还有是已经做好的把轮胎从地面抓起,并升高运送给另一位置的机器人]。我们还看到学生熟练地用钻床、洗床等工作[在加工零件(木制)],这些学生中,既有男学生,也有女学生。看来,他们都很有兴趣。这种培养学生的方法是值得我们学习的,我们今后开展乐高机器人项目,学生俱乐部的作用要发挥好,让学生每周有固定的时间和地点开展项目的学习与研究。这样,这项活动才能长久持续下去。看完这个项目,拉斯特校长带我们到食堂用餐,席间校长谈到学生用餐后离开座位必须保持座位是清洁的。这给我们的触动很大,我们往往自己用完餐后,也不会管下一位用餐者的卫生。实际上如果每个人把自己的座位上弄干净,所有的卫生工作就好做了。

下午是听课时间,我们分2组分别由1位女教师和1位副校长带领观课,我们组在女教师(负责中国项目的负责人——该校与中国西安铁路一中结为友好学校,每年互派学生进行交流,今年有30位中国学生过来,其中有3位学生要在该校学习1年)的带领下到各教室去观课。我们先来到工程教室,该教师是拉斯特校长邀请来的(是校长原来的学生,现在是物理专业的博士研究生,她给学生讲从事物理研究的经历,谈到从小就喜欢爱因斯坦等物理学家,喜欢在大自然探索,所以喜欢上了物理,在物理学科不断地探索),她一边用PPT演示,一边讲演,看来美国学生的能力是非常强的。接着,我们又到了生物学课教室,教师让学生先用显微镜观察,然后让学生把观察的结论说出来,从学生观察的结论即所量的长度来看是不一致的,教师就让学生课后继续研究。我们又去听了经济学的AP课程,课上教师发给每位学生1张材料纸,让学生研究思考,教师没有讲什么,学生在纸上写。我们有校长建议听音乐课,她就把我们带到音乐教室,我们先看了管乐队在排练,学生有30多位,这是音乐系主任在教学生,有长笛、小号、长号、圆号等乐器。这节课是各乐器的排练,还没有合奏成功,我们只看了一会。又到了隔壁的教室,是学生合唱团的教唱,这位教师是我们上午参观校园时,他在那里指挥大提琴乐队学生在排练的,这次他又在教学生合唱,看来这里的音乐教师必需一专多能。这与我们的音乐教育是不一样的,他们是要教学生掌握一些器乐的演奏方法和会唱歌的能力。我们还看到一些学生在体育馆里上课的情况,几位学生一组,大家都坐在地板上练习。还有一批女学生在形体教室跳舞蹈,好像是在跳芭蕾,因为女学生穿着紧身衣服,我们不便进去。我们参观过那么多的学校,还没有见过学生在室外上体育课的。但是,真正看到学校有这么多室外运动场地也不多。那么这些室外场地可能是放学以后供学生运动用的呢。

观课结束,拉斯特校长也听好课了(他今天下午去听了1节课。在美国,校长、副校长是不上课的,他们就是听每位教师上课,再给评价,这就是考核工作),来到图书馆与我们交流,并回答我们的疑问。校长还简单地介绍了发给我们的材料,其中一张是学校的办学目标与愿景;另张是学校的评价表,共有6个方面(校长听课着重也在这些方面,听后还要写评语)。其中讲到第6个方面是说教师上课的过渡是否流畅,这也说明教师备课是否充分(即新教师与老教师的区别所在)。校长的最后的听课评价,主要是 3 个方面,即:满意、需要提高、不满意。以前还有"优秀"一档,美国的教师工会提出,"满意"的评价中还有些教师上课也非常优秀,但是评价没有给优秀,是不合理的。所以,现在只用三等第,而对优秀的教师可在评语中予以量化。拉斯特校长说,校长听课时,要查看教师的教案;听课后,还要面对面地进行交谈,并且要问教师这节课设定的教学目标是什么? 为什么要设定这个目标? 与教师进行沟通。我们看到美国学校的教师上课要先把教学目标打出来,让学生知道这节课学什么? 也就是让学生有知情权。实际上国内的教师在教案撰写时,也有三维目标。但是,在上课时一般不会与学生分享的,只是在备课教案上书写而已。拉斯特校长谈到教学是门艺术(这也是本周三郡学区领导来访时问他的),他着重说了 3 点:一是教师必须对课程的教学内容非常熟悉;二是在课堂上对学生有一定的组织管理能力,如果课堂不能把控,你准备得再充分也是无法实施的;三是掌握人际交往的技巧(教师上课要与学生进行有效的沟通,要了解学生的肢体语言。比如,学生眼神、动作有否异常,可以判断他们是否学懂、学会,这些都需要看教师的应变能力、观察能力等)。我认为这 3 条,确实是教师必须具备的基本条件。如果教师只管自己讲什么,而不管学生是否学懂、学会,那这节课就只是完成了上课的任务,而没有真正考虑学生的感受。所以,教学是门艺术是有一定道理的,它不同于工人对着机器(无生命的)。人是有生命的,其内心感受,只能靠教师的细心观察、及时处置,从学生的眼神中看出哪些是学会了、知道了,可以少讲或不讲;哪些还没有掌握、还没有理解,需要多讲等,这就是课堂中生成的问题。所以,好教师的一个眼神、一句话语都能启迪学生的心灵,让学生在学习中得到享受。

最后,是大家提问,由校长回答。

提题 1:(方书记对学校的安全问题始终关注着)学生在学校如果发生打架事件,学校如何处置?

校长答:在美国学校,学生打架教师是不会拉架的(这是安全专家曾说过的,这次校长又讲到这个问题,应该是真实的),教师让其他学生离远些,并马上向校长报告(据说教室内都有紧急按钮,教师只要一按紧急按钮,校长的对讲机上就出现在什么地点发生事情了,对讲机也是美国各所学校的校长身上必带的工具),校长一到教室,就说我是校长,请你们立刻停止。一般学生便会停下来的。如果不停止打架，校长可去拉架的。如果哪位学生打了校长，该学生生就会受到严重的处理。校长说，在他们学校，学生打架的事件每年只发生 1～2 起，而且每次不到 30 秒就结束的。

但是，如果学生在学校打架没有成年人在场（学校教师），家长可以告学校失职的。因为在学校里，只要有学生的地方就必须有教师在场。所以，在中午吃饭的时候，食堂里都有教师在值勤。中午学生要么参加俱乐部活动，要么到教师那里参加辅导。如果有成年人在场，学生不听劝告，仍然打架，被打伤的一方家长可以告另一方的家长，是不会告学校的。这与我们的家长不一样，也许我国媒体的一些报道起了不好的作用，当然关键是我们的教育立法在这方面的规定太少，没有像美国这样有比较严格而又细致的规定。实际上学生之间的打架问题，就是学生的素质问题，学生的素质是家长的养成教育没有做好，这肯定是家长的问题。所以，要把这种观念传给我们学生的家长。

提问 2：学校有警察吗？学校有事，警察是否马上到位？

问题刚提完，拉斯特校长立即拿起对讲机与警察通话，只讲一句话，就把对讲机放下了。我看了手表，不到 40 秒钟，1 位警察荷枪实弹来到图书馆。我们鼓掌欢迎他的到来。他给我们讲了一番话。他主要是在学校蹲点值勤，负责处置学校周边地域内发生的紧急情况；管理交通，防止学生开车上学或放学因速度过快而出危险；再就是防止学生带毒品到学校，防止学生吸毒。

提问 3：警察身上带的武器有哪些？

警察答：有手枪、子弹（2 个子弹堂）、电棍、手铐、喷粉器（辣椒粉）、手电筒、防弹衣服等，约重 10 千克。

提问 4：学校的临时教室是不是学生多了，教室不够用？

校长答：一是附近的居民不断增加，生源就多；二是学校办学好，外面来的学生就多；三是郡里教育经费缺少，没法盖新楼，只能盖临时房来解决临时问题。

提问 5：学校的升学率如何？

校长答：该校的学生上大学的占 91％。但在美国，高中学生上了大学不一定都能毕业的。一般每百名高中生中约 60 位能上大学，但 60 位上大学的学生中只有约 25 位学生能按时拿到本科毕业证书的。一是 60 位上大学的学生中可能有人中途就不上学去创业了或者工作了；二是美国的大学是宽进严出的，有些学生学习基础不好，跟不上，成绩不合格，要重新缴费重修的。所以，不能按时毕业也是正常的。这与我们国内的大学严进宽出是不一样的。实际上中国大学的办学质量持续下降是与此制度设计有关联的。如果大学的教育制度不严格要求学生，不自觉的学生在4年的学习中就会混日子，浪费美好的学习时光，给将来的就业带来问题。

访问公办邓多克高中
(Dundalk High School)

时间:2011 年 10 月 6 日

邓多克高中始建于 1959 年,是一所综合性的高中,接收邓多克及周边地区的学生。目前学校的建筑,风格多样。这所学校从建校开始,已经不断走出了郡和州的政治家、体育冠军、各界名流与成功的商业人士。一个积极的校友会以取得成功的学校及其学生为骄傲。邓多克高中平时会为自己的学生提供一个完整系列的学术与职业计划。所提供的计划包括先进的设置、荣誉与 GT 方案,以及获奖的广播通信方案和商业、财务、教师职业发展,还有刑事司法案件(与邓多克CCBC 联合)。

我们乘车到达邓多克高中,校长汤姆·舒德迪斯先生(Mr.Tom Shouldice)在校门口迎接我们的到来,他把我们领到接待室,桌上已为我们摆好了每人一份介绍学校情况的资料和小礼品(一盒粘贴纸)。我们落座后,他即介绍学校的办学情况:该校已有 52 年的历史,校舍陈旧。但里面还是挺好的,墙面没有裂缝,走廊的地平也很好,尤其是千人的大礼堂非常气派。他说由于考虑维修的成本很高,将在操场上建设新的校舍,预计在 2013 年完工。关于校舍的设计是由州、郡、学校三方来确认,学校对校舍建设的使用功能可以提自己的设想,供设计者设计时考虑。新校舍的建设现在已经完成了一部分,美国造房的时间很长、速度是很慢的,是不是他们人少,干活不急? 还是他们对质量的把关很严格,也许他们不加班加点做事吧。我们看工地上很少有人的,就是几个机械设备。新校舍总造价达 1 亿美元,建成后,将与另所规模较小的高中合并,组成新的高中。

舒德迪斯校长介绍,邓多克高中相对其他高中是比较差的,他来这所学校才4 年时间,在他来这所学校之前,该校的高中生参加 AYP 达标测试,达标率较低。他来后,第一年全面听课,了解教师的表现情况;第二年就对全校教师进行重组,有70%的教师(70多位)被调走,因为美国有教师工会,对教师的保护是很到位的。这70多位教师就由郡教育部门安排到其他学校从事教师或其他的工作。这些教师被调走前,校长说,他花了2天时间与每位被调的教师谈话,不是说他们的不好,而是讲他们的教学不适应这所学校,希望他们到适合的学校去工作(这是说话的一种策略。这样的话,我们在其他学校也听过,或在专家的报告中也听到过)。教师基本都接受校方的解聘,没有教师又吵又闹的,只有2位女教师有激烈的语言。这些教师被郡教育部门安排到其他的一些学校,但并不是一所学校。我觉得这样的做法比较好,我们现在撤并学校,往往让接受整所学校所有的教师,这给接受学校带来很大的压力,如果分散在不同的学校,他们会在新的学校改变自己的形象,会认真工作的,不会把原来学校的一些亚文化带到新的学校来。

这些教师走了之后,校长要重新招聘教师,有500多位来应聘这70多个岗位,其中有刚毕业的大学生,有工作几年的年轻人,还有留下来的学科骨干教师。重组后的学校精神面貌焕然一新,教师上课的质量非常高,学生的反映也比较好。师生关系融洽,学校的文化也有了很大的改变,学校参与社区建设,与社区关系也越来越好。这几年,学校高中生参加州的达标测试,每年都达标,高中上大学(包括两年制的社区学院)以前是40%,现在达到了70%,他希望这些学生上大学后毕业率会更高。

舒德迪斯校长在介绍中也颇感困惑,原因是这所学校所处的地区原来是钢厂所在地,居住的都是钢厂的工人,现在钢厂迁走了,但是,这些居民还是工人。他们的家庭经济情况都不好,有70%的学生是享受免费午餐的,即我们说的吃低保的。学生流动性很大,每年有50%的学生流出流进,流出的都有一些学习成绩好的,而流入的都是巴尔的摩家庭困难的学生,因为该地区房屋租金低,没有钱的人到这里来租房子,所以家庭教育也相对较差。这所学校的特殊学生有18%,郡的平均数是12%。据统计,该校有来自22个国家的学生,英语属于外语的学生有90多位,占全校1 200位学生的8%左右,他们的母语不是英语,但也要参加州的统测,这无形中给学校的达标带来一定的困难。这所学校学生的构成60%是白人、20%是黑人、6%~8%是墨西哥、古巴人,还有其他地方的人种(如因纽特人)。这所学校确实是个多元文化的学校。要把占近10%的外国人教育成与本地人一样确实有点难度,尤其是在英语方面,文化的融入方面都需要做大量的工作。学校在如此短的时间内取得这么多的成绩,而且学校又在重建当中,不仅是校舍的重建、学校文化也要重建,还有就是教师大量进入后,怎么建成一个新的文化,这都是很重要的。我认为不是换了教师,学校就一定能搞好,实际上校长的领导力更加重要。怎么把这个教师队伍带好,使他们都能尽快地融入新的集体当中来,而且形成有凝聚力的教学团队、有特色的教学风格,上乘的教学质量等,从而促进学校整体发展,这些都是值得探索与研究的。

我们中个别人还老追问舒德迪斯校长,要他说换了教师才是起了决定因素,校长基本同意此观点。但是,校长非常谦虚,不说自己的功劳。我则认为校长的谋划比引进教师更重要。当然,学校与社区的联系也很重要,良好的校社关系,是学校赖以生存的土壤,尤其在美国,学校都是社区学校,经费来源于社区中的学区。而资源的来源与利用两者则是密不可分的。例如,学校目前正在重建中,操场没了,学生的体育活动就利用社区学院的操场。还有学校与家长的关系要融洽,家长能理解并配合学校搞好学生的教育工作,这对学校、学生都是有利的。当然,教师的引导也非常重要,教师利用一切机会引领学生向更高、更强的目标迈进,对学生未来的发展大大地有利。

接着,校长带领我们一行6人,走访了不同的课堂,这就是观课。

我们走了2个上数学课的教室,1节课是十一年级的数学课,共有学生17位,该堂课讲授复数的除法运算和二次函数的知识,求二次函数与X轴的交点问题,从而解一元二次方程。教师在简易教室内上课,手里拿着移动多媒体白板控制器(像本书大小,用笔在上面写,直接在电子白板上显示),在教室内随意走动;另1节数学课有4位学生(来自其他国家的),3位教师(几乎是一对一啦),1位是数学教师、1位是语言学教师,还有1位有特殊教育资格证的家长(学校缺乏特殊教育的教师,就雇用家长来做此工作,而且是付费的),这样的教学成本很大。但是,为了学生学业水平的提高,美国人还是愿意花纳税人的钱做这件事的。

我们观看了九年级11位学生的1节化学课(据说这是好班的学生),他们两三人一组,在女教师(曾在印度支教1年)的指导下做原子运动的实验,设计原子运动线路。然后再拿1条轨道、1粒珠子从斜面滑下,观看其运动线路并在设计的线路上画出实际线路。

又观看了十年级的14位学生在上生物学课,教师在白板上用手直接点击,课

159

件很快就转换过来。我看学生学得非常认真,举手发言十分踊跃。

在学校的大礼堂里观看了1节音乐课(因校舍撤掉了1幢楼,教室就紧张了,音乐课就在千人大礼堂的舞台上),20来位学生围成半圆形,教师在屏幕上显示所讲的内容,有的学生拿着大提琴,有的学生则没有乐器。

还观看了1节西班牙语课,共有学生21位。据校长介绍,根据州的规定,每位高中生必须要学2年的外语,选择西班牙语的比较多(相对于汉语来说可能更接近英语,比较容易学习吧)。

下面1节是十一、十二年级学生(共21位)的商务课,这是职业教育的课程,每位学生必须选择此类特色课程,是计算学分的。

接着,观看了1节美国政府课(就是我们说的政治课),教室布置得非常别致,有美国国旗、州旗,还有华府的一些照片等。课堂上22位学生有2位教师,其中1位是特殊教育教师。2位教师时而这位讲,时而另位讲,配合得非常默契。我问,哪位是特殊教育的教师?校长说,也看不出。是真话,还是校长为了保护特殊教育的教师而这样讲的?

校长还带我们观看了高中生正在参加的州里的网上测试,不到10位学生在电脑教室(围绕墙面放置的电脑,教师一目了然),2位教师在监考。另外一间电脑教室只有3位学生在考试,也有教师(1位)在监考。看来美国的学生测试也是比较严格的,要通过网络来测试,试卷批阅则是通过网络来批的,这样可能更加公正。从校长的介绍来看,郡里每学期有3次考试、州里每学期有1次考试。这比我们还要多呢。这就是专家在报告中所说的,就像用GPS导航一样,必须时时看,才不走弯路。

校长又把我们带到了校电视台。我们去时刚巧是学校的媒体教学课程,有教师在指导学生制作摄像片,学生人手1台摄像机。拍摄现场还有3台大型高清的摄像机,每台电脑上都有采访用的话筒。学校的电视台能为郡电视台制作片子,这也是校长引以为豪的项目。中午我们吃好饭,学生电视台的2位女记者就来采访我们,由潘校长(他的英语口语比较好,无须翻译直接可以说的)去接受采访。

校长还带我们参观了电脑网络室,并说这是与机构(可能是软件公司)合作的项目,旨在利用这个平台提高学生网络学习的水平。这里每天放学后向学生开放。成绩不好的、还没有学会的,可以到这里来补课(通过网络来学习);如果想进一步提高成绩的,这里也有可供提高的课程。当然,下午放学后有教师在这里予以指导与管理。这里双休日还向社区开放,社区居民或其他人想学习的都可以来。

在参观过程中,我们看到了一些学生在室外活动,校长说这些学生是在训练体能与练习行走的规范(这就是我们说的军训)。学生高中毕业后,会去上大学或走上社会工作,有一部分学生会去当兵。因此,学校要为有志向的学生进行这方面的训练。我们看到有十几位学生,2位教师在训练他们齐步走的姿势,还有1位教师在与1位学生谈话(是不是训导他?),另还有3位学生在一旁站着说话。据校长说,全校有100多位学生参加过此类训练。

该校还有2名警察(1男1女),就在学校的1间办公室内驻守,维持学校的秩序。我们在陶森高中时,校长就说有的学校有1名警察,有的还有2名警察呢。

在九年级数学教师的集体备课现场,我们进去参加了他们的备课活动。1位教师做主备课,其他4位教师在讨论,主要是谈初高中数学知识的衔接问题。他们都觉得初中的一些知识,在高中非常重要,而学生又没有很好地掌握,所以复习巩固这部分知识很重要。听了他们的备课活动后,我问了在课堂中看到的一些现象,就是每节课上教师把学习内容打印好发给学生,学生还能拿到1张作业纸,上面印好了课堂完成的作业,很少有学生把教材放在桌上的。其他学校也是如此。我就此问题向他们讨教。他们每个人都发言了,翻译说是教材上的题目都比较抽象,就是"2+2=?"的问题。而他们自编的题目往往都是把数学知识与实际生活相结合的内容。例如,"2只苹果+2只苹果=? 只苹果"。所以,一般不用教材上题目,而是自己编的,这是与州的统考一致的。看来他们也在应对应试教育,上面怎么考,下面就怎么教。还有问题:集体备课是不是有固定的时间?他们回答是每周1次集体备课。平时哪位教师有好的教学方法是会把经验通过E-mail发送给其他教师共享的。还有就是集体备课主要做哪些工作?他们说是统一教学进度,集体备教案,1位教师主备课的教案,其他教师共享,每位教师各备1个单元,还有就是设计作业,教学方法等。一般来说,他们所带的学生层次不一样,教学内容很难统一。因此,他们在每学期结束前要保证州统考的内容都要教完。关于学生在考试中取得的成绩对教师的考核是否有影响的问题,他们说,没有什么影响的。学生考得好了,教师会与学生一起庆祝。比如,开个派对或吃个比萨呀。

161

我们在教室的黑板上也看到 1 位教师所带 5 个班级的数学考试成绩的百分比记录情况（他带的这 5 个班程度各不一样，从百分比来看都在 70% 以上，情况还是不错的）。关于教材的使用问题，教师都说教材非常厚实，学生携带不方便，一般他们都是把教学内容整理好，把每次讲课的内容打印给学生，让学生课后看讲义就可，学生回家把教材下载到 Ipad 上随时可看。这个办法倒是很好的，学生不需要带许多教材，学校也省了很多钱（教材可以循环利用）。我们看到每间教室里都堆放了像砖头一般厚的书籍，这就是教材。学生需要看书，每人都可以在学科教室里拿来看，看好后放在原处。这种做法值得借鉴。我们现在也有教材在循环利用，如音乐、美术等教材，还有一些校本教材。

吃好中餐，校长又与我们进行了沟通，主要是回答我们的一些问题，如有关上课的时间问题。我们访问过许多学校，各校的设定不一样，有的每节是 45 分钟，有的则是每节 36 分钟，或是 60 分钟，甚至还有的是 90 分钟。各校有各校的做法，该校是每节课 60 分钟，每天上 6 节课。大家关心的是数学每周上几节课，校长说数学一直是每周 5 节课。并不是说考试考什么就只上哪几门课。他们是看大学招生需要什么条件，就开设什么课程，让学生修什么课程。本校根据马里兰州的规定，什么学科修几分，明确写在学校的简章中，学生都很明确的。

还有几个问题就是关于学校的安全问题。老方特别关注学生是否有打架的情况？如发现怎么处理？教师是不是可以拉架？这些问题校长的回答与其他学校校长的回答基本一样。他说，不赞成教师去拉架。这样做既是保护教师，也是保护学生。因为教师拉架若把教师打了，对教师是不好的；学生就是无意打了教师，学生也会被开除的。所以，教师一般不拉架，知道了就报告校长与警察，并在一边保护其他学生不被伤害，让其他学生撤离。如果校外人员来校打架斗殴，怎么办？校长说，这里一般不会有此情况的。但是，他们也经常演习，一旦学校遭遇突发事件时，学校的应急方案立即起动。学校有 6 个通向外面的门，设有摄像头，还有 2 位警察，再加上训练有素的学生。所以，没有发生过类似的事情。学生之间发生口角倒是有的，最多是他们在"脸书（Facebook）"上写几句难听的话就完事，一般不会打架的。这大概是美国学生的素质吧，不能用我们的思维来想人家的事。

关于特殊学生的问题。校长介绍，要认定是特殊学生，必须按程序来做的（不是自己说是特殊学生就是特殊学生的,也不能学校定为特殊学生就是特殊学生的)。必须先要申请,有专门的机构测试、面谈、评估、认定才算是特殊学生的,学校必须为每位特殊学生制定个人教育计划,还要与家长一起商量,教育计划确定后,学校会安排专门的特殊教育教师给予帮助,上级部门还会对学校执行计划的情况进行检查与监督。当然,上级部门也会配备一定比例的教师和配有一定的经费,这就是美国对特殊教育学生的做法。

访问公办帕塔普斯克高中
（Patapsco High School）

时间：2011 年 10 月 11 日

帕塔普斯克高中是一所综合性学校，始建于 1963 年 6 月，位于邓多克的巴尔的摩的东南部。帕塔普斯克社区是多元的。学校的独特性主要是在 4 个学期中，学校都会组织实施广泛的磁铁计划。"磁铁"的学生远的来自西北与西南地区，近的有来自东南地区的其他学校，甚至包括帕塔普斯克地区的其他学校。他们来到帕塔普斯克高中学习音乐、戏剧，或者视觉艺术。

今天上午我们来到帕塔普斯克高中，在引导学生（中文名叫小星星）带领下，来到了校长室，校长瑞安·伊姆贝尔先生（Mr.Ryan Imbriale）（是位年轻的男校长，他与其他学校的校长不一样，他穿着印有学校名称的红色 T 恤衫）。他的办公室摆了 2 张小桌子，上面有点心和水等。我们落座后，校长把电视机打开，正好是该校师生早晨向国旗宣誓的直播节目。节目主持人在领读宣誓词时，我看到金教授也把右手放在左胸前口中振振有词地念着，说明她来到美国已有了对美国国家的认同感，这是长期被同化的结果，成了比较自觉的行为。

校长向我们介绍了学校的基本情况，该校九～十二年级共有 1 500 多位学生，其中三分之二来自于本社区的，还有三分之一是招收社区以外的有特长的学生，学的也就是他们说的艺术中心的课程，主要有表演、舞蹈、雕塑、绘画、图案设计等，还有各种乐器、舞台剧，每节课是 90 分钟。一年分两个学期，可拿到 8 个学分。他们感到自豪的是，该校获得了肯尼亚艺术中心的大奖。

该校是社区学校，有一半学生是享受免费午餐的（本校的生源除特色学生外，大多数都属贫穷学生）。但是，学校十分注重学生的全面发展，学校有 400 米标准田径运动场地，还有足球场、橄榄球场、棒球场、网球场、篮球场等室外场地若干个和一个室内体育馆。该校的学生可参加的运动项目有 40 多个，课后还可以去的俱乐部也很多。

该校还有一个需经过 3～4 年学习与训练的预备役部队课程,为那些毕业后不马上就业或者去当兵,或者准备大学毕业后再去当兵的学生所准备的课程。我们在听课后感到,这并不是为了将来一定要去当兵设置的,实际上是培养学生的意志与责任感、使命感的一门课程,让他们了解军人的本质是为了保卫国家,尽自己的一份责任。这里上课的除了文化课程之外的教师,还有 1 位退役军人来当教师的。每周三学生穿上军服进行学习与训练。教室布置也有特色,是部队的一些照片与该课程需要达到的目标。

谈到该校的艺术教育与其他课程整合的问题,学校有一系列的做法。例如,在历史课上,针对某一特定时间的人物雕像可以渗透艺术教育。在邀请艺术家来校作报告时,也邀请非艺术特色的学生来参加听讲座。具有舞蹈特色的学生编舞蹈也邀请其他学生参加表演。他们认为学生的艺术特长也不是人人天生就具有的,大多数是靠后天培养的。学校把艺术教育与其他学科的课程整合在一起,艺术素养对其他学科学习的积极意义还是巨大的。虽然学校的建筑有点陈旧,但他们把艺术氛围布置得浓浓的。我们在参观学校的校园时,看到学校的走廊上全是学生的艺术绘画作品,包括校长室内墙所悬挂的照片也都是学生的艺术作品,外行简直无法区分这是艺术家的作品还是学生的作品。

听完校长的介绍,我们在副校长(女)的引导下,到各班进行走马看花式的观课。

在学校大礼堂(有千人座位)的舞台上有 11 位女学生在跳舞蹈,她们来自十年级、十一年级与十二年级,在 2 位舞蹈教师的指导下训练。她们舞蹈跳得很优美,其中有 5 位学生戴着有色的怪异眼镜,时跳时舞,时前时后,时跃起时躺下,变化多样,可看出她们舞蹈的基本功是很扎实的。听舞蹈教师介绍,这些学生已在巴尔的摩的比赛与选拔中被选进参加州里的比赛。我们在问学生将来的志向时,她们都说想从事舞蹈工作。这说明中学的教育已为学生将来的工作奠定了基础,不像我们的中学生到了高中毕业还不知道将来做什么。都去挤高考这座独木桥,大家都拼命学习文化课,把课程学得那么深,而且与日常生活又都是脱节的,既浪费时间,还伤了一些学生学习的信心。尤其是对那些在某些不擅长的学科上、基础比较差的学生更是打击很大,总认为自己学习不好,就比别人低一等,没有了自信心和自强不息的精神。实际上每个人的潜能是不一样的,只要将来做适合自己的工作,那就是对社会的贡献。

在物理教室里,我们听了十一年级的物理课,教师讲的是摩擦力的计算公式:"摩擦力＝摩擦系数×物体在摩擦面上的正压力"。这是男教师上的课,他手里拿了一只吹了气的气球,不知道这是什么意思,是不是说手捏住气球孔就是由于有摩擦力,气才不放出来。我记得自己在读高中时,教我们物理的高老师,他就问我们怎么从家走到学校的,我们当时都回答错了,他告诉我们是靠摩擦力的,如果没有摩擦力,人是走不了的。当时我们没有弄明白,都认为摩擦力是阻碍物体运动的,怎么没有摩擦力反而走不了呢。后来才明白,摩擦力既有有利的一面,也有不利的一面。上这节课的女学生比较多,这个知识我们在初中就学了,十一年级的学生选这门课可能是觉得在十年级选有难度,所以就放到现在才选。

接着,副校长把我们领到了绘画教室。这个区域很大,有两大间美术教室,还有很长的走廊,走廊里有学生在画油画、在画水彩画,还有的学生手里拿着手机,看手机里下载的照片,按照照片的样子在绘画,个个专注得很。在其中一间教室里,有不到 10 位学生,他们有的在画素描,有的在做雕塑。还有一间教室的学生在用电脑作画,根据自己的想象在创作作品,这可能就是视觉艺术课吧。学生的作品有卡通画、有各种线条构成的抽象画等。看来这些学生将来也会以美术为自己的工作。他们很专业,其水平不是一般学校的学生所能达到的。在走廊的墙上,有他们画的大幅油画张贴在那里,他们的作品还在学校的所有走廊的墙上都可以看到。

一些女学生在一间教室里上舞蹈训练课程。教室空间比较大,有扶手与镜子,她们训练还是很刻苦的,基本功不是一日之能事。所以,学艺术就是我们说的曲不离口、拳不离手呀。

接着,我们到了一间教室,那里学生不多,有两位教师,与学生三五成群围坐在一起学习讨论。原来那是 AVID——Decades of College Dreams 项目,是为了那些上大学还有点距离,但抓一下就能上去的学生准备的,这是教师帮教、学生互助的一个团队性的学习型组织吧。该项目的核心内容是:Advancement(提升)、Via(通过)、Individual(个人)、Determination(决心),也就是通过个人的努力和教师、同学的帮助来改变学习习惯与学习方法,从而更加坚定上大学的决心,来实现大学梦。据 2011 年统计,参加这个项目的同学有 95％都被大学(或学院)录取。参加的学生中去年还有人还拿到了 1 220 美元的奖学金。这个项目的另一目的就是让参加的学生学会使用康奈尔笔记法(Use Cornell Notes and Learning Logs in other classes),又叫做 5R 笔记法,具体包括以下几个步骤:记录(Record)、简化(Reduce)、背诵(Recite)、思考(Reflect)、复习(Review)。从这点看,美国的课堂教学把现代脑科学的研究成果应用到现实教学中,不管是布鲁纳的目标教学法,还是加德纳的多元智能理论,或者 5R 学习法,都是现代教育理论的成果在现实教学中的运用。

最后,我们还看了十年级的数学课。11 位学生在学习二次函数的内容,从上课内容看,他们是根据函数解析式找顶点坐标、对称轴位置等(这个内容在国内是九年级学生就学的),教师是让学生使用图形计算器来找顶点坐标的。学生把二次函数 $y = ax^2 + bx + c$ 中的二次项系数 a、一次项系数 b 与常数项 c 的数值输入到图形计算器的相应位置,马上就会出现函数图像,再根据函数图像找出顶点的坐标来,教师用移动的小点在图像上滑动,就会出现点的坐标来。我认为,美国的数学学习还是重视运用能力的培养,对逻辑推理的要求较低,他们不注重推理能力的培养,这也是美国的文化造就的,一切以实用主义自居。

听完课,副校长把我们带到一间教室,我们两组会合在一起,该校的几位教师与我们一起座谈。他们都是综合性大学毕业来这里工作的,分别教授西班牙语、心理、健康卫生、英语、特殊教育。有工作两年的年轻的西班牙语男教师,还有工作 5 年的年轻的心理学、历史专业的女教师(她曾是这里的学生,毕业出去后又回来工作的),还有工作十九年甚至二十几年的中年教师,而大多数年轻教师都是研究生毕业的,有的正在继续学习。他们对这所学校充满了情感,分别谈了自己的工作经历。座谈中,问他们在学校里感到最难做的事是什么? 特殊教育的教师回答是在不同的课堂与其他教师的配合方面是比较难做的。例如,去年有一个特殊教育的班级,今年这个班级的这些特殊学生分散在三个不同的班级,她要到不同的班级协助其他教师做好这些学生的工作,这是比较难做的事。问到在对待不守纪律的学生的教育问题时,他们的做法是不让这些学生参加他们喜欢的体育活动课、野外运动等,从中受到刺激。还要与这些学生签订行为纪律合同,由教师来监督和检查,学生自己也要自我评估。一位英语教师说,她要教好多学生,每天课外作业的批改要花很多时间。另外，就是每节课的考勤工作也是很麻烦的，有的学生不来上课，教师就要做好登记工作，要与家长取得联系，当然学校有个电话系统，对没有来的学生，学校电话系统直接打给学生的家长，或者发邮件给家长（对经常缺课的学生）。我问到一些非统考学科的成绩评定是怎么操作的？他们的回答是，课堂作业成绩（教师每节课都有课堂作业，但不一定是书面的），还有学生参与教学的情况（这是教师对学生的课堂表现的评价内容之一，占整个成绩的50％）；另外，就是平时的小测验、考试成绩和回家作业情况，由教师作出评价，这也是50％。从这点看，对学生的评价既有来自于学生的上课成绩，还有来自于学生的课后成绩以及考试的成绩。这种评价的面比较广，不仅注重结果的评价（终结性的评价），还注重过程性的评价，而且把平时学生在课堂中的表现都记录在案。

最后谈到学生的毕业考试，原来考4门课，就是英语、数学、生物、历史，是由学校请外面的考试机构来命题、阅卷的，但费用太高（这项预算占了学校的很大一笔费用）。现在只考3门，即英语、数学、生物（由州统一考试），今后是全国统一考试，就省了命题等费用。

早上来时，校方就为我们准备了点餐单，让我们自己选择吃什么，然后请外面公司送餐进来，这也是首次有此待遇。所以，在与教师座谈结束后午餐就开始了，我们边吃边聊，吃好后，教中文的马老师（美国人，曾在北京的一所中学教了一年的英语，就对中文感兴趣，后来就学习中文）带了她的十几位学生来到我们中间，向我们提问，问些中国人吃的、玩的问题和中国学生为什么那么聪明之类的话题。实际上中国的学生聪明是来自于勤奋，是通过做大量的、重复性的题目得到的，还有就是我们注重知识的系统性学习，不是急功近利性的教育。总之，中国学生的基本功是比较扎实的。如果和美国学生在一起比较的话，在知识的学习方面我们肯定比他们要好。但是，不可否认，美国学生在动手操作、创新能力、个性发展等方面肯定比我们学生要好。我们也问了他们一些问题，比如，你们为什么喜欢学中文？有的学生回答，喜欢中国的北京、西安等，他们对中国的了解还仅限于对中国古文化的了解。从学习中文比较多的人群来看，是黑人比较多，陪同我们参观的1位学习中文两年的中文名字叫龙明的学生，他的中文讲得可好了。最后，这些学生给我们每人送了一份学校的礼物（根据外国人的习俗，我们打开看了礼物是小本子和及时贴,还有一些学校的宣传材料)。让学习中文的学生送,这也是比较独特的送礼方式。

今天的访问,应该说学校是精心研究商量过的,由两位副校长分别陪同我们,而且还各有两位学中文的学生(1 男 1 女)。一路上两位学生与我们进行中文的简单交流,这也锻炼了他们的中文交流能力。从这所学校的艺术特色成果来看,该校是非常成功的艺术特色学校,是值得我们认真学习的。

拜访美国联邦教育部

时间:2011 年 10 月 3 日

美国联邦教育部的前身为美国联邦教育局(Department of Education),成立于 1867 年,至今有 140 多年的历史。当时的教育局是一个非内阁成员的独立政府机构。它的职责与现在的教育部有很大的差异,只限于在全国范围内收集与整理有关学校机构、管理、体制与教学方面的信息,然后将所得信息与成果提供给政府机构与公众,以便进一步推动国家教育事业的发展。

联邦教育局成立之初,主要通过信息报道来反映各州教育的优劣,介绍各地教育实践的成果与创新的范例,基本不具备行政指挥的职能。1890 年,第二个《莫里尔法案》(Second Morrill Act)通过后,其职能有所扩大,负责管理新成立的公办院校系统。然而,自联邦教育局成立以来,对其职能一直存在争议,为防止联邦教育局过多干预各州学校事务,对它的权力进行了很大的限制。

作为内阁成员的联邦教育部是在卡特总统任职期间建立起来的。当时,国会认为美国有一些教育事务是地方政府与学区所不能单独完成的,需要全国范围的协调与统筹,如弱智人教育、残疾人教育、扫盲教育、教育贷款以及科技教育等,有必要成立内阁一级的教育部。新生的教育部于 1980 年 5 月 4 日正式开始工作。尽管联邦教育部存在已 30 多年,但美国宪法将管理教育的权力只授予州政府,而没有规定联邦政府对教育的义务,这在相当程度上影响联邦教育部作用的发挥。美国大多数的教育政策不是由联邦政府而是由州政府和地方政府制定的,具体由各州教育部门及地方约 15 000 个学区(School District)中的教育董事会(Board of Education)来负责实施。

今天一早,我们就准备去华盛顿访问美国联邦教育部,大家整装待发,分乘 2 辆小巴,由陶森大学的阿玲与她的助手开车送我们到巴尔的摩市火车站乘火车前往。路上花了 30 多分钟就到了火车站(巴尔的摩市火车站建于 1911 年,在 1984

年整修过，从内部和外部来看，当时建成的火车站就很气派、大气，尤其是大厅的穹顶装修也很豪华），我们 9:00 准时上火车，这是 2 层的火车，我们坐在下层，大家有说有笑，小睡了一会，在 10:00 多就到了华盛顿火车站。出来等车过来，就快 10:30（原本这个时间到教育部的，但是，路上堵车），到联邦教育部都快 11:00，到了联邦教育部还要安检，我们直到 11:15 才被工作人员领到教育部 5 楼的接待室。

在 5 楼的接待室由巴克莱办公室秘书，国际事务处的人员——山姆·比亚史威尔女士（Ms.Sambia Shiders）（她是一位黑人，身高有 1.80 米，有点胖，年纪不大，还是比较成熟的）接待我们。她首先介绍了国际事务处的接待任务很多，最近接待了墨西哥、南非等教育代表团，还接待了一个体育代表团。她简单介绍情况后直接切入主题，问我们来美国看了一些学校后，与中国的学校相比有什么不同之处？我们的一些校长就开始比较，有的说美国学校是走班制，与我们不一样；教材循环使用；教室不通风；中午休息时间短。但这些比较只是表层内容。

比亚史威尔女士简单做了回答：美国学校早晨没有早操，来校后就直接上课，学生集中活动时间少。各州学校的作息时间不一样，各州有自主权。但是，学生在校的时间并不少，按照整体要求课程内容都要完成的。

比亚史威尔女士又问美国联邦教育部与各州教育局有什么不一样？大家无语（这本身就是我们来探访的内容啊）。她自己答起来，联邦教育部的权力是很小的，各州有教育的自主权。这在美国的宪法中就很明白地写着呢。但是，联邦教育部有四个方面的职责：一是给钱，这个钱是给各州、各学区甚至各学校的；二是促使议会来调控、监督经费的投入；三是监督各个州是否有教育歧视问题；四是监督所有的人口是否都受到教育。

比亚史威尔女士看来很会调节气氛，她又问大家，假如你是父母，你最先要做的事情是什么？

大家说是健康。这包括生理、心理的健康。她补充说：还有吃饭，要有饭吃，吃好饭（好像中国的学生还没有解决温饱问题呢）。还要注意到运动的安全。

最后她说，首先是饮食问题，其次才是教育。看来在教育部做事的就是考虑全局的。如果饭都没有吃，谈何受教育呀。美国第三任总统杰斐逊曾在 1800 年就任美国第四届总统时说，要使美国的每位学生至少接受三年的教育。这可能是最早的普及教育的思想。这在当时能想到这点,足以说明教育能改变人的命运,也能改变国家的命运,真是一位有远见的总统呀。所以说,美国是精英政治,政治家都是有远见卓识的明君。杰斐逊后来从总统位置上退下后,回到自己的家乡创办了一所大学,其就是弗吉尼亚大学的创建人(他热爱教育,自己也是全面发展的,他会好几门语言,又是音乐家,还善建筑设计,也是发明家。他爱好读书,写作也很出色,是美国《独立宣言》《弗吉尼亚宗教法案》的起草人)。

比亚史威尔女士说:美国联邦教育部的钱是怎么用的呢?首先是要把钱用在学校,具体在以下三个方面:

第一,要把这有限的钱分给各个州,再由各州把钱分到基层学校,用在那些有特殊需要的学生身上。比如,残疾学生。钱是否到位?是否用在应该接受教育的人身上?这是联邦教育部该做的事之一;教育部的钱要用在教师的培养与培训上。教师的水平提高、教师资格证的取得等都要花钱;在美国还有来自世界各地的人,他们来自不同的国家,美国现有 215 种语言的人群,要提高他们的英语水平,就需要有许多教师,这也要花很多的钱。她风趣地说,美国是个超级多元文化的国家。

第二,是把钱用在研究机构。研究机构用来研究提高教师本身的素质、教学的质量,还有就是研究针对特殊学生的研究方案。研究机构拿到这些钱后,就会制定帮助学生提高学业水平的项目,当然要接受教育部的监督与审查。

比亚史威尔女士还介绍了联邦教育部的其他一些功能,如制定一些联邦教育法案,比如,在 1964 年制定了《中小学教育行动法案》,即任何人只要在美国国土上降生都有接受免费教育的权利。不能歧视任何人种、民族等。所有的课程、包括核心课程都要完成。

美国在关注智优学生的同时,也关注一些特殊学生的学习。比如,残疾学生、语言障碍的学生等。每位学生都有不同的差异,要尊重这种差异。在 2001 年,小布什总统提出的《不让一个孩子掉队》的法案,是联邦教育部制定的,也是国会第一次如此关注与重视教育,对没有达到州标准的要进行处罚的政策。达不到标准的,联邦政府要把钱拿回来,甚至把校长撤掉,教师解聘,学校关门。她说:这个法案,给教师带来的负面影响,不是恐惧,就是愤怒。教师必须按标准去教学,否则将失去工作。按她的话来说,对教师的负面就是不行的先解聘,再就业。她解释,就像把一年级学生的水平一下子要提升到三年级的水平,但即使教师付出了很大的努力,收效甚微。因此,教师就想到了要降低标准,这样教师就都合格了。

当然,这个法案也有其正面的作用。该法案执行后,参加统一标准测试的学生人数多了许多,大约比以前要增加 25％,差生也提高上来了,减少了学生之间的差异。这个法案通过后,学生的压力小了,享受了一种平等的教育。

奥巴马政府上台后,认为《不让一个孩子掉队》的法案,在教育上不太合适,既要注意到差生的提高,也要关注精英的教育。因此,现在的教育部要听听基层学校的意见,比如提供合适的教育,而不是降低水平的教育。《不让一个孩子掉队》是对课程标准目标的一个设定,如果各州都把标准设定高了,通过的学生就低了,而且越来越低,不是越来越高。如果把标准定得低点,通过的就会高了,各州在执行时也很难把握。当然,这个法案也有它的灵活性。奥巴马政府对这个法案又提出了新的想法,提出了《卓越发展计划》的法案,这也是对小布什政府提出的法案的修正吧。现在强调的是政府对全国的核心课程要有统一的标准,按此统一标准来进行测试,从而达到全国统一的水平(这就像我们的全国高考水平测试)。但是,美国没有高考,高校招生比较灵活,只看学生的平时学业成绩,与在学校的选修课,以及参加 AP 课程学习的情况。以此来录取学生。当然,在美国读大学是比较容易的,但真正能拿到文凭则很难的。

173

第三部分　学习沙龙

陶森大学前后一共为我们组织了 5 次学习沙龙。所谓沙龙应该是围绕主题互相交流、共同研讨。由于我们是来学习的,还有一些不明白或者想进一步了解的问题,如学生第一的观念、双语教学、学生学业负担、学生上网、学校考核、校长任命等。这样沙龙便成了专家的答疑会。

第一次学习沙龙

时间:2011 年 9 月 9 日上午

主持人:金丽君博士

美其名曰学术沙龙,实际上没有演讲主题,倒不如说是想到什么就聊点什么。金博士先让大家各自介绍认识(我们彼此都认识,只是让她认识我们)。没想到前几位直接就把话题引到这几天学习后的所思、所想、所感上来。这样也不错,至少有个地方可以让大家倾诉对美国教育的种种好奇。谈论的话题很广,主要有如下内容:

1. 关于民族认同问题

昨天参观的私立学校,把以色列后裔的学生集中进行教育的社区学校,有点类似于过去的美国白人学校、黑人学校,说明美国联邦政府与州政府的包容之心,允许多元文化的并存。尤其是该校以希伯来语为第一外语,让学生会说、会用自己本民族的语言,不仅在语言上,还在文化上进行教育与引导。通过这样的教育,这些以色列后裔会认同自己本民族的文化,并有强烈的民族自豪感与为本民族献身的精神。在我听的一节历史课上,历史教师就问学生:我们以色列人要想表达自己的意愿来影响美国的政策,是个人去向政府表达呢,还是以社区的名义向政府去表达?让学生发表意见(可惜这节课上学生讨论的内容我们没有全部听完)。但是,以色列人让学生(高中生)怎么来表达自己的意愿,而且是用以色列人的思想来影响美国的政策,这个思想意识本身就有民族情结与国家情感。据校方介绍,以色列后裔每年都要回以色列去看看,并且有的学生后来还回以色列服兵役、工作,而后再返回美国。这种民族意识真的令人敬佩。实际上华人在美国的比例也是很高的,在美国的华人是否有对汉语言的学习需要,以及对中国传统文化继承的要求呢?即使在唐人街上或与当地的华人接触中,也没有人提出这样的一些想法。当然,也有一部分华人把自己的孩子送到当地的汉语补习学校去学习。

为此,金博士坦言,在美国以色列的教材上写哥伦布发现新大陆(美洲大陆),同时也告诉学生实际上在哥伦布没有来到美洲大陆前,美洲大陆就有人居住了,那就是中西部的印第安人,他们才是真正的原居民。只是哥伦布来到之后开发了美洲大陆的东部地区。从国家意识来说,是外国人入侵了印第安人所居住的大陆,把印第安人圈起来,所谓给他们福利,享受新生活,实际上造成了这些人在一起赌博、酗酒、吸毒、犯罪等,这种做法给印第安人造成了很多负面的影响,现在美国也在反思自己。据说有的教材现在不再提及哥伦布发现美洲新大陆,这也是进步吧。

2. 关于双语教学问题

在双语教学方面,美国政府过去对外来人口都有一种包容之心,要求学校为每一位学生提供自己本民族语言的教学。如果家长希望学校为学生提供本民族的语言的教学与辅导,学校就要尽量提供。据说一所学校开设了 40 多门语言课,这样的做法政府开支很大。据金博士说,在美国加州通过的 186 法案,不用双语进行教学,统一用一种语言(即英语)教学,这也是认同美国文化。理由是你既然来美国就是认同美国,必须有能力用英语接受教育。

3. 关于学生第一的观念

无论专家报告还是校长与教师的介绍,有的从不提及"我的学生",而总是说

"我的孩子(My Children)"。他们的爱生精神可见一斑。金博士一再强调，在美国的私立学校、教会学校基本上都是这样。他们把学生真正当成自己的孩子一样看待，而在一般的公办学校，可能还是提"我的学生"比较多些。昨天我们参观的私立学校，该校在每个教室的门框上都钉一块小木条，我们就疑惑了，这是起什么作用的呢？后来高中部的校长给我们答疑，说是学生在进门时上帝会说"我爱你孩子"，在学生出门时上帝还说"孩子我爱你"。把学生当作孩子在关爱，不仅是教师和管理者，就连上帝也是这样，有意思。

在美国学校，办学理念和办学目标总是以学生为中心，以学生为本的，教师根据学生需要来设计教学内容。教师是指导者、参与者的角色，学生可以把自己的想法告诉教师，教师再个别给予指导。在我们听的课上，也是以教师讲授为主，学生的互动仅限于师问生答。但学生也能提出问题，教师在其中作为学习者的同伴共同参与学习。

4. 关于教师评价问题

按照美国现行的有关教师的规定：一个新入职的教师必须具有教师资格证书（资格证书在私立学校是可有可无的，政府没有严格规定），在学校3年的见习期（现在有的学校是2年），每学期校长都要来听课，直到校长满意，才能把实习教师转为正式教师。

一位正式的教师在5年里，每年都会接受教育评估机构（独立于学校的第三方评估机构）的听课。评估机构的专家对听课中存在的问题会专门出一份报告（其中有整改意见单）。专家还会就报告里的内容与被听课的教师进行沟通，教师可以进行辩解，直到教师信服了在整改单上签字确认。当然，专家、校长与教师的沟通都是用激励、鼓励的语言，避免用比较直接、明了的语言来刺激教师。这种方式沟通让教师有面子。如果专家第2次再来听课，教师还没有改变。校长就会找这位教师谈话，让这位教师找更适合其去的地方（这就是要辞退教师）。但是，在美国的公办学校要辞退教师也是非常难的事。每所公办学校都有教师工会，工会会为教师维权。教师也可以请律师为自己辩护。所以，学校请第三方评估机构就有相对的独立性。每次专家听课后都有反馈和签字，使校方有证据在手。一位正式教师在5年里的每次听课都得到校方的满意（满分5分，如果5年里平均得分在3.5~4分，就可以申请以后3~5年不是每年都要来听课评估）。这位教师就可以与校方建立长期聘用关系,以后每2年可能接受一次听课评估。成为终身教师后,如果不犯法,学校是不可不聘用的。但是,作为终身教师,他们都是兢兢业业工作的。

关于教师的培训问题,美国学校没有严格规定。有了教师资格证的正式教师,他们会自觉地进行学历进修。如果教师拿到硕士学位后,学校会加一次工资;如果拿到博士学位后,学校会再加一次工资。如果在进修中各门学科的成绩都是A等或B等的,学校还可给报销一定比例的学费。教师平时的进修都以学分的形式累积起来,达到一定的值后,可能有些说法(但具体怎么样,金博士没有讲下去,在美国教师的业务进修都是自己花钱并利用非工作时间自觉进修的)。

5. 关于职业教育问题

关注职业教育,这也是教育敏感性话题。作为上海职业学校的招生一直是低进的,至于学生毕业后的水平和能力各校在管理和专业设置上有不同,也很难用一个标准去评价。在目前招生难的情况下,即使考试分数未达标准,学校也会收的,就是零拒绝啦。对于此类问题,在美国的职业学校是怎么处理的呢?

金博士坦言,在美国的高中没有严格意义上的职业学校。但是,在高中的教育中学校有一些课程是供学生选择的,也就是说对那些在文化知识学习方面比较弱的学生,学业成绩比较差的学生会选修一些将来会从事蓝领工作的技能培训课程,比如管道工、汽车修理工、电工等课程进行学习。这些学生将来选择进入大学的技术学院学习或直接就业。在美国,蓝领工人的工资是很高的,就是工作很辛苦。但是,岗位还是紧缺的。不像大学教师竞争激烈,而薪水还不是很高。她举例在大学如果没有拿到终身教授,一般的教授工作是不稳定的,工资也不高,在大学兼一门学科的课,每个月的工资就2500美元。所以,他们必须到处找学校兼课,甚至兼好几份工作。

6. 关于学生的学习负担问题

我们这些校长很关心美国学生的课业负担问题,于是问:在美国,学生有没有作业,学生的学业负担重吗? 有没有压力?

针对上述问题,金博士谈了自己女儿在一所很好的公办学校上高中,学生的压力还是有的。在美国有规定,一般一年级一天留10分钟的回家作业,以后每上个年级就增加10分钟。小学生在周末是没有作业的,初中(六～八年级)在周末是有作业的,高中的压力更大[因为上大学是看平时的成绩,尤其是高年级的成绩是关键,有的名校还看学生在中学修了多少大学预科课程(俗称 AP 课程)及质量(内容及成绩 A 等或 B 等)]。一般对 SAT(高中学业统测成绩)不是非常看重,而学生 AC(论文)水平和中学校长的推荐信可能起到一定的作用。

美国每年的 3～4 月份是考试月,一般五年级、八年级、十二年级都要参加学业考试,主要以阅读、数学、科学等学科为统考科目。

美国学生的作业以开放式为主,不是每天都做一些重复训练的内容,而是教师布置一些研究性的小课题,让学生回家做实验,然后写出实验报告。例如,科学实验作业:不同品牌的纸对水的吸水量的影响,就需要学生写出实验报告。这种课题源于生活,又应用于生活,对学生有一定的帮助,学以致用。又比如,灯光对植物生长影响的研究对日常生活的作用是什么?这个课题就需要做长久的观察与实验,有时还需要与家长一起来做实验和总结。这样的作业培养了学生的科学精神,学生做起来非常有趣,这对培养学生的能力是有好处的。这与上海市"二期课改"提出的理念是培养学生的实践能力和创新精神是一致的。但是,在我们的课堂和课后作业中是没有这方面要求的。即使有了,学生可能也不会认真完成的,或者弄虚作假完成任务而已。别说是中小学生,就是现在的大学生中也有一些人没有真正认真完成实验,有些人甚至还在做伪科学的实验。

7. 关于对学校的考核问题

在美国,政府对学校的考核现在越来越严格。政府对学校的考核是纵向看学校的发展,而非横向看各校之间的优劣。要求每所学校年年有进步,也有一套严格的考核标准。如果学校在两年里没有进步,而且也没有改进的话,学校的校长和教师就将面临被全部解散(学校一般不会关闭),由新的校长来接任,或许有些好的教师会被重新招回来,但其余教师就会被政府教育部门安排到其他学校工作,校长也不一定再做校长,会被重新安排工作。

为此,金博士说,在美国要做好一份教师工作是很不容易的,在大学更是不易。一般拿到博士学位,学校才可聘你做副教授,做了 5 年副教授,第 6 年才有资格申请做正教授,顺利的话第 7 年才能做到正教授,之后才有可能申请拿终身教授。她坦言在美国要拿到终身教授非常不容易,除非有真正的论文与专著以及科研成果,这个成果是经得起检验的,而非弄虚作假的。否则,连教授都难保住。只有终身教授,才不会被解聘的。学校对教师的要求是非常高的,美国人认为名师是保证教学质量的关键。实际上政府对学校的考核就是对教师的考核,学校的教学质量的好差还是与教师的工作热情、工作态度与工作绩效有直接关系的。

在美国,中小学教师是不评定职称的,教师的工资是以任职时间的长短,一般一位教师在一所学校干得越久,其工资也就越高。所以,这样的做法其实也是激发教师对学校的认同感和归属感。

金博士在谈到美国教师专业发展问题时,她说:美国的大学生要想当教师,第1年学1门专业课,每周花几天的时间去1所学校见习;第2年再学专业课,还是要有一定的时间去中(小)学实习的;第3年每周在大学里读2天,其余时间还是去中(小)学实习;第4年就全天候在大学里读书。这与我们现行的教师培养模式不同。我们的大学生先学专业,然后到中(小)学实习1个月或更长些时间。他们的专业素养可能具备,但作为教师这个具有一定的专业性、艺术性的职业来说,只有知识还是不够的,必须掌握上课的技巧和处理问题的能力。我认为美国的教师培养模式还是比较好的。让学生开始就接触学校,懂得将来需要什么,然后,再在大学里去钻研什么,也就是以问题为导向,以项目为引导,以解决问题的方式去学习,可能更有成效。正如我们这次来这里学习一样,我们来时,每个人都写一份申请,说明自己来这里学习的目的和需要解决的问题,通过学习问题弄懂、解决,还有什么新的问题出现需要解决。因此,我们如果都抱着这种态度来学习,一定会有很大的进步。我感到,美国教师的这种培养模式,是有利于那些真正想做教师的学生,通过第1年、第2年在学校的实习,知道自己是否适合从事教师这个职业。如果感到自己不是做教师这块料,那及时调整专业还是来得及的,对那些真正想成为教师的,他们从基层学校实习或见习中就了解了自己的优势与不足,这样在以后两三年的大学学习当中就会刻意在专业学习上弥补不足。而非我们现在的大学师范生的培养还是过去几十年前传下来的培养模式,不管你喜欢不喜欢,先学专业知识(有些还是与教育教学无关的),最后1年才去学校实习。记得我们当初大学毕业前是学校组织我们到1所中学实习,由教材教法的教师带队,并辅导我们怎么备课、上课、出试卷等。现在的师范院校都是让学生自己去找实习单位,在学校听一些课,上几节课,就算实习结束了,他们是否喜欢教师这个职业,不得而知。上海市近几年又搞新入职教师的培训,即见习教师规范化培训,政府投入大量的财力和人力,这些见习教师既要忙于聘任学校日常的教育教学工作,又要参加见习基地学校的规范化培训工作。实际上这些工作都应该在大学里做的,应该让有志于从事教师工作的大学生、研究生,能早点与中(小)学校接触、了解教师职业的方向和应具备的课堂教学的基础知识和基本技能,这样他们在大学的时光就会真正地做到学有所获、学有所得、学有所用。

第二次学习沙龙

时间:2011 年 9 月 16 日

主持人:查克·梅尔博士(Mr. Chuck Meyer)(担任翻译的是金丽君博士)

梅尔博士一开始就发给大家几张纸,让大家把问题写在纸上,并按 3 人一组,共分成 7 组,大家在组内交流后再向梅尔博士提问,由他来解答。这就是美国式的小组教学,几乎每位博士都是采用这样的方法组织我们开展小组活动的。

1. 问:从我们在街上或学校周边来看,几乎看不到网吧,这是为什么? 怎么进行管理的?

梅尔博士答(以下简称"师答"):在美国学校都有无线上网,社区也是,家里的电脑都能上网,所有的地方几乎都被网络覆盖。所以,没有网吧存在的空间。再说,学校里的网络主要是让学生进行学习用的,鼓励学生利用网络做作业、查资料。决不允许学生上网玩游戏的。

2. 问:学校课程那么多,是怎么进行管理的?

师答:美国的高中学校课程门类比较多,有标准课程(必修课程)、荣誉课程(特色课程)、AP 课程(与大学衔接的课程)等,由于学生选课程是可以跨年级的,而且因人而异,这样全校的课程安排的工作量就很大。一般的学校都有副校长(1名)专门管理课程,每个年级还有一些教师来指导学生选择课程或给学生选课程提些建议,一般都能让学生选上满意的课程。

3. 问:我们从近几次走访的 3 所学校看到美国学生文明礼貌、行为规范都比较好。请问美国学校的学生行规养成是如何训练的? 对不遵守纪律的学生是如何管教的?

师答:美国的学生大多数都很有礼貌、很爱学习,他们都知道学校教育对他们来说是很重要的途径(学生能认识教育的重要性,这点我们的学生看来还不清楚,只是家长对学生的要求而已,他们自身没有明确其重要性)。而学校有严格的纪律规定。例如,巴尔的摩就有对学生在校遵守纪律的严格规定和要求,各学校只要按此规定执行就可以。再是,学生有自我约束力,而不受外界的约束。例如,巴尔的摩有支足球队,由于个别球员不守纪律而取消比赛,球员会被处罚,而看球的人因为没有看成比赛,都会把气出在这个犯错的球员身上。犯错的人压力会很大,这还会影响他今后在球场上出现的机会,也许他就会被停赛。

4. 问:美国高中的课程很多,是如何进行评价的？初中学校是否也是以学分评价的？

师答:美国的高中课程有必修课程、选修课程和 AP 课程,对这些课程有不同的考核办法。例如,有的必修课程是全州统一考试内容、统一阅卷、统一考试时间的,在三统一的情况下,有一个成绩评价;其他的普通课程(其他必修课程和选修课程)是由学校组织考试和评价的;而 AP 课程则由州统一考试的;高中毕业还要参加全国的 SAT 考试,要考过一定分数,这是作为申请大学的一个参考成绩(不是决定性成绩,甚至于有的大学主要看平时所修科目的成绩和所修的课程)。金博士还补充说,这几年的 SAT 成绩每年都在下降,是因为国家有规定对贫困家庭的学生报名参加 SAT 考试的费用可以全免,这样报考的人数多了(基数扩大了,正如中国高校扩招也是影响高等教育质量下降的原因之一吧),SAT 的成绩就下降了。

有关美国高中的课程设置,我查阅了马里兰州的高中课程设置表(见下表),就可以看出美国高中所修的课程不比我们少呀,而且要求也是比较严格的(就是学生有一定的选择权)。我们现在的高中只有文理分科,有些学生为了在高考中拿高分,过早就自行分科了,专攻考试科目,放弃了其他不考的科目。现在虽然有了会考,但会考成绩在高考录取中不起决定作用,所以学生还不够重视。

美国马里兰州高中课程设置表(MARYLAND)

科类	学科名称	学分	备注
语文	英语	4	必修
数学	几何	1	必修
	代数	1	必修
	数据分析	1	必修

（续表）

科类	学科名称	学分	备注
科学	生物（必学）	1	必修
	生活科学	1	三选二
	化学	1	
	地球科学	1	
社会科学	美国历史	1	必修
	世界现代史	1	必修
	美国政府	1	必修
艺体	艺术	1	必修
	基础工艺	1	必修
	健康教育	0.5	必修
	体育	0.5	必修
选修课（指定）	语言	2	选修 2～4分
	高级工艺	1	
	职业培训	1	
选修课（非指定）	其他		选修 1～3分
	其他		
	其他		
	其他		
总分	必修16＋选修5	21	毕业要求
实践	75小时的社会服务		

美国高中的社团活动非常多,学生参加社团活动不作为必修或选修课,是没有学分的。但是,学生参加各种社团活动培养一定的特长,将来申请大学,可以作为大学招收特长的一个依据吧。大学也很乐意招收这样的学生。每年我们学校都有一些学生被国外高中录取,而且一些私立高中录取学生的条件非常苛刻,不是仅看考试成绩,还要看你是否有特长。我们在川山高中访学时,他们校长说学生在下午放学(14:00就放学)后,参加各种社团的非常多。而在陶森高中访学时,也问到学生下午那么早就放学,学生是不是都参加社团活动,他们的校长回答

是大多数学生都回家了。今天梅尔博士给我们解答了原因，学生参加社团活动与社区、家庭的经济状况有关。马里兰州在全美是很富裕的州，而巴尔的摩川山高中在马里兰州是最富的社区，而陶森高中相对来说经济状况不太好。因此，学生参加社团活动的就少了。可能学生在课外参加各种特长班学习是需要交学费的。这和我们上海的情况是一样的，家庭收入高的，就会让学生参加各种各样的培训班学习。这样学生的整体素质就会提高。

在谈到上大学，梅尔博士说在美国人人都可以申请上大学，就连高中不能毕业的学生，如果想上大学，也可以申请上社区学院（两年，相当于大专），陶森大学就招收一些社区学院的学生进来继续读本科。他也说在美国上大学容易，但是要毕业还必须努力学好的。否则，是很难毕业的。这与国内的大学严进宽出是不一样的。

关于初中六～八年级是否以学分来管理的问题。查克教授说，初中也是学生选课，初中的课有长课（120分钟的课）和短课（少于60分钟），初中没有州统一的考试，有的学科是郡［相当于我们的区（县）］组织的统一考试。初中生只要他愿意上高中，都可以直接上附近的公办高中学习（美国没有重点高中一说，但有个别"磁铁"高中，即有吸引力的高中）。如果学生感觉本社区的高中自己不理想，学生可以申请到其他社区，或者有学额的公办高中学习。但是，必须经过先申请再排位。也可以到一些"蓝带学校"（相当于我国现行的实验性示范性高中有特色课程的学校）去。但这样的学校招生受到一定的特色课程名额限制（陶森高中就有"法律和公共政策"的特色课程，在全州只招收50位学生）。如果初中毕业后，家庭经济条件比较好的，还可以申请到私立高中读书。初中毕业也可以不读高中。

5. 问：高中招生是否有名额限制？

师答：公办高中招生没有招生限制，只要是附近社区居民的学生，都有权享受上公办高中读书的权利。如果招生名额有多余，可招收其他社区部分提出申请的学生。但有特色课程招生的学校有招生名额的限制。

6. 问：对一些特殊的学生是集中在一起上课还是分散在各班级授课？

师答：美国联邦教育部规定对特殊学生接受教育是最小化的受到限制，要和正常学生一样接受平等的教育。每所学校的情况不一样，有的学校是放在一起进行教育的;有的学校是分散在各个班级进行教育的。但是,上级对学校评估这些特殊的学生都与其他学生一样对待的,不把他们排除在外。可每年州的统一考试,对特殊学生在题目的提问方面可能有所变化(我的理解是把题目进一步明确些,让特殊学生一看就懂,或者做些变通;或者题目的问法不一样)。

7. 问:美国家校沟通是怎么进行的?

师答:在每学年开始时学校会把学校一年的重大活动安排印成小册子发给学生和家长,让家长知道学生在学校有哪些事情要做(我们在陶森高中参观时发给我们的资料中就有这样的内容,而且学校大厅内就有这样的资料可供家长和来宾取阅)。在美国学校的每个学段(60 天)的中间,家长都可以来学校与教师进行面对面的交流和沟通。如果学生犯错,学校会以 E-mail 的形式与家长联系,或约家长到校谈话。另外,学校还有一些义务的雇员直接与家长进行联系,讨论学生的教育问题。

最后,大家还问了其他的一些问题:例如,关于教师资格证书问题。梅尔博士说:在美国教师执照不是终身制的,需要每隔几年考一次的,而且有规定需要考试的科目。如果参加硕士学习拿到学位的,由于所学的课程与教师资格证书考试内容相同是可以免试的。

有关美国核心课程的问题,梅尔博士说,现在各州都在制定行动计划,马里兰州已拿到了联邦基金,用于联邦核心课程方案的落实工作;陶森大学也分到一些,主要是派一些教授到基层学校指导教师建设核心课程。

关于美国行政隶属关系的问题,查克说美国的行政隶属关系是:联邦下面是州,州下面是郡,郡下面是教育委员会。美国的州可以拒绝执行美国联邦政府制定的教育政策,例如在莱卡因州就拒绝执行联邦政府提出《不让一个孩子掉队》的法案。因此,该州便拿不到联邦政府提供的这方面的基金。

沙龙应该就某个问题,大家在一起进行探讨与交流,而不是纯粹的你问我答的形式。但今天的所谓学术沙龙,却成了"学生"问"教师"答的形式。梅尔博士在回答问题时还说等会儿再看一个录像,里面就有学生社团活动的内容,可以帮助理解美国学校社团活动的情况。但是,到结束也没有放这部分内容。在结束时,她还说,今天的讨论非常好,从大家的提问中也学到了很多知识,说大家提出的问题也有一定的挑战性。看来老美有时也是在"捣糨糊"呀。但是,今天的一问一答,确实或多或少解决了我们这两周来所听、所见、所思的一些疑惑问题,我想随着时间的推移,我们的问题会越来越多,对美国教育的理解和认识也会越来越深入。但愿这次的交流会对我们日后的学习与工作带来一些借鉴作用。

第三次学习沙龙

时间:2011 年 9 月 23 日

主持人:查克·梅尔博士(担任翻译的是刘博士)

梅尔博士开篇就讲了美国现任总统奥巴马对小布什总统的 NCLB 法案的执行情况,又提出了新的 Race to the Top《卓越计划》,这个法案就是国家制定一个共同的核心课程标准,以提高各大学相对统一的基础标准和国家对人才要求的统一标准,类似于中国的高考。为此,就有人提出了疑问,这两个法案有什么不同,还是两种相冲突的法案呢?

梅尔博士说,NCLB 法案要求每位学生达标,这很难,历史上也没有。历史上评价学生达标的是某些学生的达标,并不是所有的学生。如果有一部分学生不达标,NCLB 法案就失败。例如,特殊学生(智障儿童等)他们是很难达标的。如果一所学校有这样的学生,那么这所学校就达不了标,按照 NCLB 法案来说,这所学校就是不合格的学校。相反,如果要让这些学生达标,国家、州、学校就要提供优秀的师资和设备。例如,对智障儿童,学校除了配备特殊教育的教师外,还要配备文化课优秀的教师予以个别化的教育。实际上这也是很难的。所以,小布什的 NCLB 法案,在地方上是很难做到的。

而奥巴马提出的卓越计划,并不是要求每位学生都达标,而是提出了一个国家核心课程的标准,让每个州根据国家课程标准,制定本州的标准(与国家标准相吻合)和实施的办法,它的灵活性比较大。例如,可制订针对特殊学生的评价标准,如果各州响应了联邦政府的法案精神,联邦政府就会给钱(经费);如果州不想做,也可以不做,那就是拿不到联邦政府的经费。这次马里兰州(MD)拿到了 2.5 亿美元,陶森大学也因此拿到了一笔经费帮助学校制定学科的标准和措施。

美国历任总统都要提出教育法案。例如,克林顿上台后提出《面向 21 世纪的教育目标》;小布什上台提出《不让一个孩子掉队》;奥巴马提出《卓越计划》。当然,这些总统提出的教育法案,都是在前任的基础上不断进行修正和完善的。这比提不出核心理念的要好,有了发展的理念,行动才有方向,理念先行者,行动紧跟上,教育才有奔头。

接着,各小组讨论,并提交问题,由梅尔博士予以解答,还是一问一答式的,形式灵活,泛泛而谈,有时也不着边际。下面是各组的问答情况。

1. 问:我们在观课时发现有学生犯错误而被教师拒之门外,家长对此有没有反映?

答:在美国学校出现这种情况,可能有几种原因:一是,学生不愿意参加小组学习,他要求自己个人学习,这是允许的。所以,不存在被教师把他从教室里赶出来的情况;二是,有些学生确实没有做好作业或上课不认真听讲还扰乱纪律。这种情况,教师要与家长先沟通好,再对学生做些处理,让他知道不做作业或不认真听讲扰乱的后果,这也是一种教育手段吧。当然,教师对所有犯错的学生如此,做到平等对待每一位学生。

2. 问:美国学校的安全工作具体要求是什么? 怎么培训学校管理者和教师?

答:美国各州都有要求,各个郡(县)的学区都要制定学校安全标准和要求,而每所学校根据州的要求制定本校的标准与要求。例如,失火、恶劣天气、台风、外人闯入学校等各种紧急状态的应急措施都有预案,学校里每个人都有自己负责的项目,校长是总指挥。而且学校里的安全紧急通道的标识要明确;紧急电话号码要标注,特殊学生的逃生设备要有等。

每所学校都有安全委员会,成员有校长、骨干教师和职工。学校每月都有一次火警演习培训活动。

3. 问:我们多次听到美国经济不好,对教育的拨款在减少。那么,经费减少后,学校如何来运作呢?

答:学校的经费有限,对教育教学影响不大的项目可以减少,校长会把经费使用到对教育教学更有利的地方。

4. 问:我们访学时发现有教师在自己的办公桌旁贴上“为什么总是有钱用在战争上,而没有钱用在教育上”。对此,能不能在教师数量上减少,而节约开支?

答:在美国学校要减少教师和职工,必须征得学区总监和学校教育董事会同意,校长一般不会随便减少教职工的。

5.问:我们在访问帕克维尔中学时,看到他们学校的特色课程搞得非常好,那么这些特色课程的经费有专项吗?这所学校的招生会不会对其他学校招生产生影响?

答:特色项目的经费由学区董事会的基金中得到解决。但这个特色项目是要学生非常感兴趣的。另外,有些学生所居住的社区学校教学质量不好,这样一些好的学生就可能择校到条件比较好的学校就学。当然,这不可避免地会造成对其他学校生源的影响。

6.问:美国的校长是怎么任命的?新任校长如何带教?

答:在美国学校的校长必须达到一定的学历。例如,教师必须是本科,校长至少达到硕士或博士。帕克维尔中学的女校长就是博士,她刚刚做1年。其次,要在副校长岗位上做若干年,一般至少3年,还要参加考试,通过了可以作为校长人选的后备队伍。如果有校长退休或调离需要校长,由学区总监从这些后备校长(准校长)中选拔担任。另外,就是把其他学校的校长调到另所学校任校长。还有就是把学区督导人员调到学校任校长等情况都有。

上面对校长和副校长每年都有一次民主测评,征求意见。但是,学区总监在选任学校校长时,未必会看这些数据。

新任校长需安排老校长带教一段时间,帮助提高工作能力和水平。当然,作为学区也会组织新校长进修提高。

最后,梅尔博士从网站上找了个视频给我们播放了一段,主题是"改变美国的教育现状"。视频是动画片,是以作者口吻说出如今的美国教育还是18世纪文艺复兴时期的老的教育模式,是工业化式的培养模式。例如,把同年龄的学生放在一起教学,就相当于在工厂的车间里加工一批相同的零件,学生毕业了就是产品的出厂日期。所以,学校就是生产这种特殊"零件"的工厂。片中提出了一些想法:把学生的独立学习比作为农村的单产户,这种学习方式已不适应当代社会发展的需要,必须采用合作学习、小组学习的形式,让学生在相互学习中提高自己的能力和水平。

现代社会鼓励人要有创造性,那就需要有发散思维,影片中关于现代教育的标准化答案,束缚了学生的发散思维。必须有开放的问题,不求唯一答案,而是多种答案并存。

有关教学目标问题,在视频中也谈到现代学校的教育都希望把本国的文化传承下去。而忽略了对其他国家优秀文化的继承,作为地球村的公民,我们应该吸取各国优秀文化之精华,对学生进行综合的培养,这样培养出来的人才才是社会精英。

谈到了天才儿童被现代教育所抹杀的例子,说测试1 500位学生,把达到一定分数作为天才学生的标准。例如,5岁的孩子测出来有98%的天才;5年后的孩子长到10岁,只有50%～60%的达到天才的标准;再过5年测试,只有不到20%的达到天才标准。从这个分析可看出,学生不是没有天才的天赋,而是教育把他们的天赋给抹杀了。在学校教育中,我们传授的是书本的知识,培养他们的常规思维,按照固定的公式、定律去套,不需要自己动脑筋去想,尤其是对他们发散性思维的培养几乎没有。所以学生的知识越来越多,发散思维反而越来越弱。有关多动症的学生,这些学生可能他们的创造性思维非常好,但因好动,学校教育就觉得这些学生比较烦,所以家长就给这些学生吃药,以抑制其好动行为,也许这些学生本身就是求异思维能力比较强的,但因好动,就被教师、家长用药物给压制了。

这个视频中的许多观点非常好,可惜是全英语的,就连我们的一些英语教师也不能完全听懂,如果有中文翻译那就好了。

第四次学习沙龙

时间:2011 年 9 月 29 日

主持人:金丽君博士

今天金博士没有和往常一样让我们提问题,她来回答。而是每人发了一张有关美国政策方面的选择题与我们一起分享,这也是为我们了解美国问题带来帮助。实际上,美国联邦政府讲人权、平等比较多,我们对此深信不疑。但在具体政策执行中,还有许多不一致的地方。

讲到美国中小学中白人教师占学校教师多少时,回答占 40％。有许多学校,白人教师占大多数,很少有有色人种的做教师的。这也带来一个问题,就是随着美国人口中有色人种的不断增加(据估计到 2050 年,有色人种将占美国总人口的60％)。这样,白人教师对有色人种学生是否了解,也成了很大的问题。毕竟黑人等有色人种都很贫穷落后,对这样家庭的生活习性,白人对他们是很少有机会去研究和体会的,这就带来了教育的问题。而有色人种虽然受美国政府的政策保护,但对他们的就业相对来说还是有些限制的。因此,有色人种从事教师职业的不多。

再讲到在美国社会医院的医生,对同性恋(叫作"同志")的病人在医院看病有52％的医生对他们有歧视。这些医生认为,同性恋的人既违背了上帝的意志,又是对人类两性关系的自然规律的破坏。所以,一些保守派对此十分反感。因而同性恋受到社会的不公平对待。在美国的中学、大学也有这类情况,尤其是在初中高年级的学生中,如有此类情况,会遭到大家的嘲笑,会听到一些很难听的话,到了高中这种现象更为明显化。据统计有 29％的同性恋学生的 GPA 成绩在平均线以下,他(她)们感到在学校里不安全。但是,学校的教师对这种现象采取的是"鸵鸟政策——不闻不问",这种情况会带来社会的不稳定,给学校的教育也会有一些负面的影响。

191

讲到毒品在美国盛行的问题，是不是黑人比白人吸毒更多时，大家一般都认为是黑人吸毒多。但从统计上看，白人比黑人更多。尽管学校对吸毒现象有控制，但学校中吸毒的学生越来越多。学生通过购买药物，据说有的感冒药中也含有毒品成分，还有喷发剂的气味也含有某些毒品的气味。所以，吸毒成瘾后，买不到白粉、大麻等毒品，就只好采用这种方法来过瘾。这将是美国社会的一大问题，也给教育带来了麻烦。希望中国的教育此现象现在不会有，将来也不会有。但是，由于现在是全球化时代，美国的一些社会现象，也会向经济全球一体化一样影响中国的。所以，作为教育者要时刻警惕这种问题的到来。

讲到美国的移民政策时，现在美国政府想控制非裔非法移民，但无能为力。因为美国大部分的农场主，缺乏劳力，每当在收种季节都会到墨西哥等国家招收一些农民、打工仔来劳作。这部分人拿到了美国的工作签证，有的拖家带口待在美国，不想回家，一些年轻人就会滞留在美国结婚生子（因为子女在美国出生就是美国人），不想返回老家。这种非法移民的子女的教育问题，也将是美国的一大问题。这个问题与中国现在一些大城市的情况一样，许多工作岗位过去是本地居民干的，现在本地人都觉得这些岗位的工作又脏又累不想做了，大量的中西部地区的农民工都拥向大城市代替本地人来做这些工作。由于廉价劳动，使企业的运行成本降低，单位何乐而不为呢。但是，对待农民工子女的教育问题，将来一定会成为一个比较严重的社会问题。因为这些农民工的子女都在城市中长大，他们对原籍地没有什么感情，而且城市的条件远好于中西部偏僻的农村地区，他们长大后不会再像他们的父辈把在城市挣得的钱拿到家乡盖房享受生活，他们要继续留在城市，并要像城市人一样生活。但是，他们目前只接受义务教育，不能上高中，更不能上大学，而与他们同龄的本地人却可以享受这些政策，这就是一种地域间的歧视。若干年后，这些人会因为这种歧视性的政策对他们所造成的不公平后果，来报复社会。这将是社会问题的一种新的不稳定因素。

讲到美国人的工资待遇时，25岁以上有研究生学历的美国白人，年薪是8万美元，而其他族裔同样条件的，男的年薪是5万美元、女的年薪是4万美元。这已是美国社会公开的不平等待遇。由于美国的政策制定者是白人，在招聘工作时，一般都是先谈好工资待遇，你默认了才能进。所以，其他族裔的人也就没有话可说。我们问金博士的年薪是不是比白人要低，她说那是肯定的。美国社会一直标榜男女平等,实际上女性和男性做一样的事,女性的工资都比男性要低。在用工上如此不平等,已经成为美国人的一种习惯。相对中国来说,男女在用工上还是比较平等的。虽然有些单位在招工时可能更青睐于男性,但招进来之后,一般来说,还是男女同工同酬的。在学校里更是如此,女教师可能比男教师做得好,拿到的钱就更多。

讲到带毒品定罪的数量时,美国社会也有一个不平等的规定。比如说,美国的白人带白粉 500 克以上或可卡因 5 克以上定罪,而其他族裔的人带白粉超过 50 克或带可卡因就可定罪。这也是白人和有色人种的不平等。其实这也就是前面提到的问题,为什么白人比黑人吸毒的数量要多的原因之一。

在美国的一些名牌大学,如老牌的常春藤大学联盟(Ivy League)中的诸如哈佛大学、耶鲁大学、普林斯顿大学、哥伦比亚大学、宾夕法利亚大学、达特茅斯学院、布朗大学及康奈尔大学等名校,上辈在这里毕业的学生申请这类大学可以在 SAT 成绩上再加 160 分。这种世袭制的政策,既是对美国上层人士的一种照顾,也是学校为了筹集资金的一种手段。当然,对于普通老百姓的子女,这就是一种新的不平等。这就是印度电影《流浪者》中的一句经典名言"好人的孩子是好人,贼的孩子还是贼"一样,同样是个孩子这些上层人士的孩子通过加分可以上一流的大学,而平民的孩子只能上二流或三流的大学。这种社会的不平等,也是美国社会所谓的平等吗?

还讲到美国富人收入与穷人收入的差距问题、美国社会养老金问题。据 2007 年的统计,说大公司 CEO 的日工资是工人年收入的 4 倍。家庭财产超过百万美元的家庭超过 260 万(美国总的家庭数不详,这个比较到底多大,还不清楚,按照美国是个橄榄球型的社会,中产阶级的人数应该占大多数)。

第五次学习沙龙

时间：2011 年 10 月 14 日上午

主持人：拉威尔博士

在结业式前由拉威尔博士来给我们做总结。总结前他在黑板上写了一段话：Good，better，best. Never let it rest，until your good is better，and you better is best.意思是：好、更好、最好，永远不要休息，直到你由好到更好，再到最好。讲这段话是说我们在整理档案时大家对整理的情况不是很到位。确实，我们在整理时没有多想，因为当时发这个文件夹时虽然说了最后还要把文件夹进行展示。我们还以为把记录的材料进行整理后再装订成册这样可能更好，但是，校方没有发给我们活页纸，我们便没有在发下来的全英文纸上进行记录，而是把内容记录在笔记本上，所以这种整理就缺乏经验。如果把每天的笔记和发下来的材料，以及个人的感想、反思等装订在一起，可能记录的内容就很丰满。看来回去还要抽时间进行整理，把每天的记录与所给的内容进行分类后再装订成册。拉威尔博士问怎么整理，实际上我们只要用点心便可以把文件整理得更好，例如，按每天所上内容的先后次序，或按照讲的内容（报告、访学、沙龙等），也可按照专题进行（初中、高中、特殊学校、课堂教学、法律、安全等），或观察到的内容与自己的问题结合起来（这个是更重要的，对同一个问题问得越多，思考得越深，那收获也越多）。拉威尔博士说了一句"Get rid of 'thing' that are not needed"意思是"把不需要的东西丢掉"。看来回去是要把这些资料重新整理后，把那些不需要的东西都丢掉吧（或许就是上文曾经提到的该放博物馆就送博物馆、该放垃圾桶的丢垃圾桶吧）。

拉威尔博士曾访问过上海，他拿出了在上海访问时与浦东新区教育界同仁的合影相片集给我们看，这些同仁大多来陶森学习过，比如说王浩、胡雨芳、吴燕、楼来海等人。我看到进才中学原副校长在接待厅与拉威尔博士在一起留影的照片时，指给他看，并说这是我们总校的原副校长龚德辉女士。他说进才中学的校园

很大，也很美丽。我欢迎他有机会再来上海来观光、讲学。他对中国的教育有所
研究，他说中国的学生对知识的学习很系统、很深，而美国现在的教育制度也是在
搞以考试为中心的教育，他担心学生将来不会有创造性了。这在某种程度上是说
中国的教育制度的问题，不希望美国教育步中国教育的后尘。我听后感触较多，
中国人看中国教育可能是看不出问题的，可能还觉得自己的知识学得系统、学得
深入，对学生将来会有好处的。实际上，我们在深入了解美国教育之后，也在反思
自己所从事的教育：是让学生掌握更多的知识，还是开发学生的心智；是让学生记
得更多，还是开发他们的创新思维；是让学生只在教室内学前人的知识，还是要运
用现代技术手段减轻学生负担；是让教师传授、灌输知识给学生，还是让学生借助
互联网主动去探究知识、自主学习知识呢；是让学生只学书本知识，还是让学生在
实践当中去体验而获得知识呢；是让学生不断学习我们几十年不变的对他们将来
又不都适用的东西，还是重新审视我们现在的课程标准和教材把最主要、实用的
知识挑出来让学生学习呢……所有这些都是值得深入思考和探索的。

拉威尔博士说，他在第 1 天（我们刚到来时）曾说过 3 个词：Know？ Want？
Learn？ 意思是，我们已经"知道"什么？ 还"想"了解什么？ 最后"学"到什么？ 确
实，我们在来时，每人都填过 1 张表格，在申请栏中写上自己想来美国学习的一些
内容和要求，为什么要到美国来学习？ 学什么？ 我记得当初在填表时，我想了解
美国的课程建设、教师评价、学分制管理等问题。来到美国 6 周，听了 13 次专家
的报告，访问了 11 所学校，参加了 5 次学术沙龙活动，还访问了联邦教育部，3 次
文化考察，这些对我们开拓国际视野，了解美国教育和文化都有借鉴作用。通过
学习与考察，我对美国的中学教育有了一定的认识，写了较多的笔记与体会，应该
说对今后的工作有一定的帮助。

拉威尔博士让金丽君博士对我们的问卷调查表中反映的问题进行汇总，金博
士让我们自己谈学习的感受，让我们站在中国的立场来看美国的教育。我想每个
人写的内容肯定很多，要在 30 分钟内谈完是不切实际的，而且有些问题也不便说
的，许多人都不愿意在调查表中署名可能就说明了这些问题。大家对美国的教育
与我国的教育进行了比较，发现有以下内容值得我们学习和借鉴。例如，重视学
校的安全工作；警察进驻校园；对违纪学生的处罚有规章制度（如停课、开除等）；
对薄弱学校的重组力度大（把 70% 的教师都调到其他各校）；扁平式管理层精简

高效(学校没有中层职位);特色项目做得非常扎实(与将来的升学、就业都能挂钩);课程设置多而全,照顾到不同层次学生的需要(普通课程、GT 课程、AP 课程);按章行事(有制度能执行);对学习后进生的辅导到位(1 对 1,甚至多对 1);美国教育的多元文化融合做得好(1 所学校有来自不同国家的学生是普遍现象);初中、高中的磁铁项目做得扎实(就相当于我们各校的特长生招生)。也有人对美国教育提出了自己的一些想法,如美国教育的零容忍政策是不是对未成年太过苛刻(毕竟他们还不懂事,如果处罚过度是不是不利于学生的成长);美国各校的作息时间不尽相同,有的课时时间太长(达 90 分钟),学生学习是否有疲倦感;教学内容浅显,落到实处较少;教师上课时间较多,教研时间较少,如此等问题也是不一而足。

关于美国教育中的考试制度问题,拉威尔博士再次重申,美国的学生很有抱怨,认为他们没有时间去创造,整天想到考试。金博士说,美国的考试内容对好的学生来说是太简单。但对大多数学生来说,是困难的事。这就是美国教育,不是以考试为中心的教育,而是注重学生的创造和实践能力的提高。所以,拉威尔博士也说,美国的教育就如"钟摆"总是在中间位的两边来回摆动,也许过几年后,他们反思这种考试制度并不适合于美国的教育,可能又有新的举措出台。

有关美国学校的教材是否经常会变动的问题,他们说,学生的教材内容一般是不会经常变动的,只有出现新的内容时才会更换,有的教材十几年都没有变,讲到学生的课本循环使用的问题,有的学生教材都不用的,上课基本有教师印的讲义和练习纸,学生作业不用抄题目,都是印好的题目。这样做节省了学生的时间。但是,也增加了学校的负担。高中学生还是经常要使用教材的,许多内容是需要吃透教材,才能完成作业的。

有关美国学校的围墙问题,过去我们都认为国外的学校都没有围墙,实际上无论是美国、英国还是法国,甚至日本的中小学校,都有围墙,不过不像我们把学校的所有场地都用铁栅围起来。他们的围墙是看不见的。但学校的房屋是连成一体的,也有很多门可以进出,如果把门关起来,就是全封闭的。拉威尔博士说这是让该进校的人进来,不是把学生关在学校内,而是把不该进来的人拦在外面,这是为防止外面的人持枪支到校园内疯狂行事而不得已采取的措施。

第三篇

实践探索：提升学校教育品质

德国汉堡音乐学校
师生来我校交流

法国友好学校
来我校交流

基于前面的认识和思考，几年来我校围绕学校文化建设、多样化课程开发、开展国际理解教育和国际交流、关注教师专业发展和重视特殊学生（资优生）培养等方面，进行教育国际化的实践探索，取得了一定的成效和经验。

第一部分　学校文化建设

近些年，进才实验中学逐步发展壮大。随着领导班子、师资队伍、校园设施和办学思想的更新，我校提出了把学校文化建设作为学校发展规划的重点。先进文化的感召力、凝聚力和渗透力，实在是学校快速发展的原动力，也是学校长盛不衰的核心竞争力。

坚持文化立校与学校特色发展

教育也是一种文化，文化是把人从"自然人"变成"社会人"的康庄大道。人的成长过程，实际上是一个接受文化熏陶的历程。因此，学校文化是学校办学的精髓所在。我校在全面实施素质教育的过程中，提出了"为每位学生的卓越发展服务"的办学理念，确立了"德育为先、教学有效、文化立身、科研助动"的办学策略。在"文化立身"建设中，从校园环境建设到校本课程开发建设，从开展文化教育活动到追求办学的文化特色，从为学生提供文化精神食粮到师生共享文化建设成果，学校的发展一步一个脚印，出现了崭新的局面。

在这里成长的学生是幸福的，在这里工作的教师是幸运的。因为优秀传统文化和当代先进文化,把他们带进了一个阳光天地。

一、构筑校园独特物质文化

当你走进宽敞明亮的进才实验中学校园时,有一道亮丽的风景线很快会吸引住你的目光,那就是洋溢在每位进才实验学子脸上那灿烂而自信的笑容。当你漫步于赏心怡情的进才实验中学校园时,作为学生心灵陪伴者的教师正通过和蔼的微笑、循循善诱的引导,化解同学们心中的情结,拉近了心与心的距离。

将学校建设成为所有师生的精神家园,校园文化建设承担着重要的使命。我们在校园环境的建设中追求人文性与科学性的统一,构建了"崇尚理性"的学校文化理念系统。

校门的左侧,是我校的颇具特色的校牌雕塑。它像旗、像书、像勇攀高峰的"1"字,也像国际视野里的丰碑⋯⋯设计师采用稳重、进取的艺术形态和昂扬、蓬勃的抽象人物,奇巧地构建成诗一般的"才"字,极具视觉冲击的立体"才"字,顶天立地,根植在水池和绿地组合的实验园地上。愿无声胜有声的座右铭牌激励着"进才实验"人"进"取,成"才"。

校牌正面:把"崇尚理性"学校文化理念、名训"独立思考"、篆体"进才"金字招牌,以及全国名师于漪老师题写的校名融为一体。校牌背面:把中外大师书写的"真、格、爱、智、礼、艺、乐、道"等传统文化精髓的字、词、句,运用浮雕的手法镶嵌在校牌上,既弘扬了儒家文化的精华,又培养了学生热爱中华传统文化的综合素养和能力。

在大厅内建成进才实验文化景观——"好大一棵树"寓意进才实验学子成长为参天大树。这棵树是由书籍堆积而成的,100本精品书籍由学校师生和家长共同推介,100位大师名家、100句名人名言、100个探索之谜、100位运动名将、100幅艺术创作⋯⋯营造出浓厚的学校文化氛围,成了校园内一道独特的风景。

校园花坛中的"励学"石、"诚信"石、"乐韵"石、"跃动"石等组成石文化,体现了学校的育人理念。同时，我们还在追求校园文化的创新和发展，每层楼面的墙壁、每间专用教室的墙壁等都进行文化景点的创新设计，结合每个班级创建温馨教室活动，把学校真正装扮成社区的花园，为师生提供一流的精神家园，使学校的校园文化建设由宏观进入微观，使环境育人工作更具实效。

学校天然的自然环境，使校园充满生气，既增长学生的知识，又为美术、生物、自然教学提供了条件；绿化布景中的柳岸小溪、假山瀑布、热爱自然的安利林、专业的天然草坪、多彩的花坛、广场上草坪边的休闲走廊、座椅等颇具特色，具有浓厚的思想性、科学性、艺术性和自然性。整个校园显得生机勃勃，又具有浓厚的文化气息，吸引、调动着每一位学生去学习，去活动，去发展。

每日清晨，伴着和煦晨光，置身于进才实验学子的上学人流中，耳畔传来一阵阵优美的钢琴声，那是进才实验的"小钢琴家们"在舞弄琴弦，钢琴角也充裕着文化气息。

举目进才实验大厅的墙壁、走廊乃至校长室，映入眼帘的是一幅幅构思大胆、色彩鲜艳的绘画作品，均来自于《我的世界我来画》《我眼中的世界》学生绘画作品展和学生摄影作品展，这样既调动学生爱学习、爱活动，激发他们多元发展的积极性，为他们展示自我提供了平台，又为学校增添了亮丽的色彩，完善了校园文化的布置。

在自主开放式的书吧、借阅一体的图书馆里师生们尽情地阅读心仪的书籍、畅谈理想，体验人性的、心灵的自由……

二、开发形式多样的社团文化

我 之 心 语
社团文化的精神内涵在于培养人生志趣，健全学生人格，提升文化底蕴。

学生社团文化秉承优秀的传统文化，在全面推进素质教育实验校的征途中焕发出蓬勃的生机，进入一个快速发展期。从前期自发的、零星的兴趣小组活动，到现在全校层面系统化、课程化的社团建设，教师的积极性不断提升，不同类别的社团不断涌现，社团活动从原来面向全体会员的小型活动扩展到面向全校的大型活动,不少活动甚至走向社会,社团文化在学校正呈现生机勃勃的发展态势。

我校现在有规模的社团 30 多个,要求每位学生在校期间至少参加一个社团,学生的参与覆盖面达到 100%。这些社团几乎涉及学生生活的方方面面,社团生活更是为学生提供了全方位、多彩的校园生活,也填补了许多学生兴趣培养方面的不足。社团在学生生活中影响很大,成为学校学生个性主动发展的重要舞台。

学校的集邮协会、箭模社团、摄像协会、英语戏剧社、文学社、铜管乐团、舞蹈队、合唱团、弦乐团、田径队、古筝社团、武术社团、太极社团、陶艺队、茶艺队、儿童绘画社团、书法社团、棋牌社团等利用课余时间参与各种训练,丰富了学生校园文体活动;大型文艺专场演出,现代儿童剪纸、书法、绘画、小制作等美术作品展,引导学生关注高雅艺术;学校还成功举办了"进才实验杯"浦东新区学生现代剪纸比赛,承办浦东新区学生艺术节开幕式等大型活动。学校的环保社团培养了一大批热心环保事业的学生,成果卓著。学生在这些有意义的活动中身体得以强健,审美情趣和审美能力得到提升,社会活动与交往能力也得到发展。社团活动促进学生个性与特长的发展,推进学校素质教育的开展。社团文化呈现出百花齐放、万紫千红的局面。

三、创设情境化教学的课堂文化

> **我 之 心 语**
>
> 让每位学生在民主和谐的氛围中享受学习的过程。

情境教学是指在教学过程中,教师有目的地引入或创设具有一定情绪色彩的、形象生动的具体场景,给予学生一定的体验,从而帮助学生理解教材,并使学生的心理机能得到发展的一种教学方法。教学情境是教师在对社会和生活问题的进一步提炼和加工。情境教学中的特定情境能调动学生原有认知结构中的某些线索,经过思维的内部整合作用,帮助学生产生顿悟或新的认知。也就是说,情境所提供的线索起到一种唤醒或启迪学生智慧的作用,从而比较顺利地解决学习中的一些问题。

1. 创设课堂生活情境,培养生活即学习的意识

教师在课堂上巧妙导入生活情境,使我们的课堂更加丰富,也更有活力。学

生淡化了课堂学习的形式,培养学生"生活就是学习"的意识。首先是巧用生活情境辅助教学。如中学艺术组经常结合春秋游活动,将教学引入活动中。例如,把沙雕创作现场搬到了金山海边;理科组教师创设一些生活情境,让学生运用物理学、生物学知识去解释生活现象,解决实际问题,而使学生感到学有所得,学有所用。其次是将生活内容与课程整合。英语组教师在执教过程中,经常引导学生将自己热爱的传统节日如端午节、重阳节、元宵节,还有西方的圣诞节与教材联系,合作探究学习,融入生活情境的设计带给学生的不仅仅是一堂单纯的语言课,更是一堂民族文化、民族精神的熏陶课。

2.创设课堂表演情境,加深学生的内心体验

根据我校学生能说、敢说、能做、会做的特点,教师在课堂中经常让学生自己进入角色或扮演角色,加深内心的体验。与此同时,学生的说话、观察、模仿、思维、想象、分析、理解等能力在不断开发,并且得到提高。例如,中学思想品德课《消费者权益保护法》,课堂教学安排了模拟法庭,学生展开当庭的辩论,在普法宣传上收到了较好的效果。还有世博礼仪课,民族服饰的表演和展示,让学生了解了不同场合服饰的搭配也是一种礼仪文化。

在校园建设中体现先进文化,教师要树立"平等、对话"的教师风范,学生要形成"思维活跃"的学生风格,倡导把教学过程变成师生交往互动的方式与过程,形成民主、尊重、宽容、自由、鼓励和帮助的交往、互动的师生关系。学校还精心组织创设"民主和谐"的课堂教学模式的系列研讨课,进一步激发了学生热爱学习的兴趣,加深了学生的内心体验,使学习与生活不分离,把学习看成是人生的一种享受……整个校园呈现一派民主和谐、生气勃勃的景象。

3.创设网络学习情境,丰富学生学习与探究渠道

随着以多媒体和网络通信技术为核心的信息技术在教育领域的广泛渗透和应用,我校在网络教育应用方面实现了多种网络教学的形式。网络环境下的教与学的活动通过网络的物理空间连接打破课堂空间的限制,使学生获得更为丰富的信息资源。从理论上讲,凡是有网络的地方都可以成为学生学习的场所。我校不仅创设基于网络环境的课堂教学,使网络成为教学媒体和学习资源,而且还将网络作为学生课外学习的环境,将网络环境下的学习活动作为课堂教学的拓展和补充——网络环境下的辅导性学习。

4.创设多元评价情境,服务每一位学生的卓越发展

课程标准中提倡多元评价,评价既可以是教师对学生的评价,也可以是学生的自我评价,还可以是学生之间的相互评价。

生生互动评价、自我评价使课堂更民主和谐。我校许多教师积极尝试改变教师一人评价的模式,在课堂上让学生评价学生,采用大家评说的方式进行过程性评价。这样不仅锻炼了学生评价的能力,也使得学生注意聆听别人的发言,进行积极的思考,有利于提高课堂教学效果。自我评价,也是有益的尝试。这样的课堂评价方法,有利于学生正确认识自己,找出自己的闪光点和他人的可取之处,正确对待自己和他人,是客观公正的。

教师欣赏性评价,给予学生以恰当的激励。教师欣赏学生,给予赞赏,是有艺术的。用好欣赏性评价,有利于保护学生对学科学习的积极性,发挥学习过程中的创造性。好的教师如同伯乐,寻千里马其最重要的方法是学会欣赏学生,用欣赏式的评价激活教学。

有效教学情境创设,激发了教师探索课堂教学、改进课堂教学的积极性,也引发了教师对学科教学的理性思考。

四、营造和谐的校园美育文化

我 之 心 语

开发美育文化,志系卓越发展。

近几年来,我校在建设艺术教育特色品牌的基础上,提出了用艺术文化育人的构想。

1.以管乐等艺术团队创建,培养学生音乐鉴赏和艺术修养

我校的管弦乐教学工作一直走在全市的前列,校管弦乐队正式成员有 100 多人,后备队员 200 多人,呈梯队式建设,成员来自各个年级。目前我校拥有上海市学生交响乐团、浦东新区铜管乐二团和学校行进吹奏乐团等 3 支大乐团,这在浦东新区属于唯一,在上海市属于为数较少的几所学校之一,校管弦乐队经常代表浦东新区和上海市参加区级、市级或全国级的展演,多次获得市级和华东地区比赛金奖。仅 2007 年就荣获华东地区非职业管乐比赛初中组金奖、上海国际艺术节行进吹奏乐专场比赛金奖，还代表浦东新区参加上海市教委音乐比赛、代表上海市参加全国"通利杯"行进吹奏乐比赛等活动均获得优异成绩。每天师生进校时，都会听到学生弹奏的钢琴曲、小提琴曲等，这既营造了学校的艺术氛围，也给学生搭建了展示才能的舞台，受到学生的欢迎和家长的好评。除此以外，我校还开设民族舞蹈、芭蕾舞、合唱等项目，开设的茶艺、陶艺、厨艺等拓展性课程，丰富了学生知识与技能，其中茶艺班的学生还经常参加市茶艺协会、外国驻沪使领馆的表演。

2. 以现代剪纸情境的创建，培养学生创新能力和审美情趣

为传承中华剪纸艺术，提高学生的审美能力，学校提供了学习和展示的平台。学校在每个年级均开设剪纸课，每学年举行一次"剪纸艺术节"，学生剪纸艺术课经常向国内外来宾开放，博得国内外友人的高度称赞，学生的作品也作为礼品送给外国友人珍藏。我校与浦东新区教育发展研究院教研室联合举行"浦东新区'进才实验杯'中小学生剪纸作品大赛"，成功举办了四届，大赛从全区中小学生剪纸参赛作品中选出精品，组织获得一二等奖的学生进行现场剪纸比赛，现场比赛营造强烈而浓郁的美术氛围，有利于美术创作经验的交流，更能展示获奖作者的真实水准。我校还开设了儿童绘画、少儿书法等项目，"我的世界我来画"活动每年举行，学校的大厅长廊、校长室等地方都挂上了学生的作品。丰富多彩的选修课程对学生的兴趣激发都有积极的作用，我校艺术教研组还被评为浦东新区优秀教研组。

3. 以集邮活动情境的创建，拓展学生文化视角和知识结构

我校于 2008 年 3 月被中华全国集邮联合会正式授予"全国青少年集邮活动示范基地"铜牌；2012 年又被国家邮政总局批准为"浦东新区青少年邮局"。在浦东新区集邮协会的全力支持下，我校几年来积极发挥国家级集邮示范基地的作用，一直以来都以社区和学校、学生个体和家庭和谐共发展为目标，充分利用我校多民族、多国籍生源构成的多元文化交融的和谐氛围，在校内进行学科拓展，渗透集邮文化；在校外发挥示范与引领的作用，以点带面把高雅的集邮文化活动辐射至整个联洋国际社区。我校长期聘请市、区集邮协会专家，作为专职授课的李冠老师每周为我校集邮爱好者开设 4 节集邮拓展课。同时，我校还利用美术课的教

学,对全体学生进行邮票、手绘封、明信片等图案设计创作的辅导。校集邮协会主办或承办了每年一次的上海市集邮节(浦东新区分会场)的活动,并将活动内容拓展到邮票写作、摄影、演讲等方面。每学期我校还组织会员参加各级各类的邮展大赛,以及冬、夏令营等活动,走访了北京、黑龙江、江苏、浙江、广西、山东等省市,参观了革命先驱张闻天故居、上海市邮政博物馆、上海铁路博物馆、中国南极科考船"雪龙号"……学生们通过参加各种活动,学会了沟通与交流,从小小的邮票上看到了丰富多彩的大千世界,受到了文化和艺术双重的熏陶。

除此之外,我校的合唱团、健美操队、舞蹈队等艺术团队,也是活跃在校内外舞台上的重要艺术力量。每年一次的艺术节与庆"六一"文艺展演也是校园文化生活中的盛事,以项目为龙头,以艺术团队为引导,以师生全员参与为目标,校园里的艺术之花越开越灿烂,越来越美丽。

五、追求人文关怀的管理文化

我 之 心 语

以情激情,价值认同,精诚所至,成就之所在!

我校重视内部管理制度的建设,依法办学,管理育人。学校的管理文化特别注重管理的伦理与管理的艺术,努力实施人本化的管理与刚性管理协调并进,致力于"学习型学校"的建设,倡导"为每位学生的卓越发展服务"的办学理念,为师生提供优质服务。

教师以自己的忠诚、智力与劳动奉献给学校,学校重视教师的发展权,提供给他们实现自我价值的更大满足。教师与学校建立起动态平衡的"心灵契约",学校校长与教师共同研究社会、家庭对优质教育的需求,共同研究现代教育对学生终身发展的承诺,共同研究加速学校内涵发展的有效途径。

学校力图构建每位被管理者(师生)都能得到主动发展的人文环境,建立起融洽的人际关系。学校运用差异管理的理念,摒弃千篇一律的管理方式,与被管理者交流情感、互换信息、激活活力,推动学校发展。学校坚持权变管理,始终信奉没有永远都适用的管理模式,懂得民主管理是管理工作的内在规律与要求,管理者与被管理者要共同接受客观情境的启发而合作。要在"对人的关心"与"对工作的关心"的纵横方格里找准最佳点,即人与组织为共同目标通力合作,实现自我管理。

从教育教学管理上看,学校领导、中层干部坚持走进课堂,通过参与和研究课堂教学,服务于课改,给教师一些文化的、人情的、有价值的关怀,减少冷冰冰的教条,增加鲜活的人文情韵,激发了教师学习和创造的激情,用人性化的管理激发教师个性化的发展,用以美激趣的教学策略引导学生乐学、善学。

在具体操作中,我校以评选"三育人"先进个人和集体奖、"师德标兵"奖、"金爱心教师"奖、园丁奖,创建文明组室活动,使全体教工树立"教书育人、管理育人、服务育人"的观念,循循善诱、诲人不倦,建立起民主、平等、融洽的新型师生关系。以此来弘扬团结向上的正气,营造和谐进取的氛围,从而提高自身修养、构建新型的人际关系,树立良好的精神面貌,营造出浓浓的家园、乐园的人文气息。有利于增强团队的凝聚力、向心力、生命力,构建相互欣赏、相互喝彩、彼此融洽、彼此关爱的团队精神。学校是个家,家和万事兴。学校是我们的精神家园,精神上的愉悦、舒坦、放松比什么都重要。人人都懂得宽容,人人都习惯赏识,人人都学会尊重的团队是无往而不胜的团队。

学校工会常年坚持"慰问"制度,凡是教职工生病住院、婚事、丧事或其他的大事情,都会送去党组织和工会的关心,体现对教职工和家属的人文关怀。学校工会在教职工的生日当天基本都会送上生日蛋糕和贺卡,让教职员工们感受集体的温暖。工会精心组织和安排暑期教职工疗休养活动。在暑假组织教职工义务献血时,学校党政工领导陪同每位献血的教职工,还亲自将他们护送回家。总之,真正地把温暖送到了教职工的心坎上,让大家感受到组织的温暖。

我校作为一所建校时间不长的初级中学,办学起点高,追求文化立身,引领学校工作全面提升。近年来,教学质量稳步提升。在学校文化建设的路上,我们还将继续探索与研究,以谋求学校更大的发展。

基于"崇尚理性"学校文化的核心内容与标识

学校文化是发生在学校中的精神现象，是学校在长期的教育实践中形成的具有独特凝聚力的学校精神、价值观念和师生员工所认同的道德规范、行为方式。它是一所学校持续健康发展的重要保障，是学校发展的源泉。文化是无形的，却深入人心，影响着师生的情感价值追求，影响着师生的工作、学习与思考的方式。学校文化建设立足于学校的实际，根植于学校生活的每一处细节中，着眼于未来。它是一所学校区别于其他学校的独特的品牌标签。丰厚的学校文化底蕴将为学校的可持续发展提供源源不断的动力。

1. 学校文化核心内容

（1）学校精神——乐于奉献　追求卓越

（2）学校校训——崇尚理性　独立思考

（3）学校三风——校风：厚德、宜强、健美、创新

教风：敬业、务本、博学、善导

学风：勤奋、踏实、乐学、善思

2. 学校文化标识

（1）校徽

校名由全国首届教书育人模范教师于漪老师题写，校徽底色是红色，象征着活力与朝气。寓意学校办学蒸蒸日上，师生精神面貌生动活泼。

上海市进才实验中学

（2）校歌

校歌的词作者是我校 2012 届毕业生吴羽诗同学，曾就读于华师大二附中，现考入上海纽约大学；曲作者是北京儿艺青年作曲家张小柯先生。

放 飞 梦 想
上海市进才实验中学校歌

1=C　4/4
速度 96

词 ：吴羽诗
曲 ：张小柯

```
3  35 66 6 | 52 25 3- | 1 11 3 22 | 3 3 4 5 |
有 一个 地方，  地处 联洋，   有 一个 地方，  书声 琅琅。
有 一个 地方，  绿茵 红墙，   有 一个 地方，  歌声 飞扬。

6  43  2·3 | 751·66 | 44 43 32 34 | 54 65 - |
情 感充 沛理 性见 长思 维活 跃卓 越发 展我们   健康 昂扬。
善 于反 思求 是创 新崇 尚理 性独 立思 考我们   奋发 向上

33 3i i6 6 | 22 2i2 35 | 44 4i 7i 2 | 5 - - - |
进才 实验 中学   我们 成长的 摇篮   哺育 我们 茁壮成 长。
进才 实验 中学   我们 人生的 殿堂   激励 我们 奋发图 强。

6 7i  2·5 | 5 23 i  66 | 444 43 32 17 | i - - - ‖
走 进   您放 飞梦 想  青春 的花蕾 带着 希望 绽  放
走 进   您放 飞梦 想  青春 的理想 插上 翅膀 去远  航

0 0 0 5 | 3 - - 2i | 7 i2 i - | ii  ii  2 3 |
0 0 0 i | 5 - - 43 | 2 32 i - | ii  ii  7 i |
             啊 哈！ 进才  实验中 学      我们  成长 的 摇

3 - - 5 | 3 - - 2i | i2  i | 44 44 55 | 3 - - ‖
5 - - i | 5 - - 43 |  34  5 i - | 66  6i 7 2 | i - - - ‖
篮。  啊 哈！ 进才   实验 中 学   我们 人生 的殿 堂。
```

（3）校标

校标 1：校标由"进才"汉字的传统图像经过艺术的装饰变化，使之蓬勃生辉，充满阳光。标志如青春的火；如活力的鸟；如希望的梦；如柔情的水……将汉字的"形"和"灵"的魅力在视觉传递中出彩地释放出来。LOGO 形美以感目、意美以感心，诠释了我校"崇尚理性　独立思考"的办学校训。

校标 2：校标的主体形象由"进才"的拼音缩写"JC"两个字母巧妙地构成蓬勃向上的人物图案，连同中华毛笔勾勒的书卷，寓意我校"以人为本、卓越发展、放飞梦想"的办学思想。LOGO 意念明、造型简、形象美。

（4）校旗

校旗底板为蓝色长方形，校名为洁白手写体。白色与蓝色交织在一起，犹如一群和平鸽在蓝天中翱翔，它喻示着学校是知识的海洋，是生命的摇篮，是师生成长的乐园。

（5）校刊

由上海市进才实验中学《朝花》文学社编辑，刊名由于漪老师题写，校刊内容反映校园生活、学生作品和教师评点等。每学期印制两期，免费发给每位师生。

（6）纪念日

根据上海市浦东新区机构编制委员会，沪浦编［2010］32 号文《关于同意上海市进才实验学校分设的批复》的日期是 2010 年 6 月 9 日，6 月 9 日也是上海市进才实验中学更名之日。6 喻示着顺利、9 喻示着长久，都是吉祥之数。

3. 学校特色

（1）艺术

学校创建以铜管乐、交响乐、现代剪纸、绘画、集邮等传统艺术特色项目。

（2）体育

学校以排球、乒乓球、足球、棋牌等为特色项目。

（3）科技

学校以机器人、航模、舰模、小制作等科技特色项目。

（4）外语

学校以英语学习为主，并辅之以法语、德语、日语、韩语等第二外语为特色。

第二部分 学校多样化课程

基础型课程:课堂教学方式校本化的变革

2011 年是我校四年发展规划中的课程年,也是 2007—2011 年发展规划中的最后一年。学校办学质量的提升、学校文化内涵的建设都离不开学校课程的建设。课程建设也成了我校本学年的重要工作目标。

我国《基础教育课程改革纲要》提出:实行国家、地方、学校三级课程管理。《上海市普通中小学课程方案》指出:赋予学校合理的课程自主权,鼓励教师成为课程建设的参与者。因此,教师针对自己所教的学生对国家课程进行校本化实施,已经成为当前课改的重点。课程教学处按照学校的工作安排,在暑期教师培训中,组织各教研组研讨本组校本化课程方案,并依托进才中学等名校资源,将进才中学各学科教研组长请进学校各教研组,有针对性地介绍经验,交流做法,解决困惑。随着我校录播教室设备的交付使用,课程教学处又组织教师开展录课活动,大多数教师都录制了自己的一堂研究课。录课之后,先后以备课组、教研组为单位开展说课、观课、评课活动,教师们围绕校本化教学,重新审视课堂,自我反思,也在活动中同备课组、教研组教师互相观摩、互相学习。期末,课程教学处又组织教研组长论坛,交流教研组校本化教学的探索与实践经验,对校本化教学进行研讨和总结。

为了推进基础型课堂教学方式的变革工作,我校提出了课堂教学方式的校本化改革工作,具体要阐明三个问题,即"何为课堂教学的校本化?""为何要实施课堂教学的校本化？""如何进行课堂教学的校本化？"下面就从这三个方面谈谈我校基础型课程课堂教学方式变革的实践依据与具体做法。

一、课堂教学的校本化

1. 何为基础型课程校本化

基础型课程是学校三类课程中最基本的课程。基础型课程强调促进学生基本素质的形成和发展，体现国家对公民素质的最基本要求。基础型课程由各学习领域体现其基础要求的学科课程组成，是全体学生必修的课程。基础型课程课时最多，占全部课时的 80％以上（初中占总课时的 83.3％～82.9％）。基础型课程分布全面，在基础型课程中，八大领域课程的分布是全面的，各学科课时占比也作了科学合理的安排。教学质量和效率的重点体现在基础型课程。

基础型课程校本化实施是指学校根据实际情况创造性地执行基础型课程的过程。即教师在课程标准的指导下，对基础型课程进行适度的再加工、再创造，使之更符合所教学生的需要，并将成果付诸实践。

将基础型课程校本化实施，是国家课程校本化的重要内容，也是课程校本化的难点。在基础型课程教学中，我校积极尝试教学改革，从课堂教学五环节的校本化做起。

2. 何为课堂教学校本化

教学，简单说来，就是教师"教学生学"。即是指在学校教育活动中，以教师传授知识、技能和学生获得知识、技能为基础，教师的教和学生的学相互联系、相互作用的统一活动。教学以有目的、有计划、有组织的活动形式进行人类经验的传授，使教学活动有着良好的秩序和节奏，从而大大提高了教学的效率。

校本化教学是基于学情的教学，是教师在研究课程目标、研究学情的基础上，对国家课程的创造性实施，是更有针对性的适切的教学。

二、实施课堂教学的校本化

为何要推进校本化课堂教学？

首先是社区对于学校高质量教学的需求，需要推进课堂教学的校本化。我校地处的联洋国际社区，是一个文化多元的社区，居民除上海本市户籍以外，还有来自全国各地、世界各地的不同文化背景的人群。他们的子女也成了我校学生的一部分。社区居民具有"三高""三强"的特点,他们重视对子女的教育,这对我校的课程质量提出了更高的要求。

其次是基于我校的办学理念,也需要推进课堂教学校本化。我校的办学理念是"为每位学生的卓越发展服务"。提出这个理念我们要关注三个关键词,即"每位学生""卓越发展""服务"。

三、课堂教学校本化的做法

教师在实施国家课程的时候,面对的是处于具体发展阶段的、具体学校的具体学生,这些学生之间虽然有着某一发展阶段所具有的共同的身体的和心理的特征,但是他们来自不同的家庭,有着不同的性格特征和行为秉性,有着不同的发展潜能。因而,那些共同的身体和心理特征在每个特定教育场景中的每个个体身上的表现及其所包含的教育意义也是不一样的。

需要教师对每位学生的不同学习特点、学习需求和学习潜能有敏锐的感知,同时需要有一种切实有效的评估学习需求的工具和方法。那么,教师如何进行校本化课堂教学呢?

( )

我校在实施校本化教学的时候,面临的第一个问题,也是最重要的问题,是教学内容的确定。即这一堂课,要"教什么"。各学科有各学科的特殊性,教材呈现的形式各有不同,有的是课文,有的是公式,也有的是历史事件、自然现象等。教材本身并不是要教学的内容,教材只是所要教学内容的载体,该如何确定一节课的教学内容呢?根据课程标准、教材,这当然是毫无疑问的。如果同时能结合学生的实际情况,对内容进行适当的扩、缩、编、改,相信能更好地落实教学目标。

夏老师所教授的 2011 届的九年级(1)班相当一部分学生在艺术欣赏方面具有得天独厚的优势。同时,他们思维活跃,愿意接受新事物,能积极发言表达自己的想法。夏老师在上《明湖居听书》这篇课文时,首先根据班级的特点进行了内容的确定。这篇文章展现了其中主要人物白妞高超的歌唱技艺,为了写好白妞,作者先写了琴师和黑妞,正面描写和侧面烘托相结合的写法也是本文的一大特点。然后夏老师对教学内容进行了取舍,将教学重点设定为:(1)品味特殊的比喻在描摹声音上的作用；(2)学着对无形音乐进行传神的描写。在教学过程中，夏老师先让学生听一段音乐《苗岭的早晨》，然后让学生用文字描绘所听的音乐。再朗读课文，圈画出白妞演唱的语句，分析作者是如何描写空灵飘忽的音乐的。最后，总结描写音乐的方法。即要写出音乐的表演过程，又要对音乐进行充分的联想和想象，还可结合修辞的写作技巧进行指导。经赏析指导后再听音乐《苗岭的早晨》，对之前所写的片段进行修改。

这节课的学习效果当然是可预见的。而本堂课之所以获得成功，关键是教师能根据艺术班学生的特点，结合教材，来确定教学内容，赋予课堂以生机。学生语文学习的过程是知识唤醒、知识与知识架构的过程，正是学生对音乐的热爱和具有的基本鉴赏力，才能把握音乐情感并赋予丰富的想象，再加之写作技巧指导，学会了将抽象的音乐如何借助媒介变成具体可感的文字。在这过程中，学生不仅学到了语文知识，更得到审美情趣的提升。

（　　）

教学内容确定之后，再考虑教学方法。各位教师处理的方法不一样，而每个班级的学生也是千差万别的。因此，教师为实现教学效果的最大化，在教学设计上"八仙过海，各显神通"。让我们看看陈老师在执教《物质的溶解度》一课时，她的课堂教学又是怎么处理的？

1. 概念提出的处理

溶解度的概念是比较抽象的、概念化的一个问题。教材的安排是：首先给出固体物质的溶解度概念，然后直接讲解固体物质溶解度的两种表示方法，最后分析固体物质的溶解度随温度变化的趋势。学生感到太突然，不易理解，往往形成难点。陈老师在上这节课之前，仔细研究了教材，在改变教学模式的问题上做了认真的思考，怎样让学生自己推出溶解度这个概念，对溶解度的几个重要因素理解到位。她最终设计出比较食盐和蔗糖在水中溶解性的大小的问题情景，结合 5 个讨论题引导学生主动地发现影响溶解度的 3 个条件。

通过第 1 个问题得出比较不同物质的溶解性需要知道多少溶剂；第 2 个问题得出比较不同物质的溶解性需要用相同量的溶剂；第 3 个问题得出比较不同物质的溶解性需要用同种、同量的溶剂；第 4 个问题得出比较不同物质的溶解性需要达到一个相同的溶液状态，即饱和状态；第 5 个问题得出比较不同物质溶解性大小需要指明温度。通过这5个问题的讨论,使学生学会科学探究的方法,加深对"条件"的认识,层层深入理解溶解度的概念。学习的过程从被动的接受转化为主动的探究,较好地完成溶解度概念的构建。

经过前面的讨论,学生就能比较容易地提出设计方案,由设计方案提出溶解度的概念。

2.溶解度曲线的处理

溶解度曲线的题型是中考常考的内容,这类题型对学生的分析能力和对图形的理解要求比较高。以往的教学常以教师展示几道图形题,然后引导学生读出图中的信息再来解题。为了使学生对溶解度曲线上的点、交点、曲线的含义理解得更透彻,陈老师采用了提供数据,让学生以自己画图的方式,在画图的过程中体会其含义。

本节课从溶解性的概念出发,通过不同物质溶解性的对比,采取讨论的形式,运用联想、对比的方法,总结物质的溶解能力的比较方法,得出物质的溶解度概念。培养学生对知识进行总结、概括和归纳的能力。组织学生画溶解度曲线,分析讨论溶解度曲线的特点,使学生深刻理解溶解度的含义,提高学生分析和解决实际问题的能力。通过教师的启发、质疑、点拨,学生思考、观察、讨论、归纳,充分发挥学生的主动性,同时调动了不同层次学生的学习积极性,学生口脑并用,共同完成教学目标。

（　）

课程教学处每个学期都会组织作业检查,学生的作业本上经常留下教师激励性的评价,作业评语的人性化设计也是我校教师以生为本教育理念在教学中的校本化体现。

"优秀""良好""合格"是常规的评价用语,而"合格"和"不合格"在教师的笔下变成了"需努力";有些教师习惯扣分制的阅卷及作业批阅方式,考虑到学生的心理,改进做法,变成加分制;还有的教师在批阅作业时放大对号,缩小错号,甚至把错号变成画线提醒,取消错号,等学生订正后再补对号。

这些是细节,都是我校教师倾注爱心,关心学生的具体体现。

以英语教研组为例,精心设计了英文评语。

例如,"Good!""Very good!""Good job!""Wonderful!"或"Excellent!"

"What a beautiful handwriting! If only be more careful!"（多漂亮的书法呀！要是作业再仔细一点就好了！）

"Well done! But would you please improve your handwriting?"（做得很好！再设法改善一下你的书法怎么样？）

"I'm so glad to see your great progress in your exercises."（你的作业进步这么大，我真高兴！）

"I'm pleased that you have made so great progress now. Thank you!"（很高兴看到你现在取得这么大的进步。谢谢你！）

"Try again，I'm sure you will do better next time!"（再努一把力！相信你下次会做得更好！）

"Well done! Try to be better next time，will you?"（真棒！争取下次更好，行吗？）

"I've found your handwriting is better than before. Thank you!"（我已发现你的字比以前好了，谢谢你！）

"Wonderful in spite of a few mistakes! You have made progress now!"（好极了！尽管有点小错，但你已经进步了！）

批改作业是师生间的又一次交流，英语教研组要求每位英语教师在时间允许的情况下，使用些简短英语激励性评语，拉近和学生的距离，创建和谐的教育环境。点滴用心，润物无声。

（ ）

课堂是教学的主阵地，也是学生学习知识、养成能力的重要场所。我校学生思维活跃，不满足于你教我听的教学模式，他们更喜欢参与教学的过程，实践、讨论，自己探索答案。我校教师用心探索基于学情的教学，尤其在课堂学习活动组织方面，勇于实践，大胆创新，显示了课堂教学的活力。

"少儿口语交际"是一门语言类拓展型课程。通过怎样的教学手段来提高学生口语交际能力，是教学设计中着重要考虑的。语文教研组有两位教师参加了区少儿口语交际课堂教学竞赛。张老师的课题是"我是小记者"，通过教学让学生学会得体而有礼貌的采访和答问；方老师的课题是"有话大家说——辩论"，通过学习辩论技巧提高辩论能力。两位教师都进行了情景模拟，口语交际课注重其实践性,特定的场景设定有助于学生的口语练习。张老师的情景模拟内容是:上海市进才实验中学第八届少代会记者见面会。让学生分别扮演校长、学生处主任、教导处主任、学生会主席和少代会代表等主席团成员,其余学生扮演记者自由提问。教师之所以选择这个内容,因为当时学校第八届少代会正如火如荼地进行着,学生代表们对于提案非常认真,搜集了很多关注度高的热点问题。而我校学生临场应变能力强,好表现,有这样一次练兵机会,谁也不会放过。这样学生有话可说,而且非常愿意说,又能在实践中灵活运用采访的技能,学习效果当然非同一般。

而方老师选择的辩题是"学生做作业,家长是否应该陪同"。从学生的实际情况引出这个辩论内容,极大地激发了学生的辩论热情。而他们班级的学生思维活跃,方老师从六年级开始就利用每节语文课课前5分钟进行口语表达能力的训练,鼓励学生积极发言,表达自己的想法。本节课可以说既是一堂教学检验课,又是一堂教学延伸课。在设计辩论赛时,为了让学生全员参与到课堂中来,方老师设计了一般辩论赛中没有的观众提问,这样的互动,有效地引起学生思维能力的激变。课堂效果果然非常好,学生畅所欲言,在教师的指导下,达成了"观点鲜明,言之有理"的目标。

语文即生活。让语文课堂回归到生活中去。两位教师在组织教学中关注学生实际,结合校园文化,模拟生活情境,体现了课堂语文学习活动组织方面校本化的有效实践。方老师还有一节口语交际教学课,所选辩论题材是:学生是否需要家教和上辅导班。这些论题的选择都是基于学生的生活实际,学生最有发言权,也最要表达自己的看法。加上教师运用大专辩论会的形式组织学生进行辩论,这样的口语练习课,学生要说,且要说得好,说得让人信服,训练活动设计之初就决定了有效的教学达成。

上一节英语课,可以与同学一起制作蛋糕、比萨;上一节劳技课,可以与同学一起制作水果拼盘,共享美味;历史课上分享故事;地理课上可以闯关、探险……学习活动的设计,是改变学生学习方式的重要教学方法。教学的改革最终要引领学生进行学习方式的改革,课堂学生学习活动创新设计的意义不久将会显现出来。

(　)

学科综合实践活动是课堂学习的延伸,新颖的学科活动设计,吸引更多的学生参与到活动中来,对于调动学生学习积极性有着重要的作用。尤其对于渴望关注、追求成功的我校学生来说,更是为他们提供了一条条才华展示的星光大道。各学科的综合实践活动越来越受到学生的重视,它也是我校各类星光少年诞生的摇篮。

自 2008 学年以来,我校就重视了这方面的工作开展。每个学期初组织教研组、备课组研讨本教研组学科综合实践活动计划,然后由各备课组落实具体活动的策划,使各学科学生综合实践活动逐渐形成了有目标、分学段、成系统的设计方案,在几个学年的推进中,不断完善。改变了以前学科活动方面无序、随意、断层、低效等面貌。

我校英语组是浦东新区优秀教研组。英语组年轻教师居多,他们有活力,更可贵的是在教学上有想法、勇实践。在区学科带头人、教研组长徐老师的带领下,英语组教师设计了丰富的学生英语综合实践活动,将英语与朗诵、书法、歌唱、主持、表演、制作等多种艺术实践形式相结合,为学生喜闻乐见,发掘了一大批英语人才,也为不同才能的学生在英语学习上打开了一扇窗,为他们提供了自信的舞台。英语活动也是学生们欢乐的节日,在活动的舞台上,英语学习是快乐的,充满魅力的。刚转入我校的学生经常这样感慨:原来英语也可以这样学。教师的智慧创造,赋予了课程亲和的魅力。

七年级数学教材中有一章的教学内容是"图形变换",介绍了数学中图形的基本 3 种即平移、旋转、翻折。在该章拓展内容中有图形的欣赏,而优美的图形是由基本图形经过 3 种不同的变换得到的。学生欣赏之余有创作的欲望,为了满足学生的好奇心,提高学生的动手能力,普及面广,且我校在艺术方面见长,学生在美术这方面基础比较好,所以七年级开展了"班徽设计"比赛活动。学生的参与热情很高,极大地调动了学生学习图形的热情。

通过对以上活动的精心设计以及悉心指导学生积极参与,体现了数学组教师追求数学的文化品位,用以丰富学生的数学涵养,提升学生的认知水平。数学教育不仅仅是知识的传授、能力的培养,更是一种文化、一种精神的传播。运用数学文化中的创新价值,培养学生的创新意识与创新能力。在开展数学综合实践活动的过程中,教师指导学生发掘身边数学本身所特有的美,用数学美来陶冶情操,提高学生的审美能力;让学生发现数学不再是"枯燥"的代名词,而是与社会生活紧紧联系在一起的。

四、进一步深化课堂教学校本化实践的思考

在国家课程校本化推进中,教师探索校本化课堂教学的生长点很多,课程与教学专家也为我们提出了继续深化与优化的工作方向。我们将进一步思考如下：课堂教学方式的变革要防止过度的人本化,经验做法要有可传递、可复制性;加强课堂教学方式的变革理念与实践的衔接,大处着眼,小处着手;课堂教学方式的变革要注意课程实施的整体性。

课堂教学方式的变革与实施没有固定的技术模式和操作步骤,没有现成的最好的模板,它需要教师、校外专家、教育行政主管部门乃至学校的学生及其家长之间的相互沟通、多方协商、彼此学习和共同研究与创造。

课堂教学方式的变革不是对个别教师或者少数教师的要求,尽管个别或少数教师会"先行一步",而是需要教师集体的力量和智慧;也不是对教师单方面的要求,还需要学生及其家长的积极主动参与,需要社区的支持和校外专家的专业引领。

课堂教学方式的变革是一项没有终点的工作,实践、改进,再实践、再改进。让学校课程更加开放,让不同方面的人士都能够对课程实施各抒己见,学校课堂教学才会更有活力,更利于学生的卓越发展。

拓展型课程:学生走班制的尝试

现代课程理论突破了学科、活动、经验等单一角度的观念,较多地从宏观和综合的方面进行考量。所以,课程已经泛指学校为实现培养目标而选择的教育内容及其进程的总和。

上海市"二期课改"按功能将课程分为基础型课程、拓展型课程和研究型(探究型)课程三个部分,并提出校本课程概念,提倡学校实施课程的自主性和创造性。几年来,我校本着这种精神,努力实践,不断摸索,收到了一定的成效,取得一些经验。其中之一就是在拓展型课程开发和实施过程中,教师开发课程资源;学生达到自选课程,以年级为单位实施走班制。

课程资源按其功能可分为素材性资源和条件性资源。教师本身是一种特殊的课程资源,具备素材性资源和条件性资源的双重功能。在课程的实施过程中,不管是自觉还是不自觉,教师的思想风范、人格魅力、敬业精神、文化底蕴、学术修养、实践能力、教育艺术等个体特征都会有机地与教学内容融为一体,成为课程内容活力非凡的一个组成部分;在课程的开发过程中,教师对课程资源开发利用的广度、深度及其效益,都取决于教师这些个体特征孕育出的职业素养。

现代课程论也认为:"教师即课程",教师不应只是被动的课程执行者,而应成为课程的开发者、决策者、创造者。只有如此,教师才能真正地进入课程,才能使静态的课程设计转化为动态的课程实施,才能使预设的课程转化为创生的课程。教学是师生的交往,是师生共同的生命历程,只要是有利于学生的发展,教师就可以结合教材内容进行二度开发,创造出一种新的课程境界,从而使课程更贴近学生。

在校本课程开设方面,我校作为新区"艺教结合学校""体教结合学校""科技特色学校"和"全国青少年集邮示范基地",依托优良的师资和校内外有利的资源,积极开发校本课程。我校通过几年的努力,已积累了较为成熟的校本课程三十多种,有学科拓展类、校本特色类、家校合作类等。例如,《儿童现代剪纸》《英语课本剧》《管乐》《交响乐》《行进吹奏乐》《合唱》《舞蹈》《素描》《车模》《机器人》《航模》《茶艺》《陶艺》《排球与健身》《健美操》《跆拳道》《简式太极》《集邮》《Photoshop 图像处理与合成实例》《Flash 动画制作》《诗文朗诵》《语言艺术沙龙》《趣味数学》《走进数学家》等。一大批校本课程丰富了学生拓展学习的选择余地。

儿童现代剪纸课程已成为我校的特色,纳入浦东新区艺术项目开发之列,以我校命名并由我校主办的"进才实验杯"剪纸比赛已历时多届。

我校作为浦东新区管乐特色学校,同时拥有管乐队、交响乐队和行进吹奏乐队,这在上海市是为数不多的。我校依托冀瑞铠艺术培训中心的优良师资,管弦乐教学工作一直走在新区乃至上海市的前列。经常代表浦东新区参加区、市级演出,多次获得金奖。例如,2005 年荣获"上海之春"国际音乐节管乐大赛初中组金奖(第一名);2006 年荣获全国第二届中小学生艺术展演西乐专场二等奖;2007 年7 月荣获华东地区非职业管乐比赛初中组金奖;2007 年 10 月荣获上海市国际艺术节行进吹奏乐专场比赛金奖;2008 年 6 月我校管乐团将代表上海市参加全国音乐展演和比赛活动;2009 年 5 月,学校行进吹奏乐团参加"世博号角"——2009年"上海之春"国际音乐节管乐艺术节暨中国第三届非职业优秀行进管乐团队展演并荣获"金奖";2010 年 5 月我校小提琴齐奏乐队荣获 2010 年"上海之春"国际音乐节少儿音乐舞蹈专场精品展演器乐组一等奖。

浦东新区第十三届艺术节开幕式在我校举行,管弦乐、合唱、舞蹈、朗诵等节目全面展示了我校艺术教育的成果和水平;2007 年底我校荣获上海市艺术教育先进单位;2010 年我校又荣获上海市艺术特色学校称号;2011 年学校交响乐团申报了上海市学生艺术团,并顺利通过了考核,并于 2012 年正式成为上海市学生交响乐团,这也是上海市为数不多的学生艺术团之一。

我校又是浦东新区排球特色学校、太极项目推进学校。在落实"每天锻炼 1小时"活动中,我校成为浦东新区首批实验学校,并在全区中学首次进行了阳光体育健身大活动展示。我校学生向前来参观的几百位教师展示了自编少年连环拳、艺术健身操、草地软式排球等活动项目,受到了广泛的好评。我校作为李国君排球训练基地,注册的男女排球队员经常代表浦东新区参加上海市和华东地区的比赛;非注册队员参加上海市的中学生排球赛,均取得优异的成绩。我校还为上海市排球队、国家排球青年二队输送了不少优秀的队员。我校毕业生戴同学由上海男排入选国家男子排球队、张同学由国家青年队入选国家男子排球队。我校每年都举行为期1个月的草地软式排球赛，班班有比赛、人人都参与。

2011年，我校在上级教育主管部门的安排下，与丁松乒乓球俱乐部合作开展了学生乒乓球教学工作，并成为浦东新区乒乓球初中设点布局的学校，这也为我校乒乓球特色打下了扎实的基础。目前一批专业素养比较高的学生正在进行专业训练，其中有1人参加了中国八一队的集训。我校把普及与提高相结合，力争用几年的时间把乒乓球作为我校的特色课程，让大多数学生都学会打乒乓球，相信在不远的将来乒乓球又成为我校的一个新的特色和亮点。我校于2015年又被命名为"上海市传统体育项目（足球、排球）特色学校"，初中足球项目推进学校，并与毅涛足球俱乐部联手培养足球人才，更加拓宽了我校体教结合的范围，目前足球特长生的选拔和培训正在按照计划进行中。

我校作为全国青少年集邮示范基地，长期聘请市、区集邮专家，每周为我校爱好集邮的学生开设集邮拓展课。同时，我校还对全体学生进行邮票、手绘封、明信片等图案创作设计的辅导。在校刊《朝花》中专门开设"集邮天地"专栏，渗透集邮文化。我们在校外发挥示范引领作用，主动与浦东新区集邮协会、花木街道联洋社区等单位多次合作互动，年年承办或协办了上海市集邮节（浦东新区分会场）的任务，以点带面把高雅的集邮文化活动辐射到整个联洋社区。我校还组织集邮拓展课的学生参加各级各类的邮展大赛以及举办冬、夏令营等活动，走访了江苏、浙江、广西、山东等省市集邮活动特色学校，与他们结对联谊、交流心得、互赠邮品。通过这些活动，学生们进一步增长了知识，开阔了眼界，增进了友谊。

我校作为浦东新区科技特色学校，开设了航模、箭模、车模、机器人、小制作、VB、VC语言等拓展型课程。

"为每位学生的卓越发展服务"，是我校的办学理念，也是师生的共同愿景，更是教育的属性。每位学生是我们服务的对象，学校应充分满足每位学生个体的需求、尊重每位学生的个体差异，因材施教，为每位学生的人格、道德、情操、学业、健康诸方面提供更为全面、更具个性化的发展空间和优质服务，使每位学生获得各自不同的成功。校本课程的开发，为学生开辟了兴趣的天地，为不同爱好和才能的学生提供了展示的舞台，做精校本课程就是我们的有效抓手。在浦东新区教发院资深专家高建中老师的指导与帮助下，经我校教师的共同努力，已于 2011 学年开始陆续推出了《排球与健身》《Flash 动画与制作》《Photoshop 图像处理与合成实例》《现代剪纸》等成熟的校本教材。衷心希望我校的干部、教师能够以"卓越发展"校本教材丛书的出版为激励，以"十年磨一剑"的精神，开展深入持续的探索，取得更为丰硕的成果！

在如此多的拓展型校本课程的开发方面，我们集全校教师的智慧和潜力，又充分发挥校外资源与校内资源的整合，每学期开发 40 多门拓展型课程供学生选择。学生在选课时，我们也发挥网络选课的优势，每学年开学初以年级为单位开放选课平台，让学生自选自己感兴趣的拓展型课程，每周两课时固定时间，每周一个下午供一个年级的学生上拓展课，做到资源的最大化利用。所以，学生上拓展型课程不是以前的行政班级而是与本年级不同班级的学生在一起上课，就如国外的课堂是不同班级的学生在一起上课一样。一般在 20 人左右选择某一门课程，学校就会开设这门课，做到想学生之所想的课程，上学生之所上的课程。

附：

上海市进才实验中学拓展型课程方案（节选）

三、课程设置与开发

按照学校课程方案开设拓展型课程，以年级走班制、年级分层课、自选项目、社团活动为主要教育教学形式，结合学校教育教学工作，利用校内外教育力量，配合学校艺术特色、体育特色、科技特色开设活动课程，拓展教育阵地，提高课程质量，使拓展型课成为体现学校办学特色，完善课程教育的重要渠道。

1. 力创拓展型课程特色性

我校一部分拓展型课程是结合学校特色而设置的。例如，体育特色中的男排、女排，形体与健身，24 式太极拳，跆拳道，手球；艺术特色中的声乐表演，声乐合唱，乐队基础，素描，剪纸，陶艺等；科技特色中的 Flash 动画制作，Photoshop 图像处理，机器人，生物小实验，车模，中学生航模制作，集邮知识等。

2. 加强拓展型课程的多样性

为满足不同学生差异性发展的需求，利用校内外的多种资源开发多样性的课程,学校建设可供学生根据自己的兴趣爱好、个人发展的潜能而选择的包括学科学习拓展类,科技发明探索类,学习、生活技能类,体育技能类,艺术类,活动类等多种形式的课程。例如,美文共赏、走近大师、数学故事、英语阅读;英文歌曲欣赏、走进世界遗产、走进《论语》,古诗文经典诵读,英语听说,中西方节日文化之二、数学思维训练、地理影视欣赏等。

3. 注重拓展型课程的普及性

安排学期拓展型课程和微型课程,面向全体学生,使每一位学生得到丰富多样的学习体验。微型课程因其需用课时较少,机动灵活,易于组合等特点,为拓展型课程的普及性注入了活力。

4. 加强拓展型课程实践性

课程设置强调社会实践。通过校园的科技节、体育节、六一儿童节、十月歌会等大型主题活动,为学生提供实践的平台,展示学生的才华,提高学生的科学素养、人文水平和审美能力。

为了拓展学习时空,丰富学习经历,充分利用博物馆和各种青少年教育基地等开展学习活动,加强学习的实践性和体验性;从传统的课堂学习时间,转变为课内外相结合,综合而富有弹性地安排学习时间。

5. 加强拓展型课程的开发

课程的设置要与时俱进,随着学校的发展,教师和学生的变化,课程要与其同成长,保持课程的先进性。

探究型课程:学生学会自主探究

我校愿景"办一所充满理性精神的现代学校"。

本愿景着力体现如下思想:理性从思考而来,而非盲从。"师生将自主和独立判断看得比特定知识更重要"。思考者最大的特性是求真和质疑,包括对自己的思考方式也保持质疑。

在当前社会变革日益加快的年代,有不少家长也经常在问:将来什么知识最有用?说实在的,大概很少有人能对这个问题做出真正令人满意的回答。要对这个问题做出科学的回答是十分困难的。尤其是随着世界经济的全球化,人才跨行业的流动的机会将成倍地增加。跨行业的流动就要跨行业的综合知识,这又增加了"有用知识"的不确定性。因此,面对未来的学习,学会学习、勇于探究比掌握专门的知识更为重要。勇于探究最重要的是勇于提出问题。只有提出问题,人们才能分析问题与解决问题。任何创造总是从提出问题开始的,没有问题就不可能有创造。因而,学校必须把"发现与提出问题的能力"放在"分析与解决问题的能力"之前,给予高度重视。

长期以来,我校的教育比较强调学生学习的接受性、系统性和完整性,而常常忽视学生学习的主动性、研究性、跳跃性和创造性。这往往导致学生缺少社会实践和体验,致使学生发现问题和解决问题的能力没有得到很好的锻炼,学生的潜能和人格没能得到充分的开发和培养。

《中共中央国务院关于深化教育改革全面推进素质教育的决定》中指出:"教育在培养民族创新精神和培养创造性人才方面,肩负着特殊的使命。每一所学校,都要爱护和培养学生的好奇心、求知欲,帮助学生自主学习、独立思考,保护学生的探索精神、创新思维,营造崇尚真知、追求真理的氛围,为学生的禀赋和潜能的充分开发创造一种宽松的环境。"这就是要求我们必须重视开设探究型课程。

探究型课程是一种新型的课程,它是上海市"二期课改"工程中课程结构、课程设置和学习方式的一大突破，是九年制义务教育基础教育课程结构的重要组成部分。简单地说，它是由学生自主发现问题、提出问题或课题，自主进行探究并获得体验的一种课程。一般说来，它的基本内容主要包括：各种探究的问题或课题；探究的方式；探究中所获得的知识与技能；在探究实践中所获得的体验与感悟、潜能的开发、人格的健全。这些与我校的办学理念、办学目标完全一致。

在"做精拓展型课程"的基础上，我校又提出"做强探究型课程"。通过总结和吸取多年来我校开设探究型课程的经验和教训，经过反复研讨和咨询专家，确定了我校探究型课程的方向，如以班级为单位，以课题（项目）学习活动的形式，由学科教师做指导，分学科、分年级、分期分批逐步推进。具体做法如下：

1. 教师课程开发的自主化

首先是学科探究课题的开发。为了真正落实探究型课程自主性选择、实践性体验、合作式交流的要求，让每一位学生真正体验多种学科的探究之旅，我校大力推进学科小课题探究课程。每一位课任教师从本学科出发，设计小课题探究教学，指导学生自主选题、小组合作探究。小课题探究结合学科教学，通过独立的课程时空，从"母语文化""快乐英语""数学与生活""科学空间""历史时空""地理的大千世界""社会与生活"等，各年级分学科分阶段开展探究型课程，结合期中、期末学习交流活动，整分结合进行探究型课程的开设。

其次是班级德育课题的开发。我校德育课程建设方面，推进班班有课题。班主任在班级总体发展规划下，针对班级中急需解决的问题或普遍存在的现象而开展。例如，《班训、班风建设》《班级公约制定》《温馨教室创建》《班级特色设计》等，通过问题的研究、核心主题的确定，形成班级学生共同的价值取向，密切班主任、学生与家长之间的关系，增强教育合力。

2. 学生探究实践的自主化

（1）学生自主选择小课题

在教师提供的课题方向之后，学生研讨自己感兴趣的小课题，确立本组探究内容，制定探究计划。如董老师开设的《自己的属相在中国文化中的形象》探究课，学生根据自己"龙""兔"不同属相，分组探究。又如丛老师开展的《国际礼仪》探究课，学生分成多个小组，从"个人仪表礼仪""待客与作客礼仪""社交礼仪""公共场所礼仪"等多个探究内容中选定本组课题进行探究。

（2）学生自主探究小课题

自主组合团队：在教师的指导下，学生自主选择探究小课题，并根据兴趣自主结合成立探究小组。自主设计方案：在探究方案设计方面，学生自主进行小组分工，并制定探究方案，根据课题研究的需要，自主进行资料的查询、信息搜集、问卷调查、实地观察，最后形成自主探究报告。在七年级科学探究《寻找身边的酸碱指示剂》中，学生从家里带来各种蔬菜，取汁实验，观察分析。这些过程充分体现了学生自主探究、自主实践、自主学习的探究初衷。自主撰写报告：将探究的过程及探究的结论撰写成探究报告，由学生自主完成。小课题探究，经历选题、制定探究计划、小组分工与合作、探究成果报告撰写与发布等环节，为学生提供了自主学习、合作学习、研究学习等多种经历，并通过多学科教师的指导，让学生获得多学科探究经历。

（3）自主组织探究社团

依据我校办学特色，利用社会与家长资源，我校为学生提供了机器人、航模（水火箭）、车模、生物小实验、国际象棋、音乐剧等一批以自主探究、操作实践为主的活动类课程，并在此基础上，成立了以学生自主探究为主要学习形式的学生社团。袁同学就是国际象棋社团的发起人、组织者。在社团活动组织方面，他自主设计规程，自主招收团员，自主设计活动内容，以"残局"破解为基本探究方向，开展的活动很受组员的推崇。

每学期初，我们以备课组为单位讨论确定探究学习的项目，本着开放性、自主性、实践性、趣味性、灵活性五大原则，要求各备课组根据学科特点和学生的兴趣、能力，以课题（问题）研究、项目设计等活动形式开设探究课。各学科教师依据学科特点，精心设计探究目标和活动内容，对不同学习能力的学生，给予悉心的指导与帮助，使学生的探究活动开展得有序而高效。如六年级英语备课组《中国传统节日 VS 西方节日的探究》、中学地理备课组《网上走访我国 56 个民族》，七年级语文备课组《自编初中文言文实词手册》，美术备课组《现代剪纸探究活动》等探究课题。

教师引导学生通过自主探究，了解、认识、感悟中国传统文化的博大、精深，培养了学生热爱民族文化的情感，在促进学生自主学习能力、综合学习能力的培养等方面进行了有益的探索。

学校还通过竞赛、展示、实践等方式进行项目的中期推进或成果展示,将学生的学习探究活动和平时的学科竞赛等活动结合起来。让学生在探究过程中学会合作、学会探究、学会学习。

在学期末,学校组织各学科进行优秀探究课例的申报,并借助全校教工论坛,进行交流展评,评出优秀课例,同时也为全校教师提供了互相学习、彼此借鉴的教学交流研讨的平台。课程教学处每学期都要组织优秀课例进行交流,如八年级语文备课组交流的《走进中国文学经典案例》,历史备课组交流的《爱我中华》,八年级英语组《城市在呼唤主题探究活动》,涉及语文、数学、英语、科学、历史、地理、美术等近十个学科,跨各个年级。2012 年 6 月举行的探究课《教师论坛》有 15 位教师参加了交流,涉及 7 个教研组,交流活动从不同角度演绎了我校探究课的形式、内容与方法,展示了一学年来师生探究活动的成果。2011 学年,从这几年教师撰写的探究型课程经验总结中选出"京剧脸谱中的文化内涵""走进中秋节""自己的属相在中国文化中的形象""国际礼仪初探""西方节日文化初探""东西方饮食文化""电路故障初探""如何'花'零用钱""穷举出只用加减法求 24 点的组合"和"我的视界我来探(Through My Eyes)"等 10 门课程,汇编成《探究型课程成果荟萃(第一辑)》,这些文章也刊登在《新课程》杂志 2012 年第 7 期的专题栏目上。2013 学年组织评选出十余个优秀的探究型课程案例,并结集印制成《探究型课程成果荟萃》(第二辑)。2014 学年的优秀探究型课程成果经组织评选编印成《探究型课程成果荟萃》(第三辑)。

探究课的交流展评已成为学校教学研讨的平台,通过不同层面的交流和思维的碰撞,加深了教师对开发探究型课程的认识。教师不再是知识的占有者和传播者,而是学生学习的组织者、指导者和促进者。同时,探究型课程给学生提供了自由学习的时空和自主探究的环境。学生通过深入实践,从中学会了研究的方法,锻炼了胆量、战胜困难的意志和人际交往的能力,培养了集体主义和团队精神。探究活动的开展,也激发了学生的学习兴趣,学到了新的思维方式和学习方式,扩大了视野和知识面。

在探究型课程的自主化实践中,收益最大的莫过于学生,但教师在反思中收获也颇丰。陶老师在反思中说:"理科课堂教学往往由于课时有限,从学生'做实验'变成了教师'讲实验'或'演示实验',而学生对于探究性实验的渴望会远远大

228

于教师演示或验证性实验。所以，探究型课程作为基础型课程的拓展和延伸，引起了学生很大的兴趣和热情。"又如王老师在"如何'花'零用钱"的探究中，学生自主设计个人零用钱收支细目表，并对大家的细目表进行比较分析，得出合理使用零用钱的几点看法和建议。使用零花钱这件事，学生或多或少都有自己的经验，不过他们的经验局限于他们自身有限的实践基础上，往往无法对这个问题进行客观、完整的检验。教师要做的就是把学生的经验融入探究教学中，帮助他们建立良好的论证方法。张老师的《中国人名字里的学问》的探究课，她按照八年级学生的学习能力，每位学生都可以开始一次轻松的探究之旅，这是因为来自学生的资源，学生感觉亲近，搜集整理难度小，与他们的生活密切相关，容易引起他们的关注，她通过4个活动板块，让学生在参与中了解了探究性学习就是来源于生活，又能从生活中习得知识。每个人既是学习资源的提供者，也是班级共同学习资源的受益者。王老师在美术探究型课程总结中得出，美术探究活动的有效方法是"做做、学学、说说"，这3个环节都充分发挥学生的主动探究、动手体验、动口表达，使学生在探究的活动中共同提高。

在探究型课程中，师生共同学习、同步提高，激发了学生进一步探索的热情。正如课程专家所说的，课程"不再只是特定知识的载体，而成为一种师生共同探索新知的发展过程"。这为我校提出的"探究型课程自主化实践"打下了坚实的基础。

附：

上海市进才实验中学探究型课程方案(节选)

三、课程设置与开发

探究型课程的设置与开发采用具有本校特色的模块式组成方式，充分利用多重课程资源，开展多种形式的探究性学习。课程设置分下列四类：

1. 学科探究型课程

学科探究型课程以小课题研究为主要形式，小课题探究结合学科教学，通过独立的课程时空，从"母语文化""快乐英语""数学与生活""科学空间"等，各年级分学科分阶段开展探究型课程，结合期中、期末学习交流活动，分整结合进行探究型课程的开设。

2. 结合德育专题教育开展系列主题探究活动

按照课程计划，结合不同年级的教育专题，确立项目，开展探究性学习活动。

3. 开发学生综合实践系列活动

由各学科教研组确立综合实践活动项目，各备课组设计本年级学生活动专题，结合学期学科竞赛等活动开展。

4. 注重操作实践为主的探究型课程开发

根据我校办学的特色，利用社会与家长的资源，我校为学生提供了机器人、航模（水火箭）、车模、生物小实验等一批自主探究、操作实践为主的课程。

5. 在基础型课程教学中渗透探究性学习方式

结合学校开展的三类课程整合的教学研讨活动，将探究性学习方式引入课堂教学，让探究型课程理念更深入学生的思想，对探究性学习建立感性认识，引起广泛兴趣，进而养成主动探究的习惯，为探究型课程的开展做好学习方式教育的准备。

（1）组织教师开展三类课程整合教学活动与教学研讨，更新教师教学观念，改进教师课堂教学。

（2）通过教师引导，培养学生探究性学习能力，为项目探究学习质量作保障。

梦想课程:学生自信从容有尊严地成长

"梦想课程"是上海真爱梦想公益基金会联合华东师范大学课程与教学研究所、北京师范大学——香港浸会大学联合国际学院(UIC)合作开发,面向义务教育一~九年级,基于"全人教育"理念,融合问题探究、团队合作、创新创造、环境保护、情绪智能等元素的跨学科综合素质课程。将梦想课程与学科课程相互渗透和融合,既能培养学生的学习兴趣,又能有助于他们学习能力的提高。当我们把梦想课程的理念融入语文教学,语文便成了梦想课程。推而广之,给予师生自信、从容、有尊严地成长的课程就是梦想课程。

我校极为重视此项课程的实施与开发工作,成立了由校长、课程与教学处主任、学科带头人、骨干教师等为核心的梦想团队,积极发挥团队作用,促进梦想课程实施。真爱梦想公益基金会课程开发经理兰璇老师,还专门到学校对教师们进行了有关梦想课程的培训。

通过培训,教师对真爱梦想课程的理念有了更深入的理解,对如何利用身边的资源开发"梦想课程"也有了进一步的思考。2013年我校将"梦想课程"引入学校的课程体系建设中。我校的李老师、唐老师、翁老师、赵老师、王老师等骨干教师已经开设了《理财》《去远方》《梦想剧场》等梦想课程,作为对学校三类课程的有效补充。相信在不远的将来,梦想课程一定会不断地丰富、发展。

教师在梦想课程中上课不拘泥于传统的授课方式,课堂上师生互动已成为常态,《理财》课上用代金券理财,培养学生的财商;《去远方》课上把地理与旅游结合起来,学生兴趣极高;《梦想剧场》课上学生自编、自导、自演,培养了学生组织能力、写作能力、语言能力、合作沟通能力等。梦想课程打破了过去课程评价以分数论英雄的模式,在这个课程中,学生能以自己的多元智能来实现自己的梦想,树立自信心,从容地面对学习生活,达到有尊严的成长。这就是我们要引进梦想课程,让学生成为快乐成长的最大受益者的出发点。

第三部分　发展国际理解教育

公办初中的国际视野

——杨龙、张文慧接受上海广播电台990成长热线主播旭东的专访

2014年4月9日下午,杨龙校长、张文慧副校长应上海人民广播电台990成长热线节目之约,来到位于虹桥路上的广播大厦,就我校开展学生国际交流的专题接受了主播旭东的采访。此次访谈节目于2014年4月19日(周六)19:00 FM93.4/AM990《990成长热线》播出。①

主播旭东:一所公办初中,学生可以选修德、法、日、韩等小语种课程,甚至有机会前往相关国家交流;学生组成的交响乐团"高大上",不仅登上了上海东方艺术中心的舞台,还在世界各地的演出,受到当地居民(自掏腰包)的欣赏;国与国的学校交流,力求全方位的对等。例如,要求对方学校开设汉语课程。本周校园给力剧场,邀请进才实验中学校长杨龙、副校长张文慧,畅谈公办学校的国际视野!

主播旭东:再次欢迎,杨校长和张校长来到我们的节目当中,经过前期的了解,我也发现在这所学校里面竟然会有像法语课程、德语课程,甚至是日语、韩语这么多语种的课程,为什么会开设这么多的小语种课程呢?

杨校长:我校地处联洋社区,这个社区也是一个国际化的社区,来自于全国各

---

① 文字根据录音整理,并稍作修改。

地、世界各地的学生很多，家长的需求也是多元的，在学校课程开设方面，我们注意到了三类课程的整合。除了基础型课程开足、开齐之外，在拓展型课程方面，我们力求使学生在选择方面达到多元，所以在语言类的课程方面，开设了法语、德语、日语、韩语等第二外语，学习的小语种还是比较多的。

主播旭东：每个星期有一个时段是开展拓展型课程的，然后学生根据自己的兴趣去选择。

杨校长：对的。这个课程我们每周有两节，固定时间上。让学生自己选择上什么课程，学生是走班制上课的。

主播旭东：走班制，有点像大学的模式。

杨校长：有点像。国外的课程选择也一样，学生学什么，在这个时间里，学生就到自己选择的课程班级里去上课。

主播旭东：那除了小语种这些拓展型的课程之外，还有其他的课程是与这类课程一样平行的吗？

杨校长：一样平行的，每周我们有固定的时段。例如，星期一下午六年级（预备班）的学生第 6 节和第 7 节课是选择拓展型课程的。

主播旭东：还有其他的科目吗？

杨校长：很多。

张校长：我们的拓展型课程从多元化这点开发，不仅兼顾了外语的二外特色，而且还有我校的体育特色、艺术特色、科技特色等。比如说，排球项目，本来是我校的强项，为了使排球这个项目更加普及，还有排球兴趣班。除此之外，像足球、跆拳道、自编操等这些体育类的。我校也有一些艺术类的，像合唱、表演唱，或者舞蹈，还有我校的各种小乐队的活动。现在学校的儿童现代剪纸课程，在浦东新区是特别突出的一个项目。就是以我们学校命名的"进才实验杯"剪纸比赛也举行了好几届。

主播旭东：这个是全区性质的比赛，就是以你们学校命名的。

张校长：对！可以说我校的儿童剪纸、素描、茶艺等艺术课程也是多彩的。

主播旭东：真是非常的丰富。

张校长：对，非常丰富的。

主播旭东：两位校长这样一介绍，我就发现你校的整个拓展型课程拓展面特别广,各种各样的科目都有涉及。那回到小语种的课程,选择的同学多吗?

杨校长:应该说选择的学生还是很多的。我们当初设计法语只开一个班,结果报名的人数超过两个班,德语班也是如此。所以说选择学习的学生还是很多的。

主播旭东:这还挺出乎我的意料的,我自己在中学阶段,就不是很喜欢外语这个课程,很少会自己主动地去学外语。开展到现在,有能熟练掌握二外的学生吗?

张校长:我校二外是零起点的,在学习期间,学生更多的是从口语、交际这个角度入手,因为我校这个课程主要是与我校国外姊妹校的结对相结合的,我们想通过二外的学习让学生掌握一些国际礼仪,还有国际的跨文化交流的本领,以及与他们日常交流的口语才能。

主播旭东:也就是说不仅仅如此,比如说,学法语不光是学习它的单词,学习它的语法,更多的可能是去学一些法国的文化、法国的礼仪。国际交流的时候,需要注意的细节等。

张校长:这两年,我校与法国的巴黎德比西中学以及和德国的汉堡阿伦斯堡的斯托曼中学开展了师生之间的互访活动。在这些互访活动中,学生对法语和德语有了更高的兴趣,这就是学以致用吧。

主播旭东:真的很洋气,进才实验中学是一所公办中学,但是与很多国外的学校是有这样的互访传统在,每年会有很多次这样的互访吗?

张校长:每年都有一次往返来往,像法国,一般是 1～2 月份,也就是在寒假期间我们去访问,然后一般是 4 月中下旬他们来访。现在法国友好学校的校长就带领着 19 位学生在我们学校开展互访活动。他们也像我们一样,走进课堂,走进家庭,然后参观这座城市,也更多地从语言之外了解一些中国的文化。

主播旭东:那杨校长您给我们介绍一下学校与学校之间的,尤其是学校与不同国家学校之间的交流互访。比如说,我们的学生到了国外去是怎么样完成互访这件事的?

杨校长:互访工作,我校已经开展多年了,语言学习只是一个载体,通过这个载体可以达到几个目的:第一,拓展学生的国际视野,学生走出国门更能了解对方的文化、历史、风俗习惯,以及学到他国的文明礼仪。举个例子说吧,我们联洋社区居住的人家庭都还比较殷实,条件也是不错的,他们到国外以后,住在外国学生的家里,他们感受"噢,我们的家庭也不比外国人差",学生有一种自豪感。我们平时讲爱国,这个时候就体现出来了,他还是能感受到的。所以对拓宽学生的国际视野还是有帮助的;第二,我感觉我校开设小语种学习,让学生能够走出国门与外国学生亲身交流,那么这个交流的目的就达到了,会更好。这个交流我们不仅有学生之间的交流,因为住在对方家里,外国学生到我们中国来,也是住在我们学生的家里,所以学生在这方面感受可能比住在宾馆里感触更深(主播旭东:能直接接触家庭文化)。去年我校有一批学生(主要是乐队学生)去德国访问,住在当地人的家里,外国学生与我校学生以及外国家庭成员一起举行家庭音乐会,这个感受是非常好的。(主播旭东:这是他们自发组织的?)对,自发组织的。因为我们的学生住在德国人家里,德国家庭成员中许多都在音乐方面有天赋,有一技之长,所以他们在家里开 party 或搞音乐会,很有感触。(主播旭东:这倒是在我们东方家庭里很少会出现的。即使家里有很多人会使用乐器,但也很少会在家里举办家庭音乐会的)尤其我们去了以后,德国的家庭成员与我交谈的时候就谈到这一点。他们说:"你们来了以后,通过你们的访问,我们改变了对中国人的印象。"我问他"是什么印象?"他说:"你们的学生非常了不起。你们能够在西洋乐领域来我们这里举办音乐会,而且水平还这么高,这是很不容易的。"(主播旭东:还为国争光啦!)的确如此,我们到德国访问以后,中国驻德国大使馆大使还特地在柏林接见我们,我们到中国驻德国大使馆参观了,还在他们的舞台上表演了几首曲子,使馆的工作人员感到很震撼,使馆的孙女士说:"这个舞台上国内的许多艺术家表演过节目,郎朗曾在这里弹过钢琴。"我说了一声:哪位同学愿意上台弹一首吗?话音刚落,一位女学生——马同学[拉大提琴(贝斯)的]在没有任何准备的情况下,走上使馆的舞台靠背谱弹了一首《黄河颂》,博得使馆工作人员的一片掌声。我感觉这是促进了国际交流,学生的感受可能比我们更多。

　　主播旭东:让我想到了好像每年寒暑假的时候,我们媒体都会讨论的一个现象或者说话题,就是游学。我知道现在社会上有很多机构会在暑假或者寒假的时候,借着各种名义举办游学的活动,那进才实验中学的这种国际交流与那些传统的游学有什么区别吗?

　　杨校长:刚才在路上,张校长也与我谈到这个问题,我就讲,"游""学"这两个字,游的多还是学的多,我们在游中学,学中游。所以,我感到我们的交流既有

"游"，因为观光就是游，那这个观光也是看他们的历史、看他们的文化，我觉得这个也不是什么不好的事情。那么"学"要学习他们的什么？通常我们去学语言的比较多。我想现在国内的语言学习也不差。我们的英语教学开展得也是蛮好的。我看到我们学生的英语交流能力跟其他外国学校的学生（德国学生说英语）相比也是不错的。

主播旭东：已经世界领先了，尤其是上海的英语水平。

杨校长：所以说我们学什么，学语言是一方面，更多的是学习他们的礼仪、文明，学他们的文化。

主播旭东：其实有的时候一个国家给你的感觉，你不是真真切切地走到那里去的时候，它会带给你的体验是书本上完全给不了的。那我们开展这种游学活动，家长这边支持吗？

杨校长：我们这边主要是交流，国际交流活动，我们更注重的就是交流的人数。因为我们是对等交流，对方来多少人，我们去多少人。所以，不像游学越多越好，我们是有限制的。两所学校相商讨，然后确定好人数，学生的来源也是来源于相应学习这类语言的学生，不是所有的学生都可以去的。

主播旭东：那比如说我在进才实验中学念书，我是不是要学习法语探究性课程，才能排得上去法国交流？

杨校长：这样去的可能性会大一些。

主播旭东：把国际交流作为提升语言能力的一个环节，教育的一部分。

杨校长：这就是刚才您讲的体验，语言的学习是一种认知，我们走出去看，走出去交流，可能这就是一种体验。把语言的学习与走出去看的体验结合在一起，可能学习的动力更大，学习的内容可能也更多。当然，我们也感到这个交流是对等交流，不仅仅是人数对等、来往时间对等，更重要的对等是什么呢？我们要求对方也开设中文课，我们特别强调你不开中文课，我们就不能对等交流。

主播旭东：也就是说我们过去的时候，我们得中文法语互相结合着交流。

杨校长：对，因为我们开的是法语课，那你也要开中文课，这样我们才可以有交流的基础，所以我们也推动了汉语在国外学校的普及，目前和我们交流的法国两所学校都开设中文课的。去年我们去德国，我与他们校长交谈的时候就谈到了这一点，下一步两校之间再进行交流互访的话，不仅仅是音乐方面的交流，应该有语言、艺术方面的交流等。德国校长听我讲过之后,她马上承诺"下一次也要开设中文课"。

主播旭东:那么多国际上的学校来到我们进才实验中学,他们在我们的学校里体验了什么呢?那就是我们也在讲的这个对等,我们到那边也是体验了一些国情、一些风土人情。他们来我们这边有没有一些不一样的感受?

张校长:他们来我们学校,我们提前要制定一个接待计划。有些学校比较明确地提出来,要在我们学校体验我们的课堂、体验我们的校园生活。为了这一点,我们做了一些周密的安排。比如说,我们的语文课,因为他们来的学生很多都是学中文的,有一定的中文基础,他们要来看看我们中国人是怎么样来学习自己的母语,就像我们走进他们的课堂一样,也有这样一种语言的体验。又如我们的数学课,现在在国际上,我们的数学是被炒得越来越热了,数学教育这一块好像在世界上的名声越来越大,他们很感兴趣,所以我们也安排了看、听我们的数学课。当然,也有我们的艺术课,像美术、音乐,还有其他的学科。比如,科学课是怎么上的,让他们跟着我们曾去交流的学生一起上课,也就是让他们体验原生态的上海学生的基础教育课堂。

主播旭东:也就是说不会为了交流我们单独给他们烧一盘洋菜,就是我们学生平时上的什么课,他们就来看、听什么课。

张校长:让他们也体验一下原生态的中国学生是怎么读书的,课堂教学是怎么开展的。

主播旭东:那教师用的语言也是中文。

张校长:对,教师是用中文的。因为这些交流的学生很多都是学过中文的,有的人中文表达水平还是很高的。还有一点就是我们的校园文化生活也很丰富,就像今天中午我们每周三的"周周演",这次是我们七年级(2)班表演(正好是法语班),法国的学生来了就让他们同台献艺。

主播旭东:就是国际的共同演出。

张校长:这方面的艺术氛围也让他们感受感受。我们的校园生活很丰富。去年,法国学生跟着我们一起参加了班级的"14 岁生日"活动;有一次春游活动,他们也跟着参加了。

主播旭东:他们来了以后就一块春游去啦。

张校长:对,跟着我们八年级学生去过"14岁的生日"活动(春游项目之一,学生换戴大红领巾),让他们来感受我们少先队的一个仪式,即我们的日常学习生活。还有一次我们的一个班级(倪老师班)开了一个国际交流的班会。在这个班会上,她班的学生载歌载舞感染了这些法国来的学生,他们也一起参加了表演。快回去的时候,他们还对他们的教师说:"希望在我们的学校里也举办这样的活动"。

主播旭东:也就是说,这些外国学生发现了我们中国学校的一些特色的教学活动。

张校长:对,他们很羡慕。

主播旭东:他们虚心学去了。

张校长:很羡慕的。他们可能觉得自己学校的学习生活中缺少了这些因素。他们来到我们这里感觉到了青春的活力,他们的激情被我们这种校园文化给激发出来,所以很难忘。

主播旭东:作为一位在中国做教育节目的主持人,我现在觉得挺自豪的。因为之前我们做很多教育新闻的时候都是在羡慕国外的一些教育模式,好像西方有很多东西值得我们去借鉴,值得我们去引进的。但是,现在我倒觉得进才实验中学一直在做中西方的教育交流,发现其实我们本身也有很多很可贵的东西是值得输出的,不只是拿来主义去拿人家的东西。

张校长:对。

主播旭东:之前我们中国的学生到了外国好像是住到他们学生家里的,还参加他们的家庭音乐会。西方的学生来这里,我们是给他们住宾馆还是也是住在我们学生家里的呢?

张校长:也是由我们学生家长来接待的。一般是这样的,该学生要是他出去了,那么回来之后他就负责接待。由他们的家庭负责接待,是对等的。家长也很热心,甚至有的家长还特意问,需不需要什么特别的准备?我说他们来就是体验我们中国人的生活、中国家庭的氛围,不用特殊化。这几年对外接待家长这一块,我们觉得家长也感受到不同的文化教育结果,就是外国的孩子很独立,什么事情都自己做,独立能力很强。我们的孩子离开了父母,出去以后生活能力方面还应该向外国孩子学习的。

主播旭东:这方面也是相互促进的。

杨校长:实际上在交流方面我们更多的是让对方的学生与我们的学生能够相互学习对方的东西。张校长也讲到了他们来我们学校以后我们有交流,我们过去之后也有交流。比如说,去年德国的学生来到我们学校与我们的学生一起排练,一起在东方艺术中心举办专场的交响乐音乐会,而且时间是整个下午,3个小时的时间在一起演出,各演半场。

主播旭东:这是规格非常高的一场演出啊。

杨校长:我们演奏的是整版的中国的交响乐曲《梁祝》,整场把它演完了,他们也演奏了一个德国的交响乐曲,然后我们两个乐团再合演了一个曲目。是他们过来之后排的,合排时间比较短,只有短短的几次。但是,效果还是不错的。主要是对我们的学生和家长进行演出。

主播旭东:在这么小的年纪能够登上那么大的舞台,这对于学生来说这个经验还是很宝贵的。

杨校长:这个也是我们学校的特色,是我们的传统。我们每年都会借东方艺术中心去办一场音乐会,每年如此,演员都是我们的学生。

主播旭东:这算是一个特色活动吧。我知道你们的学生不仅仅是在东方艺术中心,很多的国际交流活动其实到了世界各地,也会登上当地的一些大舞台。

杨校长:交响乐团去德国访问时,在德国汉堡剧院的音乐厅(德国一些著名的音乐家都在那里举办过音乐会),是音乐家表演的地方,我们在那里演出了一场。然后我们到阿伦斯堡音乐厅,也是我们两所学校的学生在一起演出,又演了一场节目,当时也轰动了当地的居民(当地居民是观众)。

主播旭东:这也不单单是那些学生家长还有当地的居民一起来看。

杨校长:当地的居民是买票进来的。当地的音乐厅在我们去之前,票很早就售完了。

主播旭东:也就是说我们的学生在艺术方面表演的技巧已经是非常的专业了。

杨校长:现在我校有两个大型乐团:一个是铜管乐团,是浦东新区的管乐二团;另一个交响乐团是上海市的学生艺术团(过去还有一个乐团是行进吹奏乐团,曾经拿过上海市的金奖和全国金奖)。

239

主播旭东：行进吹奏是什么意思？

杨校长：就是一边走一边吹，大的节庆活动的时候，会变换队形。在2007年、2008年时候搞得还是很不错的。除了两个大型乐团之外，我校还有小型的弦乐队、萨克斯乐队、电声乐队、爵士乐队等。

主播旭东：可能还得回到成长热线的老问题上，那就是我们在做那么多事情时，尤其是初中，可能会面临九年级的中考，对很多中国家长来说这个非常重要的本职工作我们做得怎么样？

杨校长：这个我感觉呢，可能更多的是我们要关注课堂教学的效率，开展活动的时候，我们也考虑到是不是会影响学生在学习方面的时间，是不是有这样的一个顾虑？我们的教师有时也有这样的担忧。实际上，我们通过这些年的实践和运作总体来看，学生的成绩没有下降，反而有助于学生智力的发展。所以这并不矛盾，我校的中考成绩，已经连续六七年一直名列浦东新区公办学校的前一二位。

张校长：我们现在呢，对于学生来说，尤其六年级、七年级，这些中学低段的时候，课程丰富，供大家选择。另外，还有丰富的社团活动开展，这些社团也是对我们课程的一个有利的补充。我校的学生有一个特点，就是六年级刚进校的全区统考中，学业不是很突出，或者说不够显山露水，可是到了中高段（八九年级）以后，我校学生的成绩，在全区里节节攀升。

主播旭东：这个反而更能说明问题。

杨校长：张校长讲的是我校学生的成绩到八年级以后越来越好。现在很多市重点高中，尤其是现在的四大名校都给我们反馈，我们的许多学生考进去以后，发展潜力很大。现在我校不少学生毕业以后，考上名牌大学的很多，不仅国内的，还有国外的。

张校长：尤其我们很多考入重点中学的同学，他们回来的时候经常说这样的话：好像我们再也找不到像我们这样漂亮的学校了；这所学校给了我很多的舞台，让我到了一所新学校里我不像其他学校的学生那样缩手缩脚，主持啊，能上；表演节目，也能拿得出来。他说，我会很快地在一个新的集体中脱颖而出，这所学校让我们脸皮"变厚了"。我们理解的可能是我们的学生见的世面比较多，可能在人前会比较大气一些。

主播旭东：用一个现在比较流行的词，进才实验中学可能培养的不单单是学霸，更多的是各方面的达人，各个领域中都能够发挥出自己的闪光点，然后"hold住"。请杨校长来说说进才实验中学最拿得出手的地方在哪里？是区别于其他学校的。

杨校长：我们提出的办学理念叫做"为每位学生的卓越发展而服务"，这个"卓越"不仅仅是学生有非同一般的发展，而且我们考虑学生在三个方面的发展：一是全面可持续发展；二是个性特长得到充分发展；三是情感得到健康发展。这三个发展能够帮助学生提高他们的竞争力。我们开展的国际交流活动，主旨还是拓展学生的国际视野，输出中国的传统文化。例如，我们的汉语言的学习，还有现代剪纸、书法绘画、太极拳、武术等都是外国学生非常感兴趣的方面。

主播旭东：这也挺让人羡慕的，我们一直说让教育更加阳光，让每位学生更加快乐，但有的时候要做到快乐和成绩数据的平衡则很难。从这一点看来，进才实验中学做得是非常不错的，非常感谢两位校长来到我们节目当中，感谢进才实验中学。有机会的话，可以到浦东的联洋去进才实验中学看一看，那是非常大，非常漂亮的一所学校。

走上双语实践之路

我校于 2011 学年 8 月加入浦东新区学校双语特色建设项目组。区双语项目组的工作极大地推动了我校双语工作的开展。2011 学年,正值新一轮四年发展规划制定的时期,我们分析了地处联洋国际社区的地理环境优势,认识我校学生多有走出国门,参与国际交流的机会,学校在"为每位学生的卓越发展服务"办学理念的引领下,更注重培养学生的"三情"(民族情结、国家情感、国际情怀)和"四会"(会学习、会实践、会交往、会思考)。我校以"高效能、国际化"为办学目标,进一步强化学生双语能力的培养、校园双语氛围的营造、教师双语能力的发展,将项目工作纳入学校新一轮的发展规划。

我校在第一学期对双语工作基础调研和学习兄弟学校双语工作经验的基础上,第二学期一开学,就制定第二学期双语工作计划,并于 2012 年 3 月开展双语活动月。通过积极的筹备,学校双语工作迈开了新的步伐,也有了新的体验。

一、以学校特色为元素,丰富双语实践活动

在上一轮学校特色发展中,我校依据学校的特色,成立了艺术指导中心、体育指导中心、科技指导中心。三个中心分别由三位校级领导担任主管,独立开展工作,使学校特色创建工作条线清晰、成效鲜明。在新一轮四年发展规划制定过程中,我校特别重视双语工作,成立了第四个中心:外语指导中心。分派负责教学工作的副校长担任主管,协调课程教学处、学生处、团队、教研组等多方力量,共同开展工作。该中心负责学校双语项目工作、外语教学工作、二外开设、对外交流工作等,更加重视在教育、教学各方面全方位推进双语特色建设,促进学校外语特色工作上台阶。

围绕学校艺术、体育、科技等特色,双语实践活动获得了设计的灵感。2011学年,我校开展了双语歌会、双语情景剧演、双语科技演讲等活动。其中双语科技

演讲是我校八年级一直保持的一个传统活动项目,双语歌会与双语情景剧表演,则是六年级创新思路,在双语实践方面的新探索。这三项活动,为我校的科技艺术节增添了新的元素,也增添了新的色彩。外语成了一种新的语言媒介,学生在实践活动中,获得了语言与文化的双重收获。

案例一

Enjoy the Language Inspire the World

——六年级外语歌会

畅享外语·唱响世界 Enjoy the Language Inspire the World,这是由六年级组组织的外语歌会。

我校六年级设有两个法语特色班、一个德语特色班和一个日语特色班。

为了进一步推进学校双语项目的研究和建设,推进"国际理解教育"的课题进程,给学生提供展示外语能力和音乐天赋的舞台,体验外语学习的快乐,感受和接触异国文化,营造富有激情和青春气息的校园文化氛围,六年级于 5 月 15 日下午举办了一场精彩纷呈的外语歌会。本次歌会的主题是"畅享外语·唱响世界"。和其他歌会有所不同的是:此次歌会参演曲目有英语、法语、德语、日语歌曲,多达 4 种外语。在为期 2 个多月的准备时间里,所有班级积极筹备,认真排练,力求呈现给观众一场精彩的演出,唱出每个班级的特色。

一开场,六年级(4)班配着华丽彩带舞并用日语演唱《某科学的超电磁炮》(即第一季)15～23 集的片头曲《Level5 Judge Light》即 TVアニメ「とある科学の超电磁炮(レルガン)」新オプニングテマ,让大家眼前一亮;六年级(9)班热力四射、动感十足的《We are all in this together》把全场的气氛推向一个高潮;而六年级(7)班的同学们带来那首优美的《Break Free》,潇洒自如的台风使在场的教师、同学们情不自禁地随着音乐拍起手来。紧接着,《Forever Young》美妙的旋律和六年级(10)班同学们宛如天籁的歌声,打动了全场每位观众;六年级(5)班女生演唱的《Back to December》构成了一幅唯美的画面,将大家带入了雪白的冬天,天上仿佛飘下了雪花;六年级(2)班同学则用法语给全场带来《Coe Train Qui Us》,让大家感觉自己仿佛已置身于浪漫的法国。"Hey,Mickey"则是截然不同的风格,六年级（1）班那群活泼热情的女学生将这首歌表现得淋漓尽致；六年级（6）班轻柔的德语歌《The Weygand Lied》和着小提琴伴奏给大家舒缓温暖的关爱。接着，六年级（3）班的男女学生为我们带来了经典的音乐剧歌曲——众所周知的《Mamma Mia》，他们的表现力和节奏感堪称专业水准，让大家惊叹不已；六年级（8）班的法语歌《Hélène je rappelled Hélène》，清亮的歌声让大家情不自禁地沉醉其中，给全场演出画上了一个完美的句号。

在近1个小时的歌会中，各班展现了飞扬的青春风采、令人赞叹的外语能力，给观看的教师和同学留下了深刻的印象，活动在一片欢乐的气氛中圆满落幕。本次活动进一步丰富了双语项目的内涵，也为双语项目的顺利推进贡献了一份力量。

案例二

六年级英语中西方文化情景剧会演

经过近2个月的筹备，于4月28日下午，六年级举行了英语中西方文化情景剧会演，六年级全体师生都参与了观看，体会了中西方文化的差异及其相互影响。

《阿里巴巴与四十大盗》充分表现了古印度人民的善良和其纯素的社会氛围；《憨豆先生的假期》则体现了英式的幽默。

不同版本的《白雪公主与七个小矮人》，给大家带来了不同的感受。其中之一表现出西方人民的善良；另一表演则加入了中国的葫芦娃神话，体现了葫芦娃的正义。

安徒生童话《灰姑娘》的精彩表演，服装与道具都非常到位，用小提琴独奏进行伴奏，表演惟妙惟肖。

最终，各剧组通过不懈的努力与精彩的表演，都得到了令自己满意的成效，努力的付出获得了回报，同学们都十分期待下一届的比赛。

本次英语中西方文化情景剧虽然已经落下了帷幕，但是演员们传述的中西方文化差异却给大家留下了深刻的印象，参加演出的同学也受到了文化的陶冶，同时培养了语言能力。

案例三

七年级组英文歌曲演唱比赛

2012 年 5 月一个阳光明媚的中午,在学校的多功能厅里,七年级校园英语歌咏比赛正式拉开了帷幕。经过预先的筛选后,来自 9 个班级总共 11 组同学参加了比赛。

首先出场的是七年级(6)班的参赛选手,他们选唱的曲目是《We are young》,其中一位同学的芭蕾舞表演一上台就惊艳全场,歌者与舞者的配合相当默契,表演赢得了阵阵掌声。接下来的参赛曲目,一个比一个精彩:七年级(4)班的独唱《Memories》高亢悠扬,美妙的嗓音给观众带来了无限的遐想;七年级(5)班的表演唱《Far away from here》极具特色,富有创意的舞姿和动听的歌声给大家同时带来了视觉和听觉的完美享受;七年级(3)班的《Greatest love of all》由两位歌手和几位乐器演奏员联袂演出,他们之间的配合天衣无缝,精彩的表演获得了满堂彩;压轴出场的是七年级(7)班的同学,他们演唱的曲目是大家耳熟能详的《Innocence》。在表演过程中,表演者自弹自唱,充分显示了高超的音乐才能,为整个比赛画上了圆满的句号。

这次比赛,同学互相之间增进了友谊和协作,音乐艺术、表演艺术与双语又多了一个学习生活中的契合点,这样的融合,水乳交融。

案例四

航天梦从这里启航

为了进一步培养学生的科学素养,培养学生对航空航天的兴趣,我校科技指导中心特别邀请专家,为我校学生开展了一次航天知识的讲座。

2012 年 4 月 9 日下午,来自 HASSE 太空学校的高级顾问、前任 NASA 肯尼迪太空中心贵宾讲解员、新加坡美国学校副校长、联合国预算管理官员 John Landowska 先生为我校八年级学生做了一次题为《NASA 太空探索的震撼与惊奇》的专题讲座。

John Landowska 先生为学生们讲解了人类太空探索的历程,从最初的尝试到如今的小有成果,从中国传说中的嫦娥奔月、敦煌飞天,到1957年苏联发射第一颗人造地球卫星,到1961年进入太空第一人尤加里·加加林,到1969年阿姆斯特朗在月球上留下了人类的第一个足印,到如今的太空飞船、宇宙空间站,讲到了由古至今人类在探索宇宙太空所做的所有努力。

HASSE太空学校驻上海代表苏老师还向同学们展示了HASSE太空学校同学丰富多彩的探索研究活动,鼓励同学们发展自己的兴趣爱好,将来也投身到人类宇宙探索这一伟大的事业中来。

通过本次活动,同学们进一步加强了有关人类太空探索知识,更是激发了同学们学习科学知识的热情。

二、以课程校本化为目标,推进双语课程建设

在学校四年发展规划中,确立了课程"三化"即基础型课程校本化实施、拓展型课程多元化开发、探究型课程自主化实践的主目标实现。在双语课程建设中,我们紧紧围绕学校课程建设的主目标,在各类课程中,渗透了双语的元素,进行了积极的探索。

（　）

我校在科学、物理、数学等学科,初步确立双语教师队伍,选择适当的教学内容,尝试在双语教学方面取得突破。由我校青年教师陶老师、胡老师等开设的双语公开课,成为我校在双语教学上的破冰之旅。几位教师或采用渗透式、半进入式,或采用全进入式,形式因地制宜,为学生带来了全新的课堂体验。

教学纪实:课堂教学双语渗透

2011学年第一学期,我校科学学科陶老师在"五校联合体教学展示"活动中,为全区的教师上了一节《燃烧与灭火》的公开课。这节课的教学对象为六年级学生,鉴于学生英语水平与科学词汇难度之间的差异,陶老师尝试了在平时渗透词汇,注重双语阅读科技知识习惯的培养。这次公开课上,学科渗透双语教学迈开了第一步。

2011学年第二学期,我校开始了双语活动月,又开展了双语教学活动展示。本次展示集中在数学学科。

3月31日,施老师为六年级学生上了一节《Angles》的数学课。4月1日,胡老师在七年级开设了《三角形的分类》双语数学课。两位年轻教师能运用流利的英语口语实施数学教学,给学生带来了崭新的学习体验。课堂上,学生积极参与,踊跃发言,运用英语来表达所学到的数学知识。数学双语课,不仅使学生获得了数学的知识,也为英语的学以致用提供了新的平台。

两位教师的教学设计关注不同学习能力的学生,循循善诱,讲练结合,收到良好的教学效果。也为双语教学提供了优秀的课堂案例。

围绕这两堂课堂的实践,双语项目组组织了评课研讨活动。会上教师各抒己见,既阐述了对双语课堂的认识,又分析了双语教学存在的问题,并提出了我校下一阶段双语教学可能实践的方向。

(　　)

我校课程教学处在拓展课、探究课开设方面积极挖掘课程资源,了解到英语备课组在西方文化类课程开发中以文化为载体,提升学生对外交流的基本素质,增强学生文化认同,培养学生国际视野,开设了《西方节日文化采撷》《西方礼仪》两门课程,进行了较成功的尝试,积累了经验。目前《西方节日文化采撷》《西方礼仪》校本教材正在编写中。

(　　)

六七年级英语探究课开设,充分考虑双语教学因素,由英文教师带领学生进行双语的学习探究。六年级英语备课组开展了英语情景剧表演;七年级开展了中西方食品制作实践探究活动。尤其是七年级,让学生通过中西方食品制作的形式,体会、感悟中西方饮食文化的不同。通过食品制作,提高学生理解语言的能力,感受中西方文化的差异。全班以小组形式制作食品,品尝食品,讲出该食品的渊源和体现的文化,以双语形式拍摄照片和制作录像。每班选出2组,参加年级食品制作比赛,要求模拟双语情境场景表演,参照照片和录像中制作讲解情况以及评委品尝的结果。制作、品尝、讲解展示,构成这项活动的内容,为双语活动进行了新的尝试。这样,抓住了学生的兴趣点,符合学生的能力水平,为学生喜闻乐见。

(　　)

2010学年,我校被命名为浦东新区首批12所"国际理解教育实验校"之一。我校在推进国际理解教育课程在学科教学中渗透的同时,十分重视通过开展多样的学生活动增进学生文化理解能力、国际交往能力。在 2011 学年第一学期,英语学科担任班主任的教师利用自身学科的优势,组织学生开展了西方节日——圣诞节的双语庆祝活动,师生共同表演圣诞童话、演唱圣诞歌曲,并互送圣诞礼物。这也是我校很多班级十分喜欢的节日派对活动之一。

活动纪实:双语班会活动助推班级成长

3 月 19 日,八年级(5)班的班主任徐老师、八年级(4)班的班主任李老师,开展了校级班会展示活动,学校双语项目组的教师和其他一些班主任以及任课教师都来观摩这两节展示课。他们的班会主题分别为《学会感恩与爱同行》《多彩青春多元文化》。两节班会课都呈现出非常明晰的班级特色,从策划到组织基本都由学生承担,学生全员参与,教师则扮演指导者的角色。班会开展过程中,学生流利的英文、标准的发音,多样的活动形式、学生参与的积极性给每位听课教师留下了深刻的印象。

3 月 21 日,六年级(7)班和六年级(9)班分别在班主任施老师和王老师的指导下,开设了区级主题班会展示课,主题分别是《Learn from each anther》(《学最好的别人,做最好的自己》)和《Learn to cooperate》(《学会合作》)。

来自浦东新区教发院德育室、国际理解教育项目负责人、双语项目组成员的王老师,来自项目组兄弟学校(平和双语、罗山中学等学校)的教师,我校骨干教师带教的青年教师以及我校部分教师参与了本次听课观摩活动。两位班主任老师分别介绍了活动的策划、组织情况,并且对学生的实施情况进行了客观、中肯的评价。

王老师这样评价六年级(7)班的班会课:课的形式和内容切合主题,相辅相成,学生参与面广,也很积极、活跃。班主任的点评有扬有抑,既鼓励了学生,又为学生提出了好的改进建议。今后的活动中,希望在班会设计中,能展示更加多元的状态,在英语运用环节能有全体同学的参与,放慢速度,更多地顾及英语听说不同能力段的学生。

其他听课教师也对这两堂精彩的班队会课进行了点评。

双语班队会,不仅仅是学校双语项目推进的有力抓手和阶段性实施的成果,更是将项目推进和德育工作的完美融合。这次活动,为我校双语项目的继续推进提供了良好的借鉴,必将推进我校双语项目实施的进一步深入。

案例五

提高综合素质增进文化认同

——记上海市进才实验中学八年级(2)班国际理解主题班会

为了进一步推进学校的"国际理解教育""双语项目"的课题进程,深入扩展课题研究的范畴,丰富课题研究的内容,深化师生对"国际理解教育"的理解,在一系列双语课程以及双语班会展示的基础上,八年级(2)班这次又开设了"国际理解教育"的主题班会。

班主任倪老师是我校优秀的青年英语教师,她本人一专多能,将班级管理与舞蹈、音乐、戏剧等多个方面的艺术教育相结合,把这个法语特色的班级同时打造成了一个具有丰富艺术才能的集体。本次国际理解教育的主题班会既是班级特色的展示,也是倪老师个人才能的杰出展现。

整堂主题班会不仅有双语主持标准、流利、悦耳的英语,还有歌唱、舞蹈、时装、朗诵、情景剧、趣味游戏等多种形式,更有民族语言、环保、国际礼仪等多种丰富的内容,这么多形式、这么多内容的活动为学生提供了多样化的舞台,也进一步培养了学生的民族自豪感。学生在整堂班会课上表现得很有风范,也很自信。

家长代表的激情演讲、来我校交流学习的法国友好学校德比西中学的师生及家长代表的热情参与,进一步丰富了这堂课的班级文化内涵以及艺术呈现形式。最后,班主任倪老师简短、精辟的点评为这堂课画上了完美的句号。

参与本次展示课活动的有来自我校"国际理解教育""双语项目"课题组的教师以及同课题组的兄弟学校的教师。

浦东新区教发院德育室欧阳书伟老师这样评价这堂班会课:与法国学生的积极热烈互动、家长代表国际级裁判的国际礼仪讲解、双语主持的流利英文并以芭蕾、英语演讲、英文小谚语形式将西方文化自然融入其中,民族舞蹈、爱国诗朗诵、环保时装展示又巧妙地体现了民族文化的因素。这不仅是一堂成功的国际理解课程,更是学生艺术才华、家校互动教育的良好展示平台。

三、以国际交流为契机,营造双语文化氛围

我校对外交流活动很多。就 2011 学年,先后接待了俄罗斯中学生、美国康州

的 NEW TOWN 中学校长一行、加拿大多伦多女子学校师生、日本福田县中学生、法国德比西中学师生等来访。在这些迎进来的活动中，我校安排了许多互动的环节，学生以英语为交流语言，介绍上海、介绍学校、介绍课程，为来访嘉宾做导游，进行解说，同上一堂课。在这些活动中，为学生搭建应用语言的平台，培养了学生双语交流的能力。

我校师生不仅迎进来，还利用寒暑假组织走出去的活动。2014 年，我校师生先后前往法国、澳大利亚、美国等国家开展游学活动。利用部分学生走出去的机会，开展了系列游学汇报，先后举办了法国、澳大利亚游学汇报专场。学生运用双语分享海外见闻与感受，真正达到游而有所学、学而有所得。通过见闻诠释不同国家的文化风情，使更多的学生获得直观、生动的感受。

校园文化营造，也紧紧围绕双语的目标进行，运用外语传达信息，让双语渗透到校园文化生活的诸多方面。例如，班级墙报的双语角、年级的双语壁报、学生处组织的游学小报展评、学校的外语角、学生电台、电视台的双语节目等，从无声到有声，多层次、多渠道营造双语校园文化环境。

学生处有意识地加强了双语在团队工作中的渗透。电视台特意制作了有关寒假赴澳大利亚和美国游学的双语节目，采访一些参加游学的同学，请他们畅谈感想，介绍所去的城市，并在全校范围内播出，获得了很高的评价。游学同学制作了精美的双语小报，还统一制成展板，在学校楼下大厅里展出。在黑板报中，每期都开辟了"文化七巧板"的专栏，通过中英双语对照，介绍外国的风俗和礼仪等。红领巾电台专门开辟了星期五英语角，播放英文歌曲和体现中西方文化差异的双语节目。

案例六

理 解 分 享
——七年级寒假澳大利亚游学汇报会

2012 年 3 月 12 日中午 12:30，七年级各班在学校小剧场开展了澳大利亚寒假游学汇报活动。本次活动主要有两部分内容：首先请 2011 年寒假跟随学校去澳大利亚的 5 位学生代表进行演讲，主要演讲内容围绕在澳大利亚的行程、学校生活和住宿家庭情况以及澳大利亚特色动物等展开。每位学生精心准备PPT，融入双语元素，进行了精彩的演讲，获得大家一致的好评。

从他们的演讲中不难看出，这次澳大利亚之旅绝不仅仅是简单的走出国门的旅行，澳大利亚的风土人情让他们体会到文化的差异；深入澳大利亚家庭感受了该国人民的日常生活；参加学习活动体验了双语教学。同时，异国他乡人与自然的和谐相处的美好留下了难忘的印象。学生的汇报中不止一次真诚地表达了成长的愉悦。

演讲结束以后还有互动环节——澳大利亚知识竞赛。其中有几道题目是从学生演讲中可知的答案，这样既可检测学生听讲的专注程度，也可让学生学到一些有关澳大利亚的知识。竞答互动环节场面火爆，学生们踊跃发言，主办负责人胡老师还为每位答对的同学准备了一份小奖品。

这次讲座让更多的学生分享了走出国门游学的成果，加深了对澳大利亚的了解，同时也赋予了游学学生参与国际交流与增进理解的责任意识。对游学学生，细心感受，收获成长；对聆听的学生，开阔视野，增进理解。

案例七

浓情法国行　浪漫学子心
——八年级法语班游学汇报会

2012年3月9日17:15，学校小剧场传来了八年级电声乐队的伴奏。接着，一曲法语歌曲《香榭丽舍》拉开了此次寒假法国交流之行汇报活动的序幕。

歌声荡漾，心情涌动。这次活动是法语班学生与家长的专场。学校特意邀请了六年级与七年级法语班学生和家长参与。

在纯正法语歌声的引领下，在场的听众仿佛漫步香榭丽舍大道，感受法国浪漫之都巴黎的风情，跟随学子一起走进法国开始10天游学之旅。

在双语主持人的带领下，听众跟随游学代表分别从巴黎风情、德比西学校学习生活、法国家庭氛围等几个方面了解了游学多方面的收获。学生认真的材料准备、精心的PPT展示、真诚的心怀抒发，为在座的各位准备了一份丰富的"法国大餐"。

六年级和七年级的法语班的同学，也在这次法语班专场中首次亮相，他们的法语歌虽然略显青涩,但同学们积极投入,悠扬动听的歌声让人十分难忘,为这次汇报渲染了更浓郁的法国情调。

案例八

小小外语角多样化活动

一、外语名言警句张贴,渲染语言学习氛围

由外语组徐老师精选英文名言,布置外语角墙面,营造外语学习氛围。

1. All things are difficult before they are easy.

万事开头难。

2. All things in their being are good for something.

天生我材必有用。

3. You have to believe in yourself. That's the secret of success.

人必须有自信,这是成功的秘密。

4. A thousand-lid journey is started by taking the first step.

千里之行,始于足下。

5. Change your thoughts and you change your world.

改变了自己的思想,就改变了自己的环境。

6. The limits of your language are the limits of your world.

语言的边界就是你世界的边界。你的语言能走多远,你的世界就有多宽广。

7. Courage is going from failure to failure without losing enthusiasm.

勇气就是不断失败却不丧失热情。

8. Attitude is a little thing that makes a big difference.

态度是小事,但能造成很大区别。

四、各年级制作宣传展板,策划不同的活动主题

各年级英语备课组发动学生,学生自行组织,学生参与。采用多种活动的形式,调动学生说英语的积极性,让中午的书吧成为双语学习实践的乐园。

双语工作的推进,离不开一支高素质、爱学习的教师队伍。我校拥有一支年

轻上进的教师队伍,他们热爱学习。2011年暑期,我校共派出陶老师、张老师、陈老师、施老师等参加了项目组的培训,为学科教学渗透准备了师资与教材;2011学年第二学期,我校共有丛老师、王老师、施老师、徐老师等报名参加了双语项目组课程培训。

在此基础上,我校认真参与项目组每一次学校层面的交流活动,从兄弟学校那里我们开阔了视野、拓宽了工作思路,学到很多优秀的实践经验;在兄弟学校的活动展示中,我校教师积极参与观摩学习,增进了对双语课堂教学的认识。

我们将双语项目工作按照工作内容,结合双语项目组成员的工作性质,相对划分成一个个独立的工作小项目,由具体工作人员牵头负责活动内容的确立、活动形式的策划、活动过程的推动、活动总结等。在每一个小的项目实施过程中,各位成员得到了锻炼,在活动的组织中双语项目工作能力得到了提升。

2011学年,双语项目工作成了我校的外语指导中心开展工作的一个强有力的抓手。在项目组的指导和关心下,我校在双语工作方面取得了很多领域的突破,也使我校在双语实践方面积累了宝贵的经验。

D＋T 友好学校发展计划

　　D＋T 项目简介：梦想（dream）与团队（team）项目，简称 D＋T 项目，是由曾三次夺得重量级拳击冠军的美国传奇拳手穆罕默德·阿里（Muhammad Ali）创立，由英国设立的拳王阿里基金会资助（每年经费各校 1 万英镑）。通过英国驻沪领事馆文化教育处牵头，拳王阿里的家乡——美国肯塔基州路易斯维尔（Louisville）所在地的教育局与上海市浦东新区教育局（原为社会发展局）具体落实双方结对学校（双方各 6 所学校），并开展项目研究。此项目旨在培养学生的领袖才能，要求各校根据本校特色制订梦想计划，并以团队合作的形式开展活动。

　　我校的排球特色项目与英国学校足球、田径等特色项目之间交流团队培养经验，以此来推动其他团队项目（如 24 式太极拳、现代剪纸、管弦乐队等）的研究。该项目研究时间 2 年（2007 年 9 月至 2009 年 6 月）。以下是我校第二年的项目研究计划。

1.“梦想＋团队”学校发展计划

从现在至 2008 年 3 月 31 日，你希望从“梦想＋团队”活动中获得什么？

　　中国上海市进才实验学校是一所高起点办学、处于联洋国际社区的新型的现代化学校。随着学校办学规模和教育教学质量的不断提升，学校越来越感到培养学生的团队精神，自信及对各类活动的领导组织能力，是新一代学生立足社会，应对各种挑战所必需的，而我校办学时间较短，相对来说比较缺乏这方面教育的经验和模式。因此，依托“梦想＋团队”项目的研究和实施以及该项目提供的培训课程，通过与英国 Westbourne School 结成友好学校，使学校的教育注入更多的国际化教育，增强学生的职业发展能力。英国 Westbourne School 在学生领袖能力培养方面已经有了一定的经验，但需要建立一种国际化的交流。因此，我们两所学校都非常愿意加入“梦想＋团队”项目，并就 2008 年 3 月 31 日以前的时间制定切实可行的 D＋T 学校发展计划。

　　（1）建立上海市进才实验学校与英国 Westbourne School 进一步的文化交流，包括学校管理层的文化交流互访及学生团队的交流访问；

　　（2）双方各组成 12 岁至 16 岁的 20 名领袖学生培养团队，并通过互联网进行结对联系（2007 年 11 月底至 12 月初）；

254

（续表）

1. "梦想＋团队"学校发展计划

（3）中方学校派杨老师、王老师两位担任中方"梦想＋团队"的辅导教师（Lead Trainer）。并在 2007 年 12 月初接受英国文化协会指派的培训师的培训；

（4）中方学校开展"梦想＋团队"初期培训，并以一场体育活动的举行展示其领导力，要求"梦想＋团队"学生组成若干个小组分别组织团队外学生开展体育活动（于 2008 年 1 月中下旬，和 Westbourne School D＋T 团队同时进行）；

（5）指导学生领袖制定活动的评估报告递交英国文化协会（2008 年 2 月）；

（6）制定 2008 年 4 月开始后的 D＋T 俱乐部活动（2008 年 2 月）。

你会如何在全校甚至更大的社区范围内开展国际交流工作？例如，你是否计划涉及其他的学科领域？

首先是学生参与具体的学科项目，如体育、英语、艺术类课程及地理等。其次是依托联洋国际社区资源，培养学生的合作交流能力和领袖气质。

到 2008 年 3 月计划通过建立友好学校关系将取得的成果：

（1）通过电子邮件的形式建立中外学生的结对联系，增进两校间交流；

（2）"梦想＋团队"项目组开展体育、艺术、科技等活动，展示其领导力，展示学生才艺；

（3）通过学生合作交流，学会新的运动技能、艺术表现手法，展示其创新能力；

（4）利用学校与国外友好学校的访问，让项目组的学生融入更多的国际交流。

行动方案（从现在至 2008 年 3 月 31 日）你们将如何取得上述成果？

（1）英国友好学校来访，洽谈合作项目制定好可操作的计划　　　　　　　　2007 年 11 月

（2）建立一个公共邮箱和学生之间沟通的邮箱　　　　　　　　　　　　　2007 年 11 月

（3）认真组织 Local Tutor 的培训　　　　　　　　　　　　　　　　　　2007 年 12 月

（4）学校添置设备，定期召开两校 D＋T 学生的视频会议　　　　　　　　2007 年 12 月

（5）制定好两校高层互访的计划　　　　　　　　　　　　　　　　　　　2007 年 12 月

（6）做好我校 D＋T 学生赴 Westbourne School 交流的前期准备　　　2008 年 1 月—5 月

（7）通过互联网及其他资源，推进合作项目，做好学生的展示活动。

例如，剪纸、太极拳及排球。　　　　　　　　　　　　　　　　　　　　2008 年 3 月

---

2. 资源共享计划

为了取得上述成果，你们需要哪些资源？

（1）两校在培养学生领导力前期的基础以及管理层对学生领导力培养的认识是我们的共同资源；

（2）在 D＋T 培养上，需要的视频设备；

（3）管理层访 Westbourne School 及学生访 Westbourne School 所需的资金。

你们会如何计划并使用英国文化协会提供的 1 000 镑资金？

（1）学生访问友好学校的旅途费用；

（2）校际往来项目所需——教室器材、复印、打印、设备租借等；

(续表)

2. 资源共享计划
(3) 对方国家信息——光碟、地图、书籍等;
(4) 通信交流费用;
(5) 宣传活动——通信邮件交流、网站建设等。
你们还会使用到哪些资源或资金?
利用学校与社区资源
资金使用明细:请详细地列明你将如何使用英国文化协会所提供的活动资金。还可能用到其他哪些资金? 例如,学校的预算、赞助或其他来源。
(1) 影印、印刷,设备租用   4 000 元
(2) 地图、书籍等   1 000 元
(3) 通信费   1 000 元
(4) 宣传活动品   1 000 元
(5) 通讯硬件   1 000 元
(6) TOP 课程培训费   6 000 元
(7) D+T 展示活动组织费   1 000 元
(8) Local Tutor 等培训交通费   500 元

3. 沟通联络
你将如何与友好学校及英国文化协会项目官员保持定期的沟通?
(1) 通过电话、E-mail 联系交流,保持每月至少两次的定期沟通;
(2) 2008 年 7 月到 Westbourne School 的访问活动。
谁将负责友好学校间的交流?
Westbourne 体育学校
Pearl Gibsonp.Gibson@westbourne.suffolk.sch.uk
上海市进才实验学校
盛女士

4. 签名	

英方学校
I confirm that Dreams + Teams will be included within the School Development Plan. Dreams + Teams can support work around Every Child Matters, the Development of Core Subjects, Whole School Attainment, through Extended Schools as well as the development of the specialism into performing arts, languages and science and technology.
 	
     Mr. Chris Edwards / Head teacher
	中方学校
	我在此确认"梦想+团队"项目将被纳入学校的发展计划之中。该项目将通过表演艺术、语言及科学技术方面的发展,来支持学生、核心科目及学校的发展,进而促进学校创建特色。
	
	     杨龙/校长

256

　　表格(电子版本和打印后签字的文件)填写完成后请于 2007 年 11 月 16 日前交至英国文化协会上海办公室项目官员。任何延误将导致学校无法获得相应资金。

上海福州路 318 号高腾大厦一楼

英国总领事馆文化教育处

电话:＋86 21 6391 2626 ext. 220

传真:＋86 21 6391 2121

电子邮件:patty.yu@britishcouncil.org.cn

网址:www.britishcouncil.org.cn

第四部分　组织国际交流

中外学生交流调研

我校作为浦东新区一所优质初中学校，随着浦东新区大力推进中小学教育国际化，对外交流越来越频繁。

一、将"国际化"纳入学校发展规划

我校的新四年发展目标是：切实把学校办成一所"高效能、国际化"，在浦东新区乃至上海市有一定知名度、影响力的素质教育实验校。国际化——展望现代教育发展的态势和主流，可以看出今天的教育不仅要满足和适应社会发展的需要，而且要满足和适应每位学生多元化发展的需要。作为地处联洋国际化社区的唯一一所实验学校，我校依靠社区背景，积极探索、实践教育面向现代化、面向世界、面向未来。在新规划中我们积极探索符合我校实际，又有国际化教育特点的实施素质教育的新途径，力求在社区资源的整合、个性化教育校本课程开发、校际间的国际文化交流等方面，进一步拓宽办学的国际视野，走内涵发展与国际接轨的国际化素质教育的新路子。

二、建立学校项目管理领导小组

我校为了更好地推进中外学生国际交流制度与管理机制的研究项目，成立了以张副校长为项目负责人的项目领导小组。项目组人员分工合作，提出项目设

想,指导项目工作。

三、梳理学校对外交流现状

与我校已经开展交流互访的学校如下：

姉妹校名称	国家	建立姉妹校时间
Westbourne Sports College	英国	2008
希尔斯国际学校	澳大利亚	2008
法国德比西中学	法国	2009
New Town High School 美国纽顿高中	美国	2011
America Arch Bishop Ronda High School 美国旧金山瑞百顿主教男子高中	美国	2012
斯托曼文理中学	德国	2013
Sancta Maria College of Auckland, New Zealand 新西兰圣母玛丽雅中学	新西兰	2014

2013 年我校的中外学生交流活动情况如下：

交流时段	学校名称	国家	参加交流人数	备注
2 月 25 日—3 月 2 日	德比西中学	法国	43	已去访①
4 月 20 日—4 月 28 日	德比西中学	法国	43	已接访②
4 月 28 日—5 月 3 日	斯托曼文理中学	德国	61	已去访
10 月 5 日—10 月 12 日	斯托曼文理中学	德国	70	已接访

去访时我校师生是客人,是去了解和体验他国文化和风俗;接访是对方学校师生来我校访问,了解、体验中国文化。

目前我校结合区本教材开展了国际理解教育实验课本的使用,还编写了两本校本教材,即王老师编写的《西方礼仪》、杜老师编写的《西方节日文化采撷》。在

---

① 去访:指我们去对方学校访问。
② 接访:指我们接待对方学校来我校访问。

对外交流的课程建设方面，我校对法交流已历时 3 年，积累了较多的课程资料，正在逐步完善，形成赴法交流活动课程。

四、项目瓶颈问题研究

1. 中外学生交流管理制度有待进一步完善

我校尝试在学生对外交流工作中不断研究，建立健全的管理制度，规范工作流程，尝试一些暂行办法。例如，《上海市进才实验中学与国外友好学校结对签约制度》《上海市进才实验中学学生外出游学办理签证中介机构的遴选办法》《上海市进才实验中学学生外出交流文明礼仪教育制度》《上海市进才实验中学接待国外友好学校师生接待办法》等。由于此项工作处于初期，有待进一步完善。例如，《与国外友好学校交流中带队教师的管理办法及经费分担办法》还需要上级政策的支持。

2. 期待政策性支持内容

我校与国外学校进行结对交流大多是利用寒暑假进行的。可是，正巧国外学校大多也在放假。但是，如果在上课期间外出交流，又会影响学生的学业和学校正常的教育教学秩序。这可能是矛盾，也可能是主要的困难。

学生外出交流建议以结对交流的方式为好，这样既可以让学生全方位地了解国外文化，又可以增进两国家庭成员的了解与友谊，还能弘扬中华文化在外国人心中的美好印象。希望教育主管部门在办理审批及经费使用方面给予支持。

这几年，我校在与国外结对学校进行交流时，家委会发挥了很好的协调沟通作用。许多家长亲自参与接待工作，尤其是接待费用的支出（学校没有多余的费用来承担），解决了我们的后顾之忧。所以，我们希望教育主管部门确实对有结对交流项目的学校在经费上给予一定的政策支持。

3. 管理方面的制约与突破

随着我校对外交流工作的频繁展开，对外交流工作任务越来越繁重，急需有一支熟悉业务、精通管理的专门队伍。

就我校的现状而言，没有专门的部门负责，每次对外交流，都是由不同的带队教师从头做起，工作难度都很大，给这项工作的管理和进一步提升带来了困难。就学校管理架构来看，交流工作涉及教育、教学、后勤等部门，但没有专门的部门来协调、统整。人力、物力方面的牵扯，让临时负责人感到棘手。由此，这方面亟待突破。

难忘的巴黎之行

——2013 年上海市进才实验中学法语课程班师生赴法游学活动纪实

2013 年 1 月 24 日,寒假刚刚开始,上海市进才实验中学七八年级法语课程班的 42 位学生,在 3 位教师的带领下踏上了赴法游学交流的旅程(这是第 3 次与法国巴黎德比西中学进行友好交流)。

在法交流期间,师生们参观访问了德比西中学、莱奥格里耶中学。在莱奥格里耶中学,学生们观看了法国学生专门为这次活动准备的汉语节目表演,有《百家姓》《弟子规》等经典诵读,还有《阿凡提》戏剧表演,歌曲演唱、武术、相声等也穿插其中,法国学生的汉语水平让人赞叹,之后学生们还兴趣盎然地参与了《我眼中的中国/我眼中的法国》鞋盒创作活动。

在德比西中学,师生走进课堂与法国学生共上一节课,学生们被分在英语、德语、汉语、音乐、科学、物理等多门学科的教室里,感受法国教师不同的教学方式和法国学生的学习方式。学生们对法国学生的汉语课很感兴趣,听的是一节六年级的汉语课,一位学生长达 2 分钟的演讲很精彩。新课的内容是学习汉语的量词,这是学汉语的一个难点。学生们为他们在短短的时间就能说汉语,并能写很多汉字,赞叹不已。法国的学生也很乐意与来访的中国师生交流,他们很热情地用汉语打招呼,我们的学生也很友好地与他们交谈,并帮助他们纠正四声的发音。课后,许多学生深感自己的法语水平远远比不上法国学生的汉语水平。

赴法游学中,游览巴黎历史名胜成为师生另一个难忘的记忆。早上,从德比西中学出发,漫步在圣日耳曼昂莱市的大街小巷,这个古老的城区安静、整洁,狭窄的马路,低矮的建筑,全都随山势起伏,令人仿佛走在乡村小路上。雕塑与古堡就在街角处,人们的生活和历史古迹没有距离,走进历史无需"穿越"。这些还只是小品,激动人心的大作是众所周知的罗浮宫博物馆、凡尔赛宫、凯旋门、巴黎圣母院、埃菲尔铁塔。艺术殿堂的精品荟萃，城堡宫殿的气势磅礴，建筑文化的异彩纷呈，让人流连忘返。

游学期间，学校学生与法国学生建立了亲密的友情。刚一到校，法国学生就主动上前打招呼，并询问、寻找与自己结对的学生。由于他们早在行前就通过电子邮件取得了联系，有的还相互交换了照片，所以一见如故。相处 1 周多的时间，建立了友情。告别起程的时候，中法两国同学依依惜别，有的还流下了不舍的眼泪，相约 4 月在上海相见，再续友情。

2 月 2 日一早，师生们踏上了归程。真是行万里路，读万卷书。巴黎之行，虽然画上了句号，但给每一位师生的影响则刚刚开始。

附：

"中外学生交流"实施方案设计(法国方案)

一、交流背景

2008 年，我校为法语班学生开设了法语课；2010 年，我校与法国巴黎德比西中学签订交流协议，结为友好学校；2010 年 10 月，我校首批师生赴法参与友好学校的互访活动；2011 年 4 月，我们迎来了法方师生的首次互访。至今，我们已连续 3 年开展了互访活动。近百名师生参与了访问交流活动。

出访对象：法语课程班学生及班主任老师

接待要求：出访学生的家庭和学校联合接待

二、交流活动安排(略)

附 1：

2013 年 1 月 25 日至 2 月 2 日赴法国友好学校交流行程安排(略)

附 2：

2013 年 4 月 20 日至 4 月 28 日接待法国友好学校行程安排(略)

友好互访　促进友谊

——记 2013 年法国德比西中学来访我校

2013 年 1 月，我校法语特色班的 42 位学生赴法国巴黎与我校的友好学校德比西中学进行交流，与法国学生一同上课，并入住法国家庭，感受法国的自然风光和风俗人情。2013 年 4 月，来自法国德比西中学的师生一行 43 人来到我校，进行为期 10 天的交流互访活动。

4 月 20 日，张副校长携我校家长代表及承担接待任务的学生，在学校底楼大厅为来自法国的友人举办了一个简短的欢迎仪式。法国师生在张副校长的带领下参观学校，了解接下来一个星期他们将身处的校园。来访的法国学生全都入住中国家庭，与中国学生家庭一起作息，感受中国传统的家庭生活方式和中国传统的家庭文化，也在寄宿家庭安排下度过各自精彩的周末。

之后几天，学校为这些来自法国的中学师生安排了丰富的内容。

法国师生聆听我校的介绍，了解我校的办学特色，领略我校师生风采；走进课堂，体验中国式的课堂教学模式；亲身参与班级活动，体验我校学生丰富的校园生活。学校良好的校园氛围、学生的多才多艺都给来访师生留下了深刻的印象。而法国学生外向、开朗以及对运动的热爱，也让我们的学生感触颇深。

在我校教师的陪同下，来访的法国师生参观了上海科技馆，感受了中国尤其是上海在科技方面的探索和取得的成就；走进上海博物馆，了解了中国灿烂悠久的文化；游览了南京路步行街、人民广场，领略东方小巴黎的时尚风采；闲步朱家角，感受了江南水乡的文化和气韵；信步城隍庙，在感受上海独特的道教文化的同时，尝遍了上海各色小吃，领略了独特的"上海味道"，得到身心两餍足；登临东方明珠，一览上海风景；参与八年级 14 岁生日活动，一同感受了成长的快乐。

2013 年 4 月 28 日，来访师生和我校学生一起在校食堂体验制作中国传统的美食——饺子,一边品尝亲手包的饺子,一边欣赏精彩的中法学生共同参与的联欢派对,在欢声笑语中结束为期10天的访问。

这是法国师生第3次来访。互访活动进一步加深了双方学生的了解,师生之间建立了深厚的友谊。此次访问活动,为两校今后更加多样、深入的互访合作增添了新的经验、奠定了良好的基础。

中法学生共上一节剪纸课

剪纸艺术是中华民族的传统民间工艺，它源远流长，经久不衰，是中国民间艺术中的瑰宝，已成为世界艺术宝库中的一种珍藏。

2013年4月25日，来我校进行交流的法国师生一行，在美术教研组组长王老师指导下，与我校学生一起共同学习具有中国传统文化韵味的剪纸，中法学生在剪纸课上互动交流剪纸经验，增进了友谊。

王老师结合生动的演示文稿，向法国学生讲解了剪纸的渊源历史、讲授了阴刻阳刻的区别、团花双喜的由来，以及剪裁花鸟人物的技巧。台下的法国教师和学生早就跃跃欲试，拿起剪刀和刻刀，迫不及待地开始自己的剪纸之旅。

对于大多数法国学生来说，这算是他们的剪纸处女秀，可是他们的作品却频频带给大家惊喜。其中1位法国学生的作品——老虎，获得了在场所有人的认同；一位法国学生展示着自己的"心型"剪纸成品幽默地说："这是我的蝴蝶！"

在这堂中法剪纸交流会上，让法国师生见识了我国传统文化的精华，加深了法国师生对中国的认识，增进了他们对中国的感情。课后，法国学生带着他们的"成果"非常高兴地与进才实验中学的教师拍照留念。

附：

赴法交流汇报（双语）展板（略）

中外学生国际交流制度与管理机制研究

2014年我校参与了浦东新区国际交流中心关于"浦东新区中外学生国际交流制度与管理机制研究"的项目研究,有幸成为该项目研究学校。一年来,我校在开展丰富的对外交流的工作的同时,加强了对中外学生国际交流制度与管理机制的研究,不断完善各种制度,规范工作流程,使我校对外交流工作上了新的台阶。

一、将课程建设与姊妹校交流相结合

以课程为基础,架起中法师生交流的桥梁。

我校自2008年开设法语课以来,法语课教学一直以来得到进才集团兄弟学校师资的支持,不断走向正轨。2011年,我校与法国巴黎德比西中学建立了姊妹校,双方每年定期互派师生开展互访(2013年是第3次互访)。为提高活动质量,我校开发了赴法交流活动课程,将互访与学生探究、汇报交流、接待安排、联谊策划、成果展示等系列活动相结合,形成了比较完善的课程活动序列。不仅使学习法语的学生获得了语言学习的平台,也使他们通过活动了解了法国文化、法国教育、法国人的生活方式与风俗习惯。

二、将学校特色建设与姊妹校交流相结合

以特色为平台,开启中德交流的新篇章。

2012年10月,上海市进才实验中学加盟"歌德学院",立项双语项目新亮点——德语特色教育。2013年4月应德国斯托曼中学的邀请,我校组织学生交响乐团以及辅修德语的学生赴德进行友好交流活动。此次交流包括乐队交流、语言学习、文化体验三部分内容。历时10天的交流活动,学校之间不仅顺利地完成了乐队的演出、学生的语言学习,还收获了两校之间签订的合作交流备忘录,更重要的是,这次出访活动为今后双方的友好交流开启了一个精彩的开端。

三、学校交流制度的建立

在原有的学校对外交流制度的基础上，本年度在项目组工作的推动下，学校重视了对外交流制度的建设。项目组召开专题会议，将学校已有的制度进行了梳理，并根据最近上级对中学生出国游学工作的最新要求，修订、完善相关制度，形成了学校学生国际交流制度文本。

《学生国际交流管理制度》（见附 1）；《国际交流操作规程》（见附 2）；《国际交流应急处理规程》（见附 3）；《国际交流文明礼仪规范》（见附 4）；《出国游学中介机构的遴选办法》（见附 5）。

四、学校对外交流成果资料

1. 校本教材资料

（1）杜老师主编的《西方节日文化采撷》；

（2）王老师主编的《西方礼仪》。

2. 制度文本

《学生国际交流管理制度》《国际交流操作规程》《国际交流应急处理规程》《国际交流文明礼仪规范》《出国游学中介机构的遴选办法》。

3. 音像成果

与来访德国斯托曼中学师生的音乐会（光盘）。

随着国际交流的增多，我校外事工作越来越多，亟须加强对外事工作人员的培训，提高外事工作的质量。但鉴于学校人员编制的限制，这方面的工作多由行政与有关教师兼职完成，工作量大，对日常教育教学工作造成一些影响，这是学校在以后的工作中需要不断研究和改进的方面。

附 1：

上海市进才实验中学"中外学生国际交流管理制度"（节选）

总　　则

为进一步规范我校教育国际交流与合作工作，全面提高学校教育对外开放水平,根据上级有关精神,结合我校具体实际,特制定本办法。

第一条 开展教育国际交流与合作旨在借鉴国外先进的教育理念和教育经验,帮助学校更新办学理念,增强办学活力,推动学校教育国际化,不断开拓师生的眼界,提升学生在跨文化国际交往能力。

第二条 学校国际交流与合作必须严格遵守国家外事工作规定,贯彻扩大开放、规范办学、依法管理、促进发展的方针,始终以维护国家主权和民族尊严为最高准则,警惕和防止外来渗透、颠覆、分裂等危害国家安全的活动。

第三条 学校教育教学国际交流与合作工作由学校领导小组负责指导、协调和管理。校长担任组长,分管教学副校长、德育副校长任副组长,校办、学生处、课程教学处、团队等相关处室负责人和年级组长、英语教研组长,为领导小组成员。

第四条 本办法所涉及的教育国际交流与合作事项主要包括:聘请外籍专家教师、组织教师赴外培训、组织中外学生交流学习、建立中外姊妹学校、接受外国学校或教育机构来访、开展国际教育宣传等。

一、聘请外籍专家教师(略)

二、组织教师赴外培训(略)

三、建立中外姊妹学校(略)

四、组织中外学生交流学习(略)

第五条至第十二条(略)

第十三条 项目交流活动中学生遴选办法

1.法国姊妹校交流活动,以学习法语的学生为主,采用自由报名和班级选拔相结合的方法。

2.德国姊妹校交流活动,以学校乐团成员及学习德语的学生为主,采用自由报名和班级选拔、乐团筛选相结合。

3.其他国家姊妹校交流,根据交流项目内容,选派相关学生,或接受自由报名。

第十四条 对学生开展对外交流相关教育

1.组织学生赴国(境)外交流学习活动应特别注重学生的安全教育,采取有力的措施,防止各类安全责任事故的发生,确保交流活动中师生的生命和财产安全。

2.加强国际理解教育,增进学生对不同国家、不同文化的认识和理解。

3.自觉抵制邪教的宣传,不接受其宣传材料、不进行拍照、不在相关区域停留等。

4.学习国际礼仪,养成文明出行、文明食宿、文明参观等良好的公德习惯。了解并尊重所交流国家的风俗习惯,做受欢迎的文明小使者。

第十五条 交流项目负责人、管理教师选聘办法(略)

第十六条 交流费用(略)

第五章 接受外国学校或教育机构来访(略)

第六章 开展国际教育宣传(略)

附2:

上海市进才实验中学"中外学生国际交流操作规程"

本规程是建立在《上海市进才实验中学中外学生国际交流管理制度》基础上的,相关操作规程,是对上述管理制度的细化。按项目共分两个操作流程。

流程一:姊妹校交流操作规程

主要包括赴法国巴黎德比西中学师生交流活动、赴德国汉堡与斯托曼中学师生交流活动等。

1.成立当年交流项目组,确立项目负责人;

2.召开项目组成员会议,商议交流活动细则;

3.宣布出访人员范围及相关要求,组织学生报名及学生遴选;

4.公示学生遴选结果,召开家长会,通报出访相关事宜;

5.与家委会商议沟通手续办理、旅行社选定、出访费用等相关管理事宜;

6.开展出访学生教育活动,提前做好出访准备相关工作;

7.出访成果汇报(家长汇报会、学生汇报会、展板展示等);

8.由当年出访项目组成员负责接待当年来访事宜,制定接访策划;

9.召开家长会通报接访家庭相关事宜;

10.协调各部门安排好接待具体工作。

流程二:赴其他国家游学活动操作规程(略)

附3:

上海市进才实验中学"国际交流应急处理规程"(略)

附4:

上海市进才实验中学"学生国际交流文明礼仪规范"(节选)

外出交流时最容易显示个人的文明礼貌程度,作为上海市进才实验中学的学生,应十分重视在外的各种文明礼仪,自觉遵守社会公德,维持公共秩序,以较高的礼仪水准、良好的自我形象,维护中国人的形象。

具体要求

一、参观游览礼仪(略)

二、住家或酒店住宿礼仪(略)

三、对外人际交往礼仪

在国际交际中,礼宾是项很重要的工作,许多外事活动,往往是通过各种交际礼宾活动进行的。一般来说,各种交际活动,国际上都有一定惯例,但各国往往又根据本国的特点和风俗习惯,有自己独特的做法。我们在对外交往中除应发扬我国礼仪之邦的优良传统,注意礼貌、礼节之外,还应尊重他国、其他民族的风俗习惯,了解他们不同的礼节、礼貌的做法,从而使我们在对外交流活动中真正做到不卑不亢,以礼相待。

1. 举止

在对外交流活动中,举止要落落大方、端庄稳重,表情要自然诚恳、和蔼可亲,不能不拘小节。站时,身体不要东歪西靠,不要斜靠在桌面或倚靠;坐时,姿势要端正,不要翘脚、摇腿,也不要显出懒散的样子,女学生不要支开双腿;走时,脚步要轻,如遇急事可加快脚步,但不要慌张奔跑;说话时,手势不要过多,也不要放声大笑或高声喊人。

2. 谈吐

在与外方人员交谈时,表情要自然,态度要诚恳,用语要文明,表达要得体。别人在与他人个别交谈时,不要凑前旁听。若有事需与某人谈话,应待别人说完。交谈中若有急事而要离开时,应向对方打招呼,表示歉意。

3. 交流

不要打听对方的年龄等私人生活方面的情况。同外国人交谈,最好选择喜闻乐道的话题,诸如体育比赛、文艺演出、电影电视、风景名胜、旅游度假、烹饪小吃等,大家都会感兴趣的。这类话题使人轻松愉快,能受到普遍欢迎。如果外国人主动谈起我们不熟悉的话题,应该洗耳恭听,认真请教,不要不懂装懂,更不要主动同外国人谈论自己一知半解的话。

附5:

上海市进才实验中学"学生出国游学中介机构的遴选办法"(节选)

第一条　为加强学校学生外出游学工作的管理,规范游学中介机构的竞争行为,确保按照公平公正、公开透明的原则确定承揽业务的中介机构,切实维护学生合法利益,根据上级相关部门的规定,结合学校实际,制定本办法。

第三条　在遴选过程中,校方的相关工作人员与参选中介机构有利害关系的,必须回避。参选中介机构认为校方的相关工作人员与其他参选中介机构有利害关系的,可以申请其回避。

第四条　中介机构参加遴选活动应当具备下列条件(略)

第七条　本办法从与上级文件、政策不一致的,以上级有关文件、政策为准。

开展 PASCH 项目有关情况

一、基本概况

上海市进才实验中学在 2012 年 10 月与歌德学院签约成为 PASCH 伙伴学校，至今已有 2 年。但在此之前，早在 2010 年开设了德语课，并且在 2010—2012 年期间，学校采用的是独立编班的形式，设立德语特色班，开展德语课程的学习，每周 2 节。2010 年设德语班级 1 个；2011 年学习德语的班级增加至 2 个。从 2013 年开始，考虑到学生对二外学习的自主选择、二外课程多样化发展等原因，不再专设德语班，而是将德语课程转型成为拓展课，使得更多对德语感兴趣或有基础的学生能进入德语学习的行列。2013 年在六年级开设了 2 个德语拓展班，2014 年又在新的六年级开设了 1 个德语拓展班。目前正在上课的有 3 个德语班级。

二、师资情况

目前在教德语的教师都是学校在职的教师。具体情况如下：

教师	授课班级	任职科目	德语水平
林老师	六年级德语、七年级德语1	数学、德语	大学德语四级
胡老师	七年级德语2	英语、德语	二外

三、德语教学与活动

（ ）

很荣幸每年都有德国领事馆文化交流处提供免费的教材给学生和教师，教材的选择也很丰富。在本学期之前我们主要使用的都是"Prima A1"第一册和教师自编的部分补充材料。这学期六年级的拓展课在反复研究了教材之后,选择以"Studio d"六年级为主,"Prima A1"第一册和教师补充材料为辅,更贴近学生的实际学习情况。另外,从环保和节能出发,采取循环使用教材,每用完一册教材便收上来,放在图书馆保存,直至下一轮使用。

（　）

我校每年广泛开展德语活动,与德国姐妹学校开展友好互访交流,德语教师也积极参加由歌德学院为 PASCH 伙伴学校精心准备的培训活动。

1. 德语主题夏令营

2013 年,我校德语班王同学、贺同学参与了由歌德学院在青岛举行的德语夏令营活动。

2. 姐妹校交流

2013 年 4 月,应德国斯托曼中学的邀请,我校组织学生交响乐团和辅修德语的学生赴德进行友好交流活动。此次交流包括乐队交流、语言学习、文化体验三部分内容。历时 10 天的交流活动,我校学生不仅顺利地完成了乐队的演出、语言的学习,还收获了两校之间签订的合作交流备忘录。更重要的是,这次出访活动为今后双方的友好交流有了精彩的开端。

2013 年 10 月 5 日,德国斯托曼中学师生 60 人来到上海。德国学生开始了他们盼望已久的为期 9 天的回访中国上海之旅。他们来到了在上海学习期间的寄宿家庭,开始各自充满中国特色的家庭生活。他们和我校学生及其家庭成员一起生活,深入感受中国的家庭文化。中国家庭为这些来访的德国学生安排了丰富多彩的活动,带领他们感受上海,认识上海。

10 月 10 日下午,中德学生交响乐音乐会在东方艺术中心隆重举行,精彩的演出得到到场嘉宾的交口称赞。

10 月 11 日,中德学生一起一边包饺子,一边交流。再一起享用自己包的饺子以及中国家庭带来的自制的、富有中国特色的食物,并互赠各具特色的礼物,大家都很珍惜这最后的相处时光,暖暖温情充溢着整个活动会场。

至此,本次德国斯托曼中学师生回访活动顺利结束。这是中德双方在教育教学领域交流的进一步深入,相信必将带动双方在更多领域、更深层次、更广泛的交流和合作。

在 2014 年 4 月 29 日下午,迎来了从德国远道而来的近 50 位师生,和他们进行了友好交流。

在我和校长助理祝老师的陪同下,他们参观了校园。此时恰逢学生在编排艺术节活动,来访师生兴致盎然地欣赏了他们的表演,还与他们进行了互动,并对我校学生的多才多艺大为赞赏,对我校学生健康昂扬向上的精神面貌给予高度赞许。之后,德国师生一行参观了校排球馆,并与我校学生进行了一场排球友谊比赛。

最后,我同来访师生在学校二楼会议室双方就各自的办学理念、办学模式、学校发展等问题进行了交流探讨。通过交流,来访教师发现我校在办学理念、学生发展目标等方面与他们学校有相似之处,当即邀请我在合适的时间带队到他们学校进行友好访问交流。

3. 中德学校艺术交流

2014 年 9 月 30 日至 10 月 9 日,我校师生 43 人出发到德国汉堡,与汉堡 Martin 学校的学生进行了为期 8 天的艺术交流。德方为此次活动量身定制专门创作了英语音乐剧《西方遇上了东方》,我校学生与德国学生共同参与了音乐剧的排练与演出。同时,我校学生还与德国学生一起举行了文艺会演专场,我们向德国师生、家长展示了中国的茶艺、书法、武术等,德国学生演奏了管乐。艺术的交流拉近中德学生的距离。德国之行为我校学生带来了全新的体验。

德语的学习,为我校学生提供了一个了解德国的平台,为国际交流开辟了又一个新的舞台。

我们希望德语大篷车活动能光临我校,在中德交流、德语教学方面再次开辟新的合作领域。

音乐无国界　友谊永流长

——2013 年 4 月 26 日至 5 月 3 日在德国汉堡访问交流

自 2012 年 7 月在刘国胜（留德博士，现在德国汉堡创业）的引荐下，我结识了德国汉堡音乐学校的校长 Ute Martin 马丁夫妇，后经他们的牵线搭桥使我们与汉堡周边的城市——斯托曼中学结对进行友好交流。此行参访的学生共有 61 人，其中乐队成员 45 位，德语班学生 16 位，教师 8 位，这是有史以来交流人数最多的一次，负载的任务也是最多的。

本次结对活动自去年底就开始商谈，双方就交流的人数、内容进行了多次沟通，并就结对家庭如何安排，双方所承担的费用等问题都进行了协商。最后，还是与斯托曼中学（五～十三年级）达成协议，这所学校共有 900 多位学生，是当地一所非常好的文理中学，生源来自当地和汉堡部分地区。校长是魏特（Dr.Witte）女士；项目的主要负责人是学校的音乐总监（即乐队指挥）克劳尔（Klaue）先生；项目的赞助商是巧克力公司的老总来尼克先生。我们通过上海兆歌文化传播公司办理了相关的手续，使得这次交流顺利地进行。这次飞行路线是从上海经迪拜转机到汉堡机场。然后由 2 辆大巴车把我们接到学校，并与德方已经为我们安排的家庭成员见面。我们一行到达学校后，冒着小雨把行李箱拉到学校食堂，在路上受到校方学生和家长的夹道欢迎，学校已为我们准备了食物和饮料，稍后还进行了简短的欢迎仪式。斯托曼中学由音乐总监克劳尔先生讲话（校长在外地开会），他把这几天主要的安排向大家做了介绍和说明，之后由我发言致答谢辞。

一个星期的访问时间不算太长，但我们一行的师生感受颇多，德国当地居民对我们师生的热情接待，使我们感受到家的温暖，汉堡大剧院、斯托曼中学音乐厅、吕贝克海滩露天音乐广场、柏林中国驻德国大使馆的小剧场等都留下了我校乐队学生演奏乐曲的场景，也给德国人民和中国大使馆官员留下了美好的印象，从而改变了德国人对中国人的看法,并了解了中国孩子也有如同他们孩子一样有如此高的管弦乐演奏技巧和艺术修养。

此次短暂的访问,我们的教师也用手中的笔记录下了他们的感受。

一、赴德交流访问活动感想(姚老师)

2013年4月26日至5月3日,应德国斯托曼中学的邀请,我校交响乐团和辅修德语班学生,在杨校长及部分教师的带领下,一行共69人,开展了为期8天的交流访问活动。本人有幸以协管员的身份参加了此次活动,感想颇多,现与大家交流一二。

首先,两校乐队之间的交流意义重大。尽管语言交流还存在着一定的障碍,但是依赖"音乐"这一无国界的语言,双方的学生和音乐教师之间依然达成了相当的默契。在相互排练、指挥对方的乐队,以及最后的混合演出当中,一首首美妙的乐曲飘荡在我们的耳畔。尤其是我们的"梁祝",蔺同学和丁同学的两把小提琴把那段凄美婉约的爱情悲剧演绎到了相当的高度,引来了德国观众雷鸣般的掌声,也向西方世界展示了我们东方少年在西洋乐器上的造诣。

其次,在乐队建设的参观、访谈中,我们既展示了我校乐队的成就,但更多的是看到了与对方的差距,无论是在硬件上,还是在软件上,我们都还有一段较长的路要走。这次交流访问我们只是走马观花般见识了些皮毛,幸运的是,两校之间签订了《合作交流备忘录》,相信在以后长期的合作交流中,我们可以学到更多,做得更好。

第三,德语班学生的走出去,意味着我们不再是"闭门造车"。学以致用,使得我们的学生体味了德语的意境,感受了德国的文化,提高了学习德语的兴趣。学生的良好表现以及教师的言传身教,都为我校开设的德语班、法语班、日语班等起到宣传和推广的作用。

第四,在整个活动过程当中,艰辛程度是出人意料的。学生有时是早上7:15就开始训练,有时是训练到晚上20:00,其中有一天甚至是完成参观任务返校后训练到22:00。而我们的校长和音乐教师尽心尽职、通力协作,几乎都是全程陪同到最后一刻,为本次活动的圆满成功做出了巨大的贡献。

当然,最后还是要讲一些我认为的不足之处。其一,在动员组织阶段,学校领导可能高估了乐队的学生和家长,没有把动员组织工作做到最好,以至于出访的人员和质量上都略有欠缺,没有把最好的表现出来;其二,我们教师的语言能力还是有所不足的(尤其是我),比较多的要依赖翻译,影响了相互之间的交流与沟通;其三,我们的学生在个人素养、行为举止、组织纪律等方面,与德国同龄的学生相比还是有些差距的,希望在以后的教学和训练中得到加强。

以上是我个人的非常肤浅的观点与感受,不到之处,请领导和同事们多多见谅。

二、走进音乐之乡(顾老师)

德国作为著名音乐家巴赫、贝多芬、勃拉姆斯等人的出生地,可谓音乐之乡。作为八年级德语班的班主任,2013 年 4 月 25 日至 5 月 4 日我有幸陪伴德语班的18 位学生,跟随学校管弦乐团的大部队,一同前往德国进行友好交流和访问。

坦率地说,出行前我有诸多顾虑的。本次德国之行,我们的主要目的是去德国进行文化艺术交流,主要分为语言文化和音乐演出两方面。根据行程来看,为了与德国友好学校同台进行管弦乐表演,其中乐队表演和排练占了很大一部分时间。现在的学生接触流行音乐比较多,居多都不喜欢交响乐之类的古典音乐。我们德语班的学生虽然也有几个学钢琴的,但是了解管弦乐的只有学吹萨克斯的顾同学。我担心德语班的学生会觉得无聊,影响团队的整体表现,甚至给德国朋友留下不好的印象。

最后,我体会到兆歌文化传播公司的安排是非常细致的,为教师和学生设计得很周到。当乐队学生在辛苦排练时,德语班的学生也有自己的安排。有一次是参观汉堡市中心,有两次是由德国学生带领着上德语课。但是,一想要让平时皮猴似的学生安安静静地坐着听大约 2 个小时的音乐会,我心里着实没底。怎么办啊?我在总负责王老师的指导下,事先对德语班的学生进行了音乐会的礼仪教育。除了必须热烈鼓掌之外,我反复强调:保持安静、认真倾听是对演奏者最大的尊重,同时表现自己良好的音乐素养和礼仪;反复强调:我们代表上海市进才实验中学全体学生的形象,更代表了中国学生的形象。难得出国一次,丢钱是难免的,只要不丢人就行。经过这样的教育,情况如何呢?

第一次音乐会,我们来到当地著名的、音乐气氛浓郁的汉堡音乐厅。演出很盛大，底楼所有的座位以及二楼的部分座位坐满了买票入场的人。我们乐队的学生与当地学生合作参与其中的一个演出，没有演出任务的学生就坐在二楼听音乐会。入场之前，韩老师、王老师和我再次提醒学生注意礼仪。演出过程中，有瓶子落地发出声音；有学生自作主张吃东西；有学生开始玩手机、看 iPad……带队教师都很担心，我们不时用眼神、手势督促学生认真听，甚至把他们的手机收起来。结果，学生们真不再出声了，有的居然睡着了，有的借上厕所之名溜了出去。第二次听音乐是在与友好学校的签约仪式前，我们学校管弦乐团的学生演奏梁祝片段。除了德国学校的校长几人，没有其他来宾。我们德语班的学生穿着统一的校服，坐在离舞台特别近处，真切地看到不同种类的、闪闪发光的乐器，听到朝夕相处的学生同伴吹奏出的乐音在空气中颤动、飘扬，学生受到了音乐的震撼和感染。他们被优美的音乐吸引，神情端庄起来，尽管还有人左顾右盼，窃窃私语声越来越小。记得那次德国校长在最后还表扬我们的学生衣着端正。第三次，在德国学校的排练厅里两国学生同台演出，来听音乐会的人很多，有当地的学生、学生家长以及附近热爱音乐的居民。由于人太多了，德语班的学生只能零零落落地坐在会场不同的地方。演出时，所有的人都极其安静，我怀疑一根针落在地上都能听见。我不由自主地回头寻找有没有任何教师在身边督促我们学生，发现我们德语班的学生与德国人民一同屏息凝神地倾听，他们很专注！他们一定是受到了音乐的熏陶、受到了德国人民热爱音乐和良好素养的感染，他们或许发现了交响乐的和谐和美丽！这真是意外的收获！我们真的走进了德国这个音乐之乡，走进了音乐的殿堂。

当然，对于德语班的学生来说，德国之行的收获很多。从他们每个人的文章中、从 PPT 的班级交流中，可以看到他们与德国家庭建立了深厚的友谊，情真意切、难舍难分。很多学生在回国后及时给德国家庭写了信，表示感谢和对于他们来访的期盼，学生们真是越来越懂礼貌，知道感恩了。很多学生回国后学习英语比以前更认真，这是因为他们体会到英语在国际交流中运用的重要性。还有很多学生表示希望以后有机会再去德国！

最后，我想说这次去德国的访问是成功的，因为它受到师生的欢迎，因为它具有深刻的教育意义。代表德语班的学生以及我本人，衷心感谢校长的关心指导，感谢兆歌文化传播公司的细致安排，感谢为本次活动付出辛劳的所有教师和学生,感谢德国人民的深情厚谊!

三、音乐是友谊的使者(孔老师日记节选)

从 1 月底开始运作德国汉堡之旅。刚刚开始只有 9 位学生报名,针对当时的情况,首先是宣传工作,使学生了解本次活动的意义,然后是做家长的工作,先后开过几次不同层面的家长会,配合兆歌文化传媒,层层展开,真所谓承前启后……

3 月初乐团人数确定为 43 人,加上语言班 18 人,共计 61 人。

2013 年 4 月 25 日(周四)20:20,上海市进才实验中学管弦乐团德国汉堡之旅友好访问团在团长杨校长的带领下,分乘两辆巴士从学校出发驶向浦东国际机场。

26 日(周五)飞机经迪拜转机,于 13:30(北京时间 19:30)到达德国汉堡机场。德方代表和中方代表韩瑞麒、姜玉雪,该校学生乐团代表(大提琴手)迎接我们。15:30 左右到达斯托曼中学校。

学校乐团指挥米凯尔·克劳(Klaus)先生发表欢迎词。然后,杨校长致答谢词。之后,管弦乐团开始加入德方管弦乐团的排练。

德方指挥克劳,基本按照"一比一"模式进行中德乐团组合。乐团校音音高定位:443 次/秒。乐团对音顺序以及排练风格被双簧管演奏者刘同学如实地记录下来:

"在乐团排练时,我们感受到德国人做事的认真和严谨,而且斯托曼中学的管弦乐团也很有专业风范。在对音时,管乐由双簧管对音,只要双簧停止吹范音 A,其他管乐也停止校音;在管乐对过音后,弦乐才开始对音,小提琴首席开始拉范音 A,其他弦乐依次对音:贝斯、中提、大提、二提与一提。同样,一旦小提琴首席停止拉范音 A,其他弦乐也停止校音;在排练时,排的曲子中即使出现错误,指挥不会停下纠正,其他乐队成员也不会发出不和谐的声音,而是等到全曲结束再来纠正,很有专业素养。而我们乐团在这两个方面与他们相比较还是有差距的。"

当乐团一切就绪后,指挥首先介绍吉他演奏家米凯尔·本特金(Michael Bentsen)与迪克·马丁(Dirk Martin),两位起立回礼。排练作品的六个部分。指挥要求全体"弱",因为作品的定位为吉他协奏曲。当整个乐团"弱"下来后,十分安静、透明而清澈,起伏坐落有致。领奏两把吉他稍稍给一点儿扩音……短暂的接触后，大部分乐手基本适应。指挥风格规范、简练、老练，作品的风格把握准确，指挥具有极强的感染力，乐手们被征服了……

27日（周六）10：00，在学校集中后到汉堡音乐厅演奏吉他协奏曲《节日序曲》。汉堡音乐厅节目单有两套，第一套是一年前由汉堡警官合唱团制作的观众节目单，十分精美；另一套是近期制作的，供演员参考。从节目单上可以清晰地看出制作节目单的人水平之高。严谨、细致而精美，可谓成熟的文明演出体系。

2013年5月1日（周三）16：00抵达学校排练（正装）（Klaus安排人员负责照相），指挥：刘同学。德方有三位大提琴助阵。经过十几个小时的准备，指挥刘同学对吉他协奏曲《节日序曲》基本把握住了，快接近演出时间，他还在排练。17：55排练终于结束。

18：00音乐会开始。现场座无虚席，观众十分安静。

演出非常成功，在场的观众给予长时间热烈的掌声！演员们笑了，观众们激动了。音乐是友谊的使者，音乐是全世界的共同语言，音乐使德国人认同了中国人，音乐使双方的心脏热烈而同步跳动着……

德方指挥对4位乐手评价很高，他们是小提琴独奏：衡同学、丁同学；小号：何同学；大管：朱同学。

四、发人深省的一句话（徐老师）

出访德国回来已经多日，可是，一个场景至今萦绕脑海，挥之不去：当客机即将降落浦东机场的时候，与我邻座的学生望着舷窗，情不自禁地说："多么希望着落的机场仍在德国！"童言无忌。可是，这句出自学生的肺腑之言，却让我感慨得难以入眠。

四月下旬，我随进才实验中学的学生乐团在校长带领下赴德国汉堡文化交流与访问演出。校长颇有胆识，同意让学生寄宿在外国学生的家里。初始，不少学生及其家长顾虑重重；结果呢，这些不愿意去的学生竟纷纷表示不愿意回来。一位家长在电话里告诉我，她的女儿回家当晚竟号啕大哭。为什么？原来是学生在德国得到了一对老人的悉心照顾，老人年已古稀，学生觉得可能以后再也见不到如此和蔼可亲的德国爷爷奶奶了。

60多个中国花季少年，分别居住在汉堡附近的阿尔斯堡小镇当地居民家里。

除了白天的参观、访问与演出外,这些黄皮肤黑眼睛的学生就被白皮肤蓝眼睛的爷爷、奶奶、叔叔、伯伯、阿姨接回他们的家,享受德国人民的正统家居生活。他们的房舍几乎都是隐藏在绿树丛中的小别墅,浓密的树林,碧绿的草地,犹如童话世界。他们的家庭成员几乎都有着丰富的学识与修养,能说几国语言的不在少数,学生用初学的英语与他们交流没有太多困难。更让学生吃惊是,这些外国人,不管是老人、大人和小孩,几乎都会至少一种乐器。因此,晚餐以后,便是东西方文化交流的好时光。借着通行世界的五线谱,你弹钢琴,我拉小提琴,或者来一个小提琴与大提琴的重奏。

学生的卧室被收拾得干净而整洁。早上起来,丰盛的早餐已经放在餐桌上,没有三聚氰胺的纯正的牛奶与著名的德国香肠以及新鲜的蔬菜瓜果等候着来自中国的小客人。外出前,让学生带上他们早已准备好的营养丰富的便当作午餐。傍晚,他们早早地开车等候在指定的地方,迎候他们的小客人回到异国他乡的家。

他们带领着这些黄皮肤小客人,去餐厅、去球场、去海滩、去音乐厅。每天有着不尽相同的活动。有的还将这些生活场景拍摄成录像,并且制作成碟片,作为礼物送给我们的学生,让这些来自东方古国的学生记得这段不寻常的生活。

临别的一天,不少接待中国学生的小别墅里举办了欢送派对。音乐声中,洋溢着友谊与友情,也浸透着丝丝别离情。

人非草木,孰能无情。享受着这些素昧平生的外国人如此真诚热情的款待,谁能无动于衷?谁能不被感动?因此,学生滚烫的眼泪是真实的,能懂得感恩的心是无比珍贵的。学生虽然尚小,但是他们同样有七情六欲,懂得是非好坏。他们知道:阿尔斯堡的蓝天白云要比我们这里多得多,那里的清新空气要比我们这里好得多。更让大家难忘的是,我们这些未出茅庐的学生演出的时候,德国音乐厅里的成人观众同样安静得即使一根针掉在地上也会听得到;当衡同学与丁同学演奏小提琴协奏曲"梁祝"结束的刹那间,全场观众爆发出的热烈掌声经久不息,德国指挥家频频竖起大拇指表示赞赏,他们的音乐修养要比我们好得多……

因此,有些学生发出"希望着落的机场在德国"的声音,也是可以理解的。尽管我们不是狭隘民族主义者,天下大同是我们的远大理想。但是,应该让学生将爱国爱家的理念铭刻于心。让学生以及我们自己都认真思考一下:为什么那里有蓝天白云?为什么那里的人们不仅彬彬有礼,而且热情好客、富有奉献精神?要让学生知道，落后不要紧，发现差距是好事，"闻过而终礼，知耻而后勇"，从而将爱国爱家的理念付诸行动，发奋图强，自强不息。小时候好好学习，存好心，做好人，掌握善知识，长大了好好地为建设家园竭力工作，力争将自己的家园也建设成蓝天白云与莺歌燕舞，将自己的文化修养与道德水准也提升到德国人一般。所有这一些，学生应该思考，当教师的则更应该思考。

同时，从这一句似乎有一点不中听的话语中，我们的大大小小的官员以及灵魂工程师是否值得反思：为什么学生会有如此感叹？为什么我们不能创造一个蓝天白云、吃住安全、和谐同乐的家园，从而让学生渴望着落的机场在自己的祖国呢？

值得深思哦！

第五部分　加强教师专业发展

把学校打造为成就教师的殿堂

根据市教委和新区教育局相关文件精神，按照《浦东新区见习教师规范化培训实施意见》《浦东新区见习教师规范化培训内容与要求》的工作部署，近几年我校承担每个学年 20 多位不同学科见习教师的培训任务，有时多达 6 门学科。我校努力做好见习教师规范化培训基地的工作。

一、多方筹备、构筑基地

我校通过多方谋划、建章立制、创设条件，构筑见习教师规范化培训基地，力争让我校基地成为所有来培训见习教师专业成长的美好殿堂。

（一）

在《上海市进才实验中学教师专业发展四年行动计划》指引下，教师结合针对自己的教育教学实际进行梳理，寻找自身优势与改进方向，制定《上海市进才实验中学教师个人发展的四年行动计划》。对于见习教师要求制定《上海市进才实验中学新教师见习期行动计划》，以增强其责任感和使命感，尽快适应和胜任教育教学工作，缩短新教师的角色转换期，尽早成为一名优秀的人民教师。

重视制度建设的引导作用。在校本研修学校有关制度的基础上，根据见习教师专业发展的需要，进一步修订和完善各项制度和方案。例如，《关于教师培训的相关规定》《关于青年教师培养的实施意见》《关于新教师教育教学常规及带教要

283

求》《学校"青蓝工程"实施方案》《首次岗位聘任办法》《科研管理工作暂行条例》等，增加了在新教师培训方面的规范要求和成绩激励等内容，形成了初步的见习教师规范化培训的制度文件。

（　　）

遴选带教导师是构筑基地的重要内容。我们梳理了本校教师的学科、学历、职称等基本情况，针对见习教师的实际，选定师德高尚、资历深、水平高、有丰富带教经验的各级学科带头人、骨干教师当带教导师。在 2011 学年，共有 4 门学科 19 位见习教师来到我校参加了培训，我校指定了 12 位具有丰富教学经验的教师作为带教导师，在 2012 学年共有 6 门学科 21 位见习教师来到我校参加了培训，我校指定了 16 位具有丰富教学经验的教师作为带教导师，分别开展了带教工作。

本着"带教他人，提高自己"的观念，我校积极鼓励优质师资参与带教队伍，通过"青蓝工程"、区骨干教师的师徒结对、新老教师同伴互助等几个不同层面，发挥骨干教师的引领作用，在校园中形成相互关心、共同成长的风气。

（　　）

提供物质条件是构筑基地的重要保障。我校非常关心来我校培训学员的学习生活情况，在做好督促、检查、考核的同时，还提供稳定、和谐、有序的培训环境。为每位见习教师制作"培训一卡通"，作为进出校园、参加校园活动、阅览教学类书报杂志、享用午餐等凭据；专门开设 2 间固定的办公室，供前来接受培训的见习教师学习、工作。同时，在带教导师办公室安排座椅，方便与导师共同研讨、交流；学校的一些重大活动、交流研讨会都会邀请参培学员参加，为他们的学习、提高、成长创造条件。通过多方面细致入微的物质准备，为构筑基地提供了厚实的保障。

（　　）

我校作为见习教师规范化培训的基地，讲求规范加特色，不盲从、不摆花架子，既安排好上级规定的培训内容，确保取得培训实效，体现规范化，又凸显了学校的特色，做好三个"结合"。

1. 将培训内容与学校教育教学工作相结合

构建"课、研、训一体化"的培训模式，让见习教师深入课堂，参与教研，不搞表面化、不搞走过场。

2.与学校"青蓝工程"相结合

结合我校原有新引进教师的师徒结对、区骨干教师带教成熟教师、新老教师同伴互助等形式,把见习教师的培训与本校教师的整体培训相结合、与学科带头人、骨干教师考核相结合,营造团结、互学、向上的校园文化氛围。

3.与学校"全员性、多层次、个性化"的校本研修特色相结合

要求见习教师自主学习,提升自研自悟的能力,学会团队交流,营造合作共赢的研究氛围,参与各类教学竞赛,保障研修的深度,搭建展示教学能力、反思教学行为的成长平台,在学习他人长处的同时,绽放自己。

二、多措共举、打造基胚

我校通过开展各项工作,采取切实措施,引领新教师尽快入门,步入"入门、合格、骨干、带头人、专家"五步专业发展之路,为见习教师终身的专业发展打下坚实的基胚。

( )

1.明确培训目标

确立了目标定向,即通过学习实践使培训教师更新教育观念,树立素质教育思想,提高课堂教学的质量,使见习教师能够在新一轮课程改革的浪潮中不断发展,持续提高,力争早日成熟,成为教育教学骨干。

2.设计培训菜单

我校采取"订单与点单"相结合的方式,订单即要求带教教师制定详尽的带教计划,随时对被带教师进行指导和评讲,指导培训教师课堂教学组织工作,主要包括:共同备课、随堂听课、课后及时反馈、进行点评,以教育、心理学原理指导被带教师备课和课外辅导,分析、评价被带教师的教学工作;为被带教师上示范课、指导作业批改、命题和试卷分析等。把握不同教师的参培需要,把培训工作落在实处。点单即要求参培教师与带教导师一起制定培训计划,根据自己的不同需求提出个性化的发展要求。这样,参培教师明确了自己的发展方向,并针对性地制定出自我发展计划,极大地体现了教师的主体地位。

( )

在提升见习教师专业素养方面,我校基地努力构建以"师德为本,师能为基"

的见习教师专业发展体系。

1. 学制度,提修养

为规范见习教师的师德,学校以《上海市进才实验中学师德考核细则》《上海市进才实验中学教职工行为规范》《上海市进才实验中学师德师风建设制度》等一系列规章制度为蓝本,加强对见习教师的引导和培训,并把师德修养与见习考核、评选先进等相结合。由于要求明确、措施得力,通过日复一日的耳濡目染和培训学习,见习教师自然而然地养成了各种好的教学习惯,在我校无体罚和变相体罚现象,见习教师爱岗敬业,关爱学生,将全部精力倾注到教育教学上,学生满意率达95%以上。

2. 抓"三课",练师能

我校在见习教师培训方面历来重视常规培训,并力求做到常抓常新,尤其重视见习教师在"三课":课堂教学、课程开发、课题研究上,练就教师的教育教学能力。

(1) 以课堂为重点,练就教学能力

我校注重见习教师培训的实效性,强调以提高课堂教学质量为重点,加强见习教师培训与课堂教学的有机结合,探索并建立"课、研一体化"的见习教师培养新模式。"课"是指课堂教学与改进,学校定期举行见习教师课堂教学、业务技能、基本素质等竞赛活动,通过"比、学、赶、帮、超"不断提升他们的业务水平。"研"是指课堂教学研究,以"构建高效课堂"为研究主题,提升见习教师教学设计能力、课堂驾驭能力和总结反思能力。

(2) 以课程为突破,练就开发能力

深化"教师即课程"的意识,鼓励见习教师参与校本课程的开发与实施工作,使见习教师在课程"三化",即基础型课程校本化实施、拓展型课程多元化开发、探究型课程自主化实践方面有所作为。我校有7个教研组共23个备课组,每学期开发的拓展型课程达40余门,每个学科、每个年级(包括九年级)、每个学期都开设了探究型课程,目前开发的拓展型课程、探究型课程有的已经成为学校的特色课程。见习教师在参与课程开发与实施的过程中,也是在培训自己、提升自己。例如,我校徐老师经过一年的见习教师培训,第二年就开发了一门拓展型课程,并在专家的指导下编印了校本教材。

(3) 以课题为引领,练就科研能力

我校在办学过程中提出了"十六字"的办学策略,其中最后一条就是"科研助动",学校创设浓厚的学习氛围,以教育科研引领见习教师的专业发展。定期组织各级课题申报、研讨和推广工作,并通过校园网络等平台,及时推荐学习书刊及相关文章;通过开设讲座、与专家面对面交流等形式,引导教师学习教育理论。2011年年底,区级课题《学生校外社会实践基地的建设》立项,我校领导鼓励基地的见习教师共同参与该课题的资料收集、原理论证及行动实践,该课题经过大家共同的努力,现已顺利地结题,课程成果荣获浦东新区德育课题一等奖,上海市课程成果二等奖的好成绩。

( )

我校为见习教师适时且有针对性地安排诸多学习、交流和展示活动来搭建各类基地平台,以平台为载体,以项目活动牵引、带动见习教师的踏实成长。

1. 搭建对话平台

(1) 开展与课程标准对话活动

随着课程改革的强势推进,教师的教育观念有了很大的变化。但是,同时也带来了许多新的问题。例如,教材的不断改动,教师课堂教学模式的变化,一味地追求教学生活化……为了促进教师对问题的深层思考,学校组织教师带着这些问题结合自身的教学体会,再次审读课程标准,内化自己的认识,并开展教育教学讨论。

(2) 开展与优秀教师对话活动

深度访谈基地学校的优秀教师,感悟优秀教师的每一个闪光点,从而得到教育的启迪,心怀的开拓,提高理论素养。

(3) 开展与校本研修对话活动

结合每学期学校工作的侧重点,先后开展了"探究型课程设计、交流","基础型课程中学校特色渗透"等校本研修活动。邀请参训教师一起参加,共享课程培训资源。通过参加自主教研活动、探究型课程设计交流、听课评课活动、反思交流活动,提升课程理解力。

2. 搭建交流平台

(1) 开展与教研组和备课组对话活动

充分利用备课组、教研组这一阵地,定期开展案例分析、热点讨论活动。参训教师积极参加基地学校的活动,围绕备课、课件制作、作业批改、学困生辅导、质量分析等方面,发表自己的见解,进行问题探讨、经验分享、活动商议、困惑辩论,在与同事的相互切磋、相互交流中达成共识,得到共进。促进了培训教师对问题的关注、提炼和思考,以小见大,增强了开拓创新能力,使教师学科教学水平向前迈了一大步。

（2）开展与导师对话活动

学校要求参训教师接受带教导师和同伴听自己的一节公开课,开展"临床型"诊断和富有针对性的指导。"一病一方""一把钥匙开一把锁",在丰富的个案中提升理性的认知。同时,还要求带教导师上示范课。教学相长,这不仅是对学员的提高,对带教导师也是全新的体验,还是一种平等的互相展示,更是师徒近距离接触。另外,在带教导师的指导下,完成一份单元测试卷的编制和一份《教学设计能力诊断书》等,都为青年教师的成长创造了条件。

3.搭建展示平台

（1）结合"我选择了做教师""我眼中的优秀教师"等征文活动

我校举办了演讲比赛。2011学年,我校请来了浦东新区教育局团委书记张力文、浦东教发院培训部张新、赵军秋老师担当评委,鼓励培训教师走上讲坛,或畅谈自己工作的收获,或反思自己工作的得失,或抒发自己工作的悲喜,或分享与学生的故事。无论是令人欣悦的,还是令人深省的,都在传递着对教师这个职业的热爱,都让大家感受他们对教育事业的热忱。

（2）结合"推优课"评选

人人上交一节课的录像,在各自学科范围内展开交流,推荐一节学科最佳课,再由校评审小组对不同学科的最佳课进行评审,最终产生区最佳课推荐人选。

（ ）

我校规范培训管理,不同阶段召开不同层面的工作会议,督促带教导师认真履行职责,指导见习教师按时完成各项培训内容,掌握各项工作的基本程序与行为规范。引领见习教师在完成"八个一"的基本任务及推优课相关材料的同时对一年的培训进行梳理,为今后的发展确立方向;引领带教导师在完成诊断报告、活动记载表、带教总结的同时,也对自身的工作进行回顾总结,并组织交流,期望在专业发展中留下他们的足迹。建立健全带教工作档案,做好考核工作。培训过程结束时,按浦东教育发展研究院的要求递交有关材料,并根据《浦东新区见习教师规范化培训考核办法》,对每位见习教师进行考核。

三、思考与反思

我校带教工作尽管在浦东新区带教工作会议上获得教育局领导的表扬,但我们深深意识到这是上级领导的激励与关心。我校作为浦东新区见习教师规范化培训基地,在带教工作的具体做法上尚有许多待改进、待提高的地方,诚恳地希望得到上级主管部门的指导和相关配套政策的支持。在带教过程中,我们感觉到见习教师到基地实习路途远、时间难保证是一个"老大难"的问题,希望就见习教师的培训模式、骨干教师带教与见习教师培训整合等问题展开思考与讨论,寻求一条既有可操作性,又有利于见习教师成长的途径。新引进教师中学历层次越来越高、非师范毕业生越来越多,对这些见习教师如何制定个性化的培训方案,也有待于共同研究。如何改革见习教师的培训模式,从教育知识的介绍,转变为教师经验分享与教师知识的发现,都有待思考和探索。另外,在见习教师一年见习期满后,如何为他们后续的发展再次制订新的培训方案和计划,都需要进一步研究和探索的。

总之,关注教师的成长,提供终身学习、善于反思和求是创新的平台,是我校作为见习教师规范化培训基地学校的责任;是惠泽学生、造福教育的长远工程。通过对以往工作的回顾与梳理,更明确了努力方向,我们将以此为起点,尽我校微薄之力,为浦东新区造就一支适应教育教学改革需要的、德才兼备的、有十足后劲的教师队伍,真正把我校打造为成就教师的殿堂。

"新教师教育教学能力的规范化校本培训"方案①

　　教育事关民族兴旺、人民福祉和国家未来……教育改革的成败归根结底取决于教师专业发展水平的全面提升……建设高质量的教师队伍是全面推进素质教育的基本保证。

　　新教师作为教师队伍的生力军,其专业水平的提升至关重要。探索新教师教育教学能力的规范化校本培训的构建与实施,是现代社会对教师综合素质发展的要求。因此,我们认真研读《中学教师专业标准》《上海市见习教师规范化培训指导意见》和培养优秀教师的有关资料。经过理论文献的分析以及为期3年的见习教师规范化培训基地建设的经验总结,通过课堂观察、教师访谈以及教育专家的指导,依据胜任力理论,我们构建了《新教师教育教学能力的规范化校本培训方案》(以下简称《方案》),并且对《方案》中关键性概念进行了界定,期望本《方案》能对指导新教师规范化培训提供有价值的线索。

一、背景分析(略)

二、《方案》设计的创意

( )

1. 指导新教师解决工作实际中遇到的问题(略)

2. 提升我校教师队伍专业发展的整体水准(略)

3. 构建新教师教育教学能力的规范化校本培训的具体内容与实施的操作方法

以上《方案》为同类教育实践提供了参考与借鉴。我国教育理论界和实践工

---

　　①　收录于第三期"上海市普教系统名校长名师培养工程"名校长培养对象通识培训研修成果集《校长办学追求与学校改革创新设计》初中组下篇。

作者大范围关注"新教师"问题始于 20 世纪 90 年代初,近年来随着我国对教师继续教育重视程度的逐渐加深,研究成果日见丰厚。但从整体上看,此项研究仍处于起步阶段,就目前上海市新教师规范化培训来看,不论是对导师还是新教师的培训内容与要求多停留在条框化、任务型,没有具体的实施指导性意见,各校大都各自为政,摸着石子过河,许多实际问题尚待探索。我校作为浦东新区见习教师带教基地,在肩负本校新教师培训任务的同时还肩负着新区见习教师培训的重任。因此,本《方案》以期为同类教育实践提供参考与借鉴。

( )

1. 指导思想

充分发挥我校的优质教育资源,构建一套融入学校文化、体现校本特色的"新教师教育教学能力规范化校本培训方案"体系,凸显可操作性和实例呈现,以期为兄弟学校提供可借鉴的新教师规范化培训资料、为新教师走出入职初期的困境提供指导性的教育教学实例。

2.《方案》的总目标

通过培训,提高新教师的师德修养,增强职业感悟力;掌握学科教师、班主任的基本技能,历练课堂实践能力和带班能力;提升专业理论素养,培养职业生涯规划意识与教育科研意识。

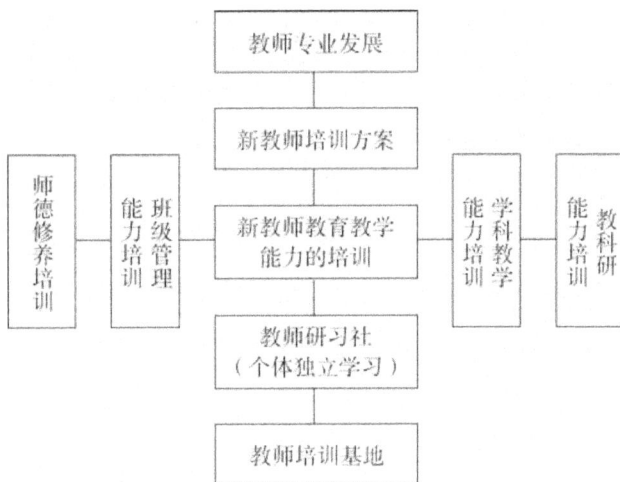

上海市进才实验中学"新教师教育教学能力规范化校本培训方案"体系

3.具体方案

《方案》分目标、内容、方式、成果呈现形式等(见"附:《新教师规范化校本培训课程的构建与实施》项目总结报告"中的研究内容)。

三、《方案》的实施的程序与步骤

( )

"新教师教育教学能力的规范化校本培训方案"解读。

( )

1."新教师教育教学能力的规范化校本培训方案"实施细则(略)

2."新教师教育教学能力的规范化校本培训方案"推进策略(略)

( )

分为以下三个阶段

1.准备阶段

(1) 查阅、整理、分析相关研究资料,了解相关研究现状

(2) 初步制定行动计划

(3) 设计相关调查问卷

2.实施阶段

(1) 实施问卷调查研究

开展新教师专业发展的需求及规范化培训情况的调查,获取第一手资料,为《方案》的构建与实施提供资料。

(2) 第一轮行动研究

"对新教师教育教学能力的规范化校本培训的构建"内容及要求、新教师教育教学能力的规范化校本培训的操作方法、呈现体例、评价体系等内容制定行动研究计划。然后组织实施,在实施过程中加强观察,据此加以必要的调整。

(3) 第二轮行动研究

在第一轮初步开展实践研究的基础上,对《方案》进行修改与调整,并继续按照"计划——实施——观察——调整"的基本步骤,开展实践研究,直至基本达到研究目标。

3.总结阶段

(1) 完成新教师教育教学能力的规范化校本培训的构建研究(包含课程构建整体设计、课程模块)

(2) 完成新教师教育教学能力的规范化校本培训的实施研究(包含新教师教育教学能力的规范化校本培训的实施操作模式、新教师教育教学能力的规范化校本培训呈现体例)

(3) 完成新教师教育教学能力的规范化校本培训的评价体系(包含评价对象、评价原则、评价方式)

(　　)

1.校本特色策略

(1) 与学校教师专业发展整体规划相结合

教师专业发展是学校生存之本,也是我校四年发展规划的重中之重。学校将教师专业发展工作打造成"一条龙"式的系列化校本培训。即第一阶段(入职 0～1 年):见习教师规范化培训;第二阶段(入职 1～5 年):青年教师规范化培训;第三阶段:骨干教师规范化培训。重在将新教师培训工作后续化、深入化、规范化、课程化、校本化。

(2) 与学校"青蓝工程"相结合

结合我校原有的新引进教师的师徒结对、区骨干教师带教成熟教师、新老教师同伴互助等带教形式,把新教师培训与本校教师的整体培训相结合、与学科带头人、骨干教师考核相结合,在校园中形成相互关心、共同成长的风气,营造团结、互学、向上的校园文化氛围。

(3) 与学校的校本研修特色相结合

要求新教师自主学习,提升自研自悟的能力;学会团队交流,营造合作共赢的研究氛围;参与各类教学竞赛,保障研修的深度;搭建展示教学能力、反思教学行为的成长平台,在学习他人长处的同时,也绽放自己。

2."浸润式"策略

我校将学校建设成为所有师生的精神家园。在校园环境的建设上追求人文性与科学性的统一,构建"崇尚理性"的学校文化理念系统;在培训中力求使新教师感受校园环境文化,学会理性思考,以交往互动来增进理解。最终,了解学校精神、理念,转化为对自身的要求。

3.科研引领策略

在以往的工作中,我们感觉新教师的培训模式、课程构建、骨干教师带教与见习教师培训整合等问题都有探讨、上升的空间。而从研究状况来看,参考国外资料,其内容虽然十分丰富,但这些研究都是以本国的国情、教育基础、就业政策等为背景的。因此,在引进与借鉴他人经验的同时,应考虑共性与差异;从国内来看,此项研究仍处于起步阶段。因而,我校申报了区级内涵项目"新教师规范化校本培训课程的构建与实施",充分发挥我校优质教师资源,通过科研引领来研究新教师规范化培训的课程,构建一套融入学校文化、体现校本特色的新教师规范化培训课程体系,凸显可操作性和实例的呈现,以期为兄弟学校提供可借鉴的新教师规范化培训课程资料、为新教师走出入职初期的困境提供指导性的教育教学实例。

四、推进《方案》所需时间、人力和财政资源支持

1.时间保证

1学年为基础保障;3学年为一个基本轮回。

2.人力支持

我校有较强的教师专业发展意识,2012年被评为浦东新区教师专业发展学校。针对未来的发展,我校制订了《上海市进才实验中学中学教师专业发展四年行动计划》,成功申报区级内涵项目"新教师规范化校本培训课程的构建与实施",为行动计划的开展奠定了坚实的基础;我校作为浦东新区见习教师带教基地,有3年的带教经验,曾带教过40余位学员,积累了一定的研究个案。

行动计划组人员构成合理,老中青教师兼具;包含师德教育实施部门、德育管理者、教学管理者、教育科研管理者、骨干教师、骨干班主任等;涉及语文、数学、英语、历史等文理学科,学科基本达到全覆盖。

3.财政支持

学校有专项经费落实。

五、推进《方案》可能遇到的问题及解决策略

1. 问题

（1）缺少可供借鉴参考的经验

我校在培训过程中感到，就目前上海市新教师规范化培训来看，不论是对导师还是新教师的培训内容与要求多停留在条框化、任务型，具体的实施没有指导性意见，缺少可供借鉴参考的经验。

（2）骨干教师的培训途径也需摸索

对新教师培训的同时，也对担任带教导师的骨干教师自身的素质提出了更高的要求，怎样开展对骨干教师的培训？将骨干教师带教与见习教师培训整合，寻求一条既有可操作性，又有利于全体教师成长的途径，那是我们追求的目标。

2. 策略

（1）加强与上级主管部门的联系

得到上级主管部门的指导和相关配套政策的支持，通过校际教研联合体的机制，互通信息、资源共享，拓展教师的视野，促进兄弟学校和本校教师的共同发展。同时，拟进行《新教师规范化校本培训课程的构建与实施》课题研究，为行动计划的实施提供技术支持。

（2）鼓励骨干教师积极参加市区层面项目骨干培训

结合市区级各类比赛、展示研讨交流等，通过基本功大赛、教学比武等多种活动开始，提升教师课堂教学能力；通过教育、教学等课题的研究，提升教师的实践反思能力；在培训经费、资源使用等方面给予优惠政策。同时，将带教成果与骨干教师的考核相联系。

六、执行《方案》的人员

1. 组织指导者：校长；

2. 部署协调者：学校发展中心主任；

3. 条块管理者：副书记、副校长；

4. 具体执行者：年级组、教研组及各类骨干；

5. 具体实施者：全体教师。

在集体讨论确立学校《方案》的基础上，由校长担任项目总负责，保证了将本《方案》纳入学校整体工作中；由主抓学校师训、教师专业发展的行政部门学校发展中心协调整个培训工作，保证了各条线培训资源的统一安排和指挥；分管师德的党支部副书记、分管德育的副校长、分管教学的副校长、分管教科研的发展中心主任分别担任课程条块的具体管理者，各尽其能，分工协作；年级组、教研组及各类骨干教师，他们本身担任着带教导师获带教团队召集人的工作，作为具体执行者更能够保证执行力；全体教师的参与不仅有利于提升业务水平，还营造了培训氛围。

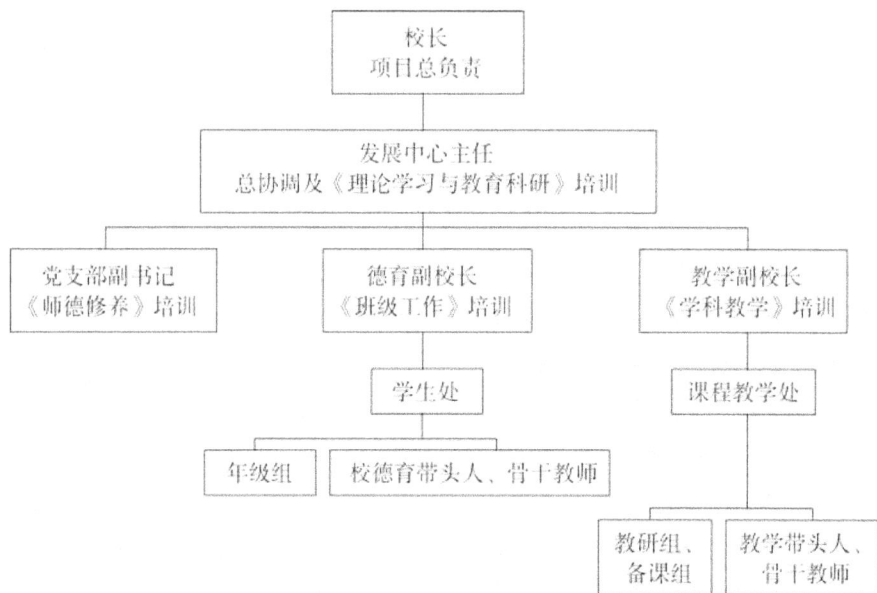

上海市进才实验中学"新教师教育教学能力的规范化校本培训"工作组织网络图

七、对《方案》目标实现的评估方法

1. 成果评价

通过对照"四个方面的培训模块"各自的培训目标、内容、要求等达成度进行成果评价。

2. 过程评价

通过新教师、带教导师、带教团队间自评、同伴互评、师徒互评等进行过程评价。

296

3.总结评价

通过学校考评、家长问卷、学生问卷等多种途径进行总结评价。

八、《方案》对学校发展的实际影响程度的评估方法

1.他评

通过学校四年发展规划评价中他评体系进行评估。

2.答辩

通过上级部门对《新教师规范化校本培训课程的构建与实施》内涵项目终期答辩进行评估。

3.检查

通过上级部门对我校教师专业发展学校年检、见习教师带教基地年检、学校年终绩效考核等相关检查进行评估。

附：

"新教师规范化校本培训课程的构建与实施"项目总结报告(节选)

一、项目概述(略)

二、项目实施主要内容和经验

(一) (略)

(二) 研究内容

1.建构新教师规范化校本培训课程体系

(1)《职业感悟与师德修养》课程建构(略)

(2)《班级工作与育德体验》课程建构

培训内容有:班级文化建设、班级常规管理、班干部队伍建设、班级特色活动开展、主题班(队)会开展、学生评语撰写、组织学生社会实践活动、班级突发事件应对、师生有效沟通、家校有效沟通、学生个案分析与研究、德育小课题研究等。(具体内容略)

(3)《课堂经历与教学实践》课程建构

课堂经历是新教师规范化培训的重点内容,从课程标准的研读、教学计划的

制定、教材内容的钻研、教学五环节的规范，以及教师听课、评课、撰写教师案例，直至教育课题的研究等，都需要从开始就进行规范。因此，课堂教学实践的课程建构非常重要。

序号	培训内容	培训目标	培训方式	培训课程资料（教材提供）	培训成果资料（学员上交）
1	学科课程标准学习	明确本学科知识体系和总体目标，熟悉各学段教学基本要求	组织教研组学科课程标准学习交流会	课程标准相关文件	课程标准学习心得
2	教学计划制定	具有初步的课程概念，能根据教学要求和学生实际，有计划地制定学期教学总体计划及细化的周课时计划	组织备课组教学计划制定研讨会	备课组学期教学计划规范样本	学期教学计划
3	教材内容研读	独立研读教材，准确把握教材知识点，确定恰当的教学内容	组织备课组教材分析交流会；导师实时指导	教材分析优秀样本	教材分析案例
4	课堂教学设计撰写	结合学情，准确把握教材的重点难点，合理设计各教学环节，并进行针对性地教后反思	组织专家辅导报告；指导学员执教公开课	相关理论资料；专家报告视频或文稿；优秀课堂教学设计样本	教学设计案例
5	教学反思案例撰写	针对教学中的突出问题进行反思、研究、改进	组织教学反思案例交流	优秀教学反思案例样本	教学反思案例

（续表）

序号	培训内容	培训目标	培训方式	培训课程资料 （教材提供）	培训成果资料 （学员上交）
6	说课	说清教材、教法、学法、教学程序、作业设计各环节	组织说课交流	相关理论资料,优秀说课稿样本	说课稿
7	观课评课	全面观察师生动态,仔细记录课堂过程,及时捕捉优势和不足,认真思考改进措施,清晰表达观课感受	组织观摩各级公开教学并指导学员参与评课	相关理论资料;听课记录表规范样本;优秀评课样本	听课记录表;教学评价表
8	作业设计	紧密结合教学内容,作业要求明确,作业量适中,有分层意识,作业形式丰富有效,检测反馈及时	组织观摩作业检查;组织组内作业设计经验交流	相关理论资料;优秀作业设计案例样本	作业设计案例;学生作业样本
9	多媒体与教学整合	明确多媒体在课堂教学中的辅助作用,科学有效地应用多媒体技术	组织多媒体与教学整合案例交流会	相关理论资料;优秀多媒体样本	多媒体作品
10	试卷编制	明确各阶段教学要求和重点难点,了解学生日常学习情况,语言表述严谨,难易度适当,题量适中,题型符合规范	指导学员承担备课组部分出卷任务;检测学员完成本年级学期考试卷及中考试卷	相关理论资料;学期考试卷及中考试卷自测卷	阶段测试卷;学期复习模拟卷

（续表）

序号	培训内容	培训目标	培训方式	培训课程资料（教材提供）	培训成果资料（学员上交）
11	学期考试质量分析	从试卷质量、学生答题情况、原因分析、改进对策各方面进行量化、细化分析	组织质量分析会，指导学员完成质量分析报告	学期考试质量分析报告规范样本	学期考试质量分析报告

（4）《理论学习与教育研究》课程建构

培训内容有：拓展型校本课程开设、探究型课程教学设计、撰写教育或教学经验总结、撰写教育或教学论文、撰写教育或教学调查报告、教育教学课题研究等（具体内容略）。

2.探索新教师规范化校本培训课程的实施模式

（1）新教师规范化校本培训课程实施操作方法

① 文化浸润式：新教师通过置身于特定的校园文化氛围、学术氛围，耳濡目染，达到培训效果；

② 集中导训式：针对通识性的课程，由学校指定专家或挑选学校名师，以讲座、展示等形式开展集中培训，目的是提供规范样本，形成导向；

③ 课堂实践式：新教师通过参与课堂教学、班级管理实战操作，亲身体验，积累经验；

④ 案例研讨式：学校定期召开沙龙、论坛，新教师可将自身成长过程中遇到的困惑或难以解决的问题提出，大家共同探讨，导师专家现场指导；

⑤ 自培感悟式：新教师通过阅读相关书籍、自身反思总结等方式感悟提升。

（2）新教师规范化校本培训课程呈现体例（略）

3.新教师规范化校本培训课程的评价体系（略）

（三）研究方法（略）

（四）研究过程（略）

三、项目实施主要绩效和成果

（一）课程成果

300

1. 培训课程的开设

(1) 新教师培训课程

针对新教师的具体情况我校设计了"职业感悟与师德修养""班级工作与育德体验""课堂经历与教学实践""理论学习与教育研究"四大板块十个主题的培训课程,目前已完成了"职业感悟与师德修养"板块的师德演讲比赛、"如何撰写个人三年发展规划"讲座;"班级工作与育德体验"板块的教育个案研讨、答疑沙龙、主题班会现场会等系列课程;"课堂经历与教学实践"板块的"白板教学"讲座及实践课、硬笔书法比赛、课堂教学现场会;"理论学习与教育研究"板块的"三类课程的整合"讲座及实践课、读书心得交流会、"如何开展课堂研究"讲座等课程。

(2) 导师提升课程

"名师出高徒",提升新教师的素养,作为带教导师的培训、提高也必不可少。自2011年以来,我校长期聘请新区教育专家高建中老师坐镇,协助学校构建教师专业发展校本培训课程,近距离接受专家手把手地专业指导,使得我校的培训工作逐渐从前几年以事务性为主的例会式转为系统性课程式,日趋课程化、常态化。近一年来已开设如下课程:华东师范大学吴志宏教授的《翻转课堂——教育技术改革新标杆》、华东师范大学万恒教授的《个别化教与学的问题探讨》、市教委基教处原处长倪闽景的《教育信息化的八个预言》、上海师范大学黎加厚教授的《微视频制作》、七宝中学特级教师马九克的《多媒体课程的制作》、作家六六的《我眼中的外国教育》、央视百家讲坛主讲嘉宾鲍鹏山教授的《孔子与教育》、我作的校本课题《基于独立学习与合作学习相结合的教学方式研究》的开题报告等讲座。

2. 课程资料的积累

(1)《职业感悟与师德修养》课程

导师方面:(主要指对2014学年的13位见习教师)个人参培计划书提供修改意见13份、督促学员完成职业生涯随笔(含演讲稿)117篇、指导学员访谈1位优秀教师并写优秀教师师德故事13篇、辅导学员完成规范化培训阶段总结13份、指导学员修改三年个人专业发展计划13份。

新教师方面:完成个人参培计划书13份、职业生涯体验随笔102篇、师德演讲稿13篇、访谈优秀教师13人、撰写优秀教师师德故事13篇、完成阶段性小结13份、三年个人专业发展计划13份。

(2)《班级工作与育德体验》课程

导师方面:指导学员召开班干部会议 36 次、指导学员召开学生座谈会 34 次、指导学员进行家访 26 次、指导学员策划或主持主题班会 27 次、指导学员组织班级社会实践活动 28 次、指导学员撰写班级情况分析 15 份、指导学员撰写学生个案分析 26 份、指导学员撰写学生评语记录 130 篇。

新教师方面:观摩班干部会议 36 次、观摩学生座谈会 34 次、观摩主题班会 27 次、设计班干部会议方案 36 份、设计主题班会方案 26 份、设计班级社会实践活动方案 28 份。

(3)《课堂经历与教学实践》课程

导师方面:指导学员研读学科课程标准并在教研组内作课标解读专题发言 15 次、指导学员研读教材完成教学设计教案撰写 316 篇、指导学员上公开课 39 节、指导学员教学自评和反思写出自我评课报告 53 篇、督查学员听观摩课 235 节、督查学员点评其他教师执教的课 70 节、指导撰写观课评课报告 130 篇、指导学员编制学生单元作业 18 份、指导学员编制单元考试试卷 10 份、指导学员撰写单元质量分析 11 篇、指导学员进行期中或期末考试班级质量分析 10 篇。

新教师方面:研读《课程标准》专题发言 15 次、单元教学设计 14 份、教材分析 16 份、撰写教案 316 篇、说课 40 次、教学反思 53 篇、听导师课 155 节、上公开课 39 节、自评和反思公开课 39 节、保留公开课录像资料 26 节、听观摩课 235 节、点评其他教师执教的课 70 节、撰写评课报告 130 篇、编写学生单元作业 18 份、编写单元考试试卷 10 份、单元质量分析 11 篇、考试班级质量分析 10 篇。

(4)《理论学习与教育研究》课程

导师方面:推荐书籍、完成对新教师读书笔记指导 42 篇、督促学员参加教研组活动 221 次、指导学员策划主持备课组活动 13 次。

新教师方面:参加教研组活动 221 次、策划主持备课组活动 13 次、阅读并完成读书笔记 42 篇。

3.新教师培训课程的初步构建

《职业感悟与师德修养》校本课程、《班级工作与育德体验》校本课程、《课堂经历与教学实践》校本课程、《理论学习与教育研究》校本课程构建中。

(二) 学校发展与教师成长(略)

四、项目档案建设(略)

第六部分　特长学生的培养

特长生是指这样的一些学生，他们在某些方面，比如音乐、体育、绘画等具有一定的天赋，他们在这些方面的才能优于一般学生。未来社会是人才竞争的社会。从"为每位学生的卓越发展服务"的办学理念出发，本着多出人才、出好人才的目标，在新课程改革和实施过程中，我校非常重视特长学生的培养工作。

春雨润物细无声　艺术滋养育新人[①]

艺术教育由于本身所具有的审美教育功能、实践创造教育功能，以及对情感和人格的养育功能，在不同的国家和地区都受到广泛重视。例如，在美国中学视听觉艺术标准纲要中，在艺术教育的功能定位上特别强调对文化理解、情感与人格发展的育人功能，其中包括发展学生的直觉、推理、想象、创造、平衡等多种思维方式，促进交流、自信、自尊、自律、合作、竞争等意识和情感态度。在我国台湾地区，为打破分科课程的局限，推行"艺术与人文"综合艺术课程，将艺术的教育目标从艺术本身的学习目标拓展到人本情怀、统整能力、社会素养、国际意识等综合学习目标上。由此可以看出，在现代艺术教育思想中，艺术课程的育人目标已经从单一的艺术技能学习目标向多元整合发展的育人目标转型。在"二期课改"中，本

[①]　本文荣获浦东新区 2013 年艺术节科研论文评比二等奖。

着艺术能力和人文素养整合发展的总体目标,《上海市中小学艺术学习领域课程指导纲要》中将艺术课程定位为"知识和技能为基础,以审美体验和艺术实践体验为基本途径,帮助学生形成正确的审美观、健康的人格,提高学生的艺术能力和综合素养",凸显了现代艺术教育多元整合的育人思想。传达和强调了以"大艺术教育观"的视野,回归艺术教育的人文本质。

艺术教育虽然在目前的学校课程设置中不是核心课程,但没有艺术带给学生细节上的影响,就不会有全面发展的人。因此,学校教育要设计富有趣味性的艺术教育活动,以此来调动学生的学习热情,激发学生情感的投入。我作为艺术专业的门外汉,本身缺乏艺术细胞,对艺术也没有进行过深入的研究,只是结合学校开展的各类艺术活动,略谈几点艺术教育在育人方面的浅显认识。

一、坚持文化立校原则,明确艺术教育的工作思路

我校坚持以党的十八大精神以及中共中央提出的文化大繁荣、大发展的文件为指导,全面贯彻德、智、体、美的教育方针,大力推进素质教育。

我校在办学策略中提出了"德育为先,教学有效,文化立身,科研助动",并始终把"文化立校"放在重要位置,在上一轮学校发展规划中,就把学校的文化理念系统建立了起来,本轮四年发展规划又提出了构建具备"卓越文化"品牌学校的奋斗目标。学校文化一般说具有价值观层面、制度层面和物质层面的内容,可归纳为精神文化、制度文化和环境文化。三者彼此相互依存、相互影响,形成了一种和谐的学校文化氛围。其中精神文化是核心和动力,制度文化是保障,环境文化是基础。而学校艺术教育无疑在这里起到了串联的作用,也是学校文化的重要组成部分,扮演着十分重要的角色,具有引领学校文化向上发展的独特功能。

因此,我校的学校艺术教育工作的总体思路是:以推动建设优良的校风、教风、学风为核心,以优化学校文化环境为重点,充分利用学校和社区的艺术教育资源,努力建设体现时代特征和学校特色的学校艺术教育,提升学生的艺术修养。同时使学校成为先进校园文化建设的重要基地、示范区和辐射源。

二、建设学生艺术社团,关注艺术教育实施过程

我校建校之初的学生艺术社团是由殷老师(音乐教师)把进才中学的铜管乐

队带到了进才中学基础实验部（现在的进才实验中学），社团由少到多，队伍由小到大，学校艺术指导中心充分发挥了每位成员的优势，调动他们的积极性为社团服务，而他们在这个过程中得到充分的滋养。在管理模式上，学校始终在摸索中前进，取得了一定的效果，形成了自己的特色。

1.加强组织领导，健全管理机制

为了使学校的艺术社团更加规范化、制度化，适应校园文化生活。在组织机构设置上，学校成立了"艺术指导中心"，由学校党支部副书记张老师任该中心的主任、学生处副主任王老师任副主任，学校艺术总辅导员、艺术组的老师和热爱艺术并有艺术特长的教师为组员，由相关的教师和学生为日常工作的负责人。艺术社团侧重于调动学生的主观能动性和积极性，艺术社团由一群热爱艺术和艺术特长的学生组成，各艺术社团设有团长负责艺术社团联络沟通和活动开展等工作，下设铜管乐队、交响乐队、弦乐队、萨克斯重奏乐队、电声乐队、舞蹈队、合唱队、艺术体操队、儿童绘画、现代剪纸、茶艺、陶艺、书法、摄影、沙雕、戏剧、动漫等团队。

艺术社团秉承"丰富校园文化、提高育人品位"的宗旨，在学校艺术指导中心的关心和大力支持下，通过定期排练、举办艺术节活动、开展对外艺术交流，用高尚的艺术教育有力地推动学校综合性艺术活动的蓬勃发展，活跃学生的课余生活，提高学生的艺术修养，为学校的特色创建与发展贡献力量。

学校艺术指导中心定期召开例会和举办艺术节活动，经常听取各艺术社团开展活动的情况，修订了《上海市进才实验中学学生艺术社团管理办法》和《上海市进才实验中学学生艺术社团章程》，在活动开展、工作考核、奖先评优、社团建设等重点环节中明确了管理内容、目标和办法，确保艺术社团健康、持续、稳定地发展，并在全校社团中发挥示范和带动作用。

2.活动策划精致，演出过程协力

学校艺术指导中心充分发挥各艺术社团的自主管理意识，社团负责人充分调动学生骨干的策划能力、组织能力，采用条块结合，分层管理的模式，把每次的比赛和演出任务都做到精细化、精致化。例如，在学校每年举办的"庆六一'杜邦杯十大特长星光少年'"的颁奖演出和十年校庆演出等大型演出前期，由各艺术社团负责人向学校艺术指导中心主任提交演出设想，由活动筹委会集体讨论演出节目的取舍与改进，并由学校艺术指导中心对此次演出活动进行前期的宣传和策划，在演出中各社团相互配合,各尽其责,使整场演出有条不紊地进行,既锻炼了学生的团队合作能力、协调沟通能力和舞台实践技能,也锻炼了学生自主发展、独立思考的能力。

3. 邀请专家指导,提升艺术修养

为提高学生自身艺术修养及表演水平,学校艺术指导中心经常邀请专家和学者为艺术社团的学生开设文学艺术素养方面的学习课程。例如,邀请原中央音乐学院附中校长陈南岗女士和中央音乐学院著名教授冀瑞铠先生给学生讲"艺术与人生"博得全校师生的欢迎。2013 年 5 月 8 日下午邀请国际钢琴大师拉科·德拉科(Ratio DeLauro)先生与我校的钢琴爱好者见面,大师和大家一起分享了从古典音乐到现代音乐之旅,他用语言(英语)和琴声(钢琴)向在场的师生进行了演绎,并当堂指导学生钢琴演奏的技法,参加此次活动的师生都说受益匪浅。学校邀请上海著名的儿童文学作家郁雨君来校,她用生动、活泼的语言,结合她作品的创作方法,与同学们进行交流。她还向同学们传授了写作的"秘密武器"——小作家日记,告诉同学们可以准备一本漂亮的本子,把自己平时看到、听到、想到的词或句子记录在上面,这本"小作家日记"可以成为写作的材料库、梦境的记录本、情绪的发泄本,小小的本子也许就能解决大家平时写作中遇到的困难。最近还邀请了《三毛流浪记》的作者张乐平先生的孙子来校给六年级的学生作专题报告,让学生接受了一次革命传统教育。

学校长期聘请校内外专家、专兼职教师为各社团授课,目前有冀瑞铠艺术培训中心的老师给学生开设西洋乐器的培训;由李妍舞蹈培训中心的教师为学生开设芭蕾舞、民族舞和现代舞的培训;由上海戏剧学院的教授吴悦玲老师给戏剧社团的学生进行辅导和授课;上海书画院的书画家经常来校给学生进行儿童绘画的指导,提高了艺术社团成员的自身素质,使他们内外兼修,为艺术社团各项活动的开展奠定了基础,为我校学子树立了榜样,使艺术社团成为学生进行艺术实践的最佳平台。

4. 学校搭建舞台,学生展示才艺

校艺术指导中心连年举办学校艺术节活动;我校与美国杜邦公司中国区公司连年联合举办"十大特长星光少年的表彰"暨艺术节闭幕式演出活动;校工会举办庆祝教师节活动;学生处举办"十月红歌会"活动;校举行"迎新音乐会"活动。通

过举办一系列寓教于乐的活动,提升校园文化艺术品位、展示学生艺术学习才艺,使学生在活动中受到教育和熏陶。每年学校举行的艺术节内容丰富、形式多样。例如,举办了校园歌手大赛、器乐大赛、舞蹈大赛、剪纸比赛、书法比赛、动漫画比赛、摄影作品展评、演讲与配乐诗朗诵比赛等10多项深受学生喜爱的项目,每年的活动都出现一些形式新、内容好、质量高、弘扬时代主旋律的校园艺术精品。学生的综合素质在潜移默化中得到了提高。活跃的校园艺术活动使许多同学在实践中得到锻炼,性格也变得更加自信和开朗。例如,2014届九年级(3)班的小雅毕业生在我国台湾嘉义大学举行的金牌麦克风比赛中崭露头角,有望成为职业歌手。她不仅歌唱得好,还会多样乐器,这与她在学校艺术活动中的锻炼和学校为她搭建的舞台密不可分;2015届九年级(1)班的周同学从小学就在我校舞蹈社团学习芭蕾舞,师从李妍老师,2014年5月在上海世博演艺中心奔驰厅举行了个人芭蕾舞专场演出,获得圆满的成功。历时90分钟的演出,除了她为主舞之外,还有主持人、音乐伴奏、伴舞、策划、组织等各项工作均有我校学生担任,而且大都来自于该班,这也充分展现了我校学生的艺术素养和出彩的能力。

三、发挥艺术育人功能,不断提升艺术特色学校品质

1. 艺术之果,展现学生艺术社团风采

经过多年的发展,我校的学生艺术社团已成为浦东新区乃至上海市众多初中学校学生社团中的领头军、排头兵,充分发挥了学生社团在校园文化建设中的积极作用。他们多次以独有的艺术风格及水平在全区乃至全市和全国艺术展演和比赛中获奖。

我校的学生艺术社团利用课余时间,自编、自创排演了丰富多彩的节目并参加了一系列的比赛和对外艺术交流活动。校行进吹奏乐团的团员参加了上海市行进吹奏乐比赛获得金奖后又参加了全国行进乐的比赛,也获得金奖,还为浦东新区迎世博举行的五月花季大型活动的展演;校铜管乐团为上海市少工委在东方艺术中心举办的大会上现场担任演奏任务,还有浦东新区政府举行的升旗仪式上担任吹奏国歌的任务。学校的其他艺术社团活跃在社区、街道举办的各种活动的现场,为社区居民送去精美的艺术节目。我校的各艺术社团积极参加浦东新区举办的艺术节活动,并多次代表浦东新区参加了上海市的许多大型比赛并获奖,如

学校铜管乐团还为上海市少工委在东方艺术中心举办的大会上现场担任演奏任务，还有浦东新区政府举行升旗仪式担任吹奏国歌的任务。我校的戏剧社团在上海市学校课本剧比赛中荣获一等奖；艺术体操社团在获得浦东新区一等奖的基础上又代表浦东新区参加了上海市的比赛，获得一等奖的好成绩。

2. 艺术为媒，搭建学校与国内外的交流平台

学生艺术团成立以来，一直活跃在学校内外的文化艺术舞台上，为普及高雅艺术、传承优秀民族文化作出了积极的贡献，担负起了文化艺术先行者和传播者的重任，并多次与海内外的友好学校开展交流活动。例如，我校每年的七年级全体学生都与上海日本人学校的同年级学生进行互动交流；我校与加拿大学生开展的儿童绘画交流活动，与我国台湾地区学校开展的铜管乐交流活动；与湖北省五峰土家族自治县长乐坪中学学生开展民族舞蹈交流活动等，我校的艺术社团的管弦乐演奏，舞蹈、合唱、现代剪纸等都是不可缺少的组成部分，他们与国内外学生同台演出，为异域友人翩翩起舞，赢得了国内外朋友的赞许与尊重。

校艺术社团与"台北新庄中学"艺术团进行了交流，并在浦东新区对台宣传办公室的安排下在青少年活动中心剧场进行了同台演出活动，受到海峡两岸同胞的一片掌声；校艺术社团还与加拿大温哥华地区的学生进行了艺术交流活动。近几年，学校艺术社团频频受到悉尼国际艺术节、维也纳国际艺术节的邀请。我校交响乐团在上海市学生艺术团的几次考核中，交响乐社团的专业水准和高水平演出都得到了专家和观众的一致认可，也得到了社会各界的高度评价。2013 年 5 月，校交响乐团赴德国汉堡、阿伦斯堡等地进行了交流演出，获得德国当地居民的高度评价，还到德国柏林市中国驻德国大使馆的舞台上登台表演。以艺术为媒介，搭建起我校与校外交流新的舞台。

3. 艺术引领，构建浓厚的校园文化底蕴

建设校园文化关键在于构建浓厚的校园文化底蕴，坚持以先进的校园文化熏陶人、教育人。历年来，我们在开展校园艺术文化活动时始终把对学生进行德育教育活动联系起来，以此来打造"高层次、高品位"含金量的学校"卓越文化"品牌活动、营造浓厚的校园文化氛围和为学生全面成长成才服务的理念。例如，我校每年举行的"十月歌会"，以班班有歌声为载体，通过班班唱振奋人心的革命经典歌曲比赛，对学生进行传统教育和民族精神教育；在每年举行的集邮节活动中，以

当年党和国家的重大纪念活动为主题,组织学生、社区居民参加绘画邮票、手绘封、明信片比赛,开展在小小的方寸邮票中讲故事、征文和演讲比赛活动,从而使学生得到文化的浸润和提升。

4. 艺术益智,提升学生的综合素质

艺术社团是我校诸多社团建设中的旗帜,我们非常重视发挥学生社团的独特作用,关注社团文化的建设,增强社团对青少年学生的凝聚力。在艺术社团的建设过程中,我们注重不同年级的学生在同一社团中的融合,以艺术学习为媒介,充分发挥每位学生的主观能动性,以大带小、以强带弱,全面提升学生的自我综合素质以及团队合作的能力。艺术教育是一个长期的、定时的训练过程,这对磨炼学生的毅力,培养他们持之以恒的精神,能动能静的禀性等都是大有益处的。从我校艺术社团历年毕业的学生来看,有许多学生走上了艺术专业发展之路;有的学生在市重点高中自主招生中,以特长学生被提前录取,还有很多学生在推荐、自荐中都以优良的综合素质赢得许多重点高中学校的青睐。近几年选择去国际学校和国外高中就读的学生越来越多,他们在面试中由于特长明显,表现大气又有国际视野,很容易就被外校录取,而且他们来到国际学校或国外高中就读后都能很快适应当地的学习环境,还在今后的学习中取得优异的成绩。例如,2006届毕业生来同学去美国读高中后被耶鲁大学历史系录取;2010届毕业生耿同学去加拿大读高中后被斯坦福大学数学系录取。

最后,我想引用北京新学校研究院资深学者李振村与曾经获得美国总统艺术奖、英国女王勋章的美国优秀教师雷夫·艾斯奎斯和北京十一中校长李希贵关于艺术教育的一段对白作为本文的结语。

李振村问:"雷夫,在你的班级中,一直强调艺术教育,艺术真的这么重要吗?你想培养艺术家吗?"

美国最优秀的教师雷夫答:"我大学学的是数学,我也没想过用艺术来教学生。实践中,我发现接触艺术教育的学生所学到的,远远超过他们所学的。加入乐队的学生们,不只学到如何拉小提琴,也学到了纪律、责任、牺牲、联系、更正错误、倾听以及时间管理,帮助他的其他课程。假如你可以集中精力,就会意识到艺术的重要性。我做得还不好,但学生可以尝试,我不喜欢学生害怕失败。30年后有很好的演员,我从没想过这样的事情发生,但是教师需要冒点险,奇迹才会发

309

生。我希望教给学生终身受用的东西,而不是考试的成绩。"

李振村问:"李校长,在你的学校,为什么如此重视戏剧和艺术课程?"

北京十一中校长李希贵答:"我们不要把学科本位放得这么重要,要把人的发展放在首位,我们想把技能的培养转到人格的培养,情商、听商的培养上来。内心有个想法:戏剧可以为少男少女的沟通搭建平台,让他们通过戏剧的舞台表达自己的情感,释放自己,有些事就算压制但它依然存在,我们要为学生搭建一座连接生活的桥梁。"

我从以上3位智者的问答中体会到,艺术教育不仅仅是教给学生一些艺术方面的知识,训练一下他们的艺术方面的技能,更重要的是为了育人,是为了培养德、智、体、美全面发展的高素质的现代新人。艺术里有育人,育人里有艺术。

体教结合创新篇　培养体育特长生

　　2007学年,我校在制定新的四年发展规划时,提出了"为每位学生的卓越发展服务"的办学理念,切实把进才实验中学办成一所"高效能、国际化,在浦东新区乃至上海市有一定知名度、影响力的素质教育实验校"。要办成一所有知名度和影响力的学校,除了聚精会神提高教育教学质量,还需要坚持全面实施素质教育,促进学生的全面发展。而体育教育正是素质教育一个不可或缺的组成部分,更是关系到学生未来发展和生活质量的重要因素。体育教育犹如校园中的一朵奇葩,与学校共同成长,相映生辉。多年来,我校一直致力于体育教育的探索和创新,逐渐形成了具有学校特色的体教结合模式,取得了令人可喜的成绩。

一、重普及创特色,业余通专业精

1. 以学生文化素养为根基推动专业水准提升

　　我校与"李国君排球俱乐部"经过十余年的合作和探索,由"李国君排球俱乐部"派教练到学校带队,负责排球专长学生的基本素质和基本技能的训练,让学生继续追求所喜爱的排球梦想,共同探索出一条专业化培养排球人才与完成义务教育阶段学习任务有机结合的新路子,促进了学校体育工作的开展。对排球运动员来说,在校园浓郁的求知环境中,文化成绩会有很大的长进,从而使"体教"得到有机的结合,为高素质的"金牌运动员"的产生提供了可能。我校男女排球队,是一支专业化水平相当高的球队,已经成为浦东新区乃至全上海市一支闻名遐迩的中学生专业排球队,经常代表浦东新区或上海市参加地区或国家级的比赛,并屡获佳绩,也曾多次出访日本、韩国以及我国的台湾、香港地区。学校已经连续5年被浦东新区命名为"排球传统项目特色学校",2015年初又被评为"上海市传统体育项目特色学校"。

　　学校为了更好地促进男女排球队员运动水平与文化成绩同步提高,由原来的分散到不同班级管理改为集中到一个班级；指定优秀班主任老师或优秀年级组长担任该班级的管理工作。遇到重大比赛，排球队员所耽误的课，任课老师都能十分主动地利用业余时间给队员们补上，解决了队员、家长以及教练的后顾之忧，体教结合进入良性循环期。

我校男女排球队的历届毕业生大多数考进了上海市进才中学，有的被招进专业队。据统计，排球队历届学生共 100 多人进入市重点高中就读；历届毕业生戴同学、张同学进入国家男子排球队，金同学作为女子沙滩排球运动员入选国家青年队，还有很多同学进入上海市排球队、上海市沙滩排球队、上海市少体校等。总之，我校为高级中学和排球专业队输送了具有较高排球运动水平、文化成绩能达到一定要求的排球骨干，我校的知名度由此也大大提高。一位同学深有体会地说："体教结合提高了我们的文化修养，增强了自身的竞争力，同时也赢得了通往名牌高级中学和排球专业队的阳关道。"

2. 以专业带动业余，业余推动普及

我校是体教结合学校，现有"排球传统项目""乒乓球传统项目""足球传统项目"和"跳踢拍传统项目"等，这些项目不仅给学校带来了优秀的专业球队，也带动了学校排球、乒乓球、足球等运动的普及和提高，促进了学校其他各项体育事业的发展。

例如，排球队的建设，学校在普及比赛中选拔出一部分对排球运动有兴趣、有运动潜质和技术潜质的学生组成男女各一支业余排球队，选派体育教师带队，在不影响学生学业成绩的前提下组织定期训练。近年来，我校非专业男、女队也多次在市、区各类比赛中屡获佳绩。学校每学年都组织一些旨在锻炼体质，增强凝聚力，享受健康快乐的"进才实验学校师生排球赛"，排球运动已普及到六至九年级，每年 4 月利用 1 个月的时间全员参与班班有排球队，进行友谊的"比拼"。至今我校已连续举办了六届全校教职员工软式排球比赛和四届学生草地软式排球比赛，学生参与率从原来的 40% 到现在的 100%，每位学生都想代表自己的班级参加比赛，没能上场的学生为自己的班级加油鼓劲，操场上到处是学生的欢声笑语，到处是加油声、欢呼声。各班在获得体育奖项的同时，也展现了合作能力与团结友谊的道德风貌，促进了和谐校园文化的形成与发展。与此同时，全体教职工也以各工会小组为单位，开展软式排球的单循环赛，同样在历时 1 个多月的比赛活动中,在强健教师身心的同时,进一步促进了教师们的团结与和睦。"友谊第一,比赛第二"的良好竞赛氛围,全校师生的团结向上与全员参与,在此得到了最好的体现,体教结合也真正地落实到了实处,让广大师生从中真正获益。

3.以排球项目为龙头带动多项目发展

我校排球传统项目开展时间比较久,从中积累了一些经验,按照这种模式,在浦东新区教育(体育)局领导的关心和局德育处领导的指导下,我校依托名人俱乐部的培训机制,逐步开展乒乓球、足球的专业培训工作,以此来带动学校体育工作的开展,为每位学生具有1～2门伴至终身的体育爱好打下扎实的基础。

排球传统项目的成功推广以及取得的瞩目成效,很大程度上激发了学生参与体育锻炼的积极性和主动性。为了进一步激发学生参与体育锻炼的热情,学校体育发展中心和体育组积极开拓视野,组织各种能够极大程度提高学生参与率和参与积极性的大型体育活动。例如,提倡全员参与的冬季长跑、迎新长跑活动,提倡学生广泛参与的拔河比赛。在此基础上,学校考虑学生的兴趣点不同,在充分利用学校自身师资资源的基础上,积极挖掘社会和家长资源,近年来陆续为学生开设了形体训练、健美操、跆拳道、乒乓球、太极拳、篮球、足球、羽毛球等多门拓展课,进一步调动了学生参与体育锻炼的兴趣和积极性,更大地满足了全体学生体育锻炼的需求。

学校不仅仅考虑到学生体育锻炼的需求,也充分关注教师的身体健康需求。在各种大型体育活动中,只要有学生的项目,就必定会看到教师积极参与的身影。每年一届的教工软式排球比赛、体育节上的教工接力、拔河比赛中的教师代表队。学校还主动安排统一时间给教职员工们进行各种健身锻炼、工会发起的教师健身卡活动,将教师的健身活动和年终奖励挂钩,一定程度上调动了教师参与锻炼的积极性。

体育锻炼项目的全方位,师生参与锻炼的全范围,为学校营造出浓郁的体育氛围,更进一步巩固了学校体教结合成果。

二、稳队伍创新路,建课程求发展

目前我校的排球特色工作形成了成熟的工作思路,已经走上了稳步发展的轨道,寻求新的发展思路是学校领导目前着力解决的问题。

1. 稳步发展队伍，保持排球特色

我校目前虽然排球项目由于招生指标较少、经费比较有限等因素的制约，造成了发展瓶颈的尴尬。但学校领导依旧在现有条件的基础上，建设了沙排的场地，引进了沙排的训练机制，努力为学校排球特色发展创造新的发展契机。现在我校有男女排球队 B 组、C 组各 1 支，男女沙滩排球队各 1 支，共 6 支专业排球队，还有学校业余男女排球队若干。学校聘请专业的排球教练 4 位，每天坚持训练，寒、暑假也从不间断，保证了我校排球比赛成绩一直处于上海市的前列。

2. 抓机遇迎挑战，寻求新的发展点

不满足于现有的成绩，不断寻求新的发展点，是我校体教工作能取得现在这样成绩的一大动因。排球特色的稳定发展，也驱使学校领导不断思考体教的新发展点。目前，我校初步确定了合作建立"丁松乒乓球"特色项目、"于涛足球"特色项目的意向，这将是学校下一步体教工作的新尝试和新举措。

3. 积极推进体教结合特色课程建设

为了更好地巩固体教结合的成果，学校体育组教师在体育指导中心的指导下，在学校"校本课程开发"的大课题背景下，积极进行体教结合的校本化的新尝试和新探索。经过长期的摸索、实践、总结，目前，学校初步形成了排球、乒乓球、足球、艺术体操、跳踢拍等项目的校本化课程体系建设，课程体系的进一步完善还有待在进一步的教学实践中逐步完成。

诸如健美操、太极拳等体育项目的校本化课程建构与实施，学校正在进一步的探索，相信在领导重视、教师专注、学生参与的大氛围下，我校体教结合的校本化探索一定会取得新的可喜的成果。

通过体教结合丰富多彩的活动，带动我们整所学校的校园文化建设，学校因势利导，乘势而上，培养学生具有强健的体魄、健康的心灵，能够主动关心他人、积极参加体育活动与锻炼。作为全面实施素质教育的一个重要抓手，我们全校师生有信心、有能力按照上海市、浦东新区体教结合学校考核的标准和要求，不断完善自我、脚踏实地、开拓进取，在体教结合的道路上迈出更大的步伐，争取更大的成绩。

上海市第十五届中学生运动会开幕在即，这是又一个检验学校体教结合成果、展示学校体教结合新风貌的良好契机。我校将积极参与这一活动，充分展示我校体教结合的新面貌,展示我校师生的新风采。

我校领导会一如既往地高度重视这一活动,从各层面、各方面提供活动所需的支持。

第一,在活动场地需求、活动设施需求、活动经费方面给予充分的满足和支持。

第二,解决参加活动的师生和家长的后顾之忧。我校一向坚持素质教育的大方向,所以平时参加各种体育活动或者体育赛事而缺漏课的学生总能及时地得到教师的义务辅导和帮助,绝不会影响学生文化课的学习。

领导的重视还体现在领导的全情参与。每次重大比赛之前,我作为校长必是亲力亲为,亲自召开学校领导班子、中层干部、体育组、班主任以及相关运动员等会议,统一部署、统一思想、统一要求,并号召全体师生投入到这项工作中,为队员们保驾护航,为浦东新区争光,为进才实验中学争光。任何一项大型的体育活动或者体育赛事,只要有我校的学生代表参与,校领导都会尽可能地出现在比赛现场为参赛队员加油鼓劲。

在生活中培育科技意识　在活动中促成能力提升

为贯彻落实十八大报告提出的"普及科学知识，弘扬科学精神，提高全民科学素养"的要求，围绕我校"创新科技，精彩校园"的总体部署，进一步落实《全民科学素养行动纲要》，展示学校科技教育成果，提高学生科学素养和实践能力。上海市进才实验中学秉持"为每位学生的卓越发展服务"的办学理念，为进一步丰富校园文化生活，引导青少年学生用科学的态度审视安全问题，培养学生从小关注社会实际的社会化品质，为学生提供更多展示自我才华和提高自身素质的空间。我校从 2008 学年始开展了每年一届、每届一个月的科技节活动。经过几年的主题性探索，不断在活动中寻求创新，现已基本形成了科技教育的办学特色，增强了学校发展的内涵。

一、统筹调研规划，优化顶层设计

1. 加强新机制研发，建设网络化队伍

开展科技教育，形式多样，实施的程度也就有深有浅。如果要真正落实到课程建设的层次上，那就需要有一专多能，甚至专业化的师资，还需要场馆和设施。不仅要进行财力、物力和人力的投入，还要有健全的机制来保障。经过前面几年的实施摸索，学校在 2014 年出台了《上海市进才实验中学科技教育实施方案》，从项目、师资、场馆、设备到课程都进行了全面的规划。

在制度的引导之下，我校构建科技教育特色学校领导小组，由我本人担任组长，又建立了科技指导中心，由副校级干部担任主任，科技总辅导员负责各项具体工作的开展，综合理科组全体教师参与。这就是我校科技教育特色学校领导小组网络图，同时根据科技教育特色学校建设要求，将科技教育纳入学校新四年发展规划中，制订了年度科技指导中心计划和学年度学校科技指导中心人员任务分工表。

2. 主题聚焦成系列，项目创新出精品

根据区青少年活动中心的要求并结合学校的特点，我校每年开展科技节活动。围绕"安全校园、创新科技"的焦点，我校每年的科技节都确立主题，并形成层层深入的系列。2012 年，第五届科技节活动主题为"精彩科技，安全校园"；2013 年，第六届科技节活动主题为"安全校园行，幸福进实梦"；2014 年，第七届科技节活动主题为"创新科技，精彩校园"。主旨在于引导青少年在享受科技带来的便捷的同时，用科学的态度审视生活中的变化，主动用青少年的热情关注周边环境改善与安全等方面的问题，继续探索科技，不断创新。希望通过丰富的科技探索活动，培养学生从小关注社会现实的社会化品质，进一步推进学校素质教育工作。

在 2013 年第六届科技节中，为了让更多的学生关注校园安全、自身安全，并且培养更多学生的科学创新精神，让更多的学生有机会参与活动，在往年"Love-jinshi"科普英语演讲比赛、网页制作比赛的基础上，新增了六项比赛项目。例如，"进实梦"科普摄影比赛、小木条装饰画比赛、生活中的化学知识竞赛、校园安全标识设计（双语）比赛、关注海洋环境安全科普演讲比赛、亲近大自然，植物标本制作大赛。

2014 年第七届科技节设置了一个论坛、两星评选、七项比赛，分别是科学家论坛，"十大星光少年"之"创意星""实践星"评选，以及科普英语演讲比赛、现场摄影比赛、植物标本制作比赛、"白猫杯"生活中的化学知识竞赛、牙签贴画比赛、科技微创意设计比赛、书本装帧设计比赛。其中后三项比赛是新设的项目。

科技节活动丰富多彩，各年级学生参与率达 100％。每年新设的项目极大地激发了学生对科技以及创新的兴趣，也更加关注学生的创新意识、创新思维的培养以及创新能力的发挥，更关注学生创新能力在实际生活中的运用。新颖的比赛项目、丰富的活动激发了全校学生参与的热情，学生纷纷发挥自己的奇思妙想，呈现出一个个令人惊异的精彩。

结合校园安全教育，整合校内外的资源，挖掘生活细节中的科技创新点，研发学生身边的科技项目。在"安全校园、创新科技"的主线引领下，每年的科技项目不断推陈出新，学校科技教育逐步形成主体性、系列化、创新型的学校教育特色。

二、建设科技课程，加强科技渗透

1. 开设多样课程，丰富教育载体

把科学、劳技、物理、化学、生命科学、信息技术等课程作为科学教育的基础型课程，作为培养学生科技素质的基本途径。同时，辅以语文、外语、政治、历史、地理等文科课程教学，也注意渗透与科技相关的知识。

2. 筹划师资培养，开展课题研究

学校组织科技指导中心人员学习科技教育理论，选派人员参加浦东新区科技辅导员培训班。张老师和陶老师在培训结束后先后开设了机器人、生物小实验专业课程。在第六届浦东新区教学展示周老师、陈老师等开设了探究课。教师在科技方面积极撰写论文，叶老师等探究性课程案例获浦东新区二三等奖。陶老师被聘为浦东少科站指导教师。

带领学生开展课题研究，学生课题《世界水资源匮乏的家庭调查与水循环设计研究》通过区级课题论证。蔡同学荣获浦东新区"科技希望之星"称号；段同学荣获"明日希望之星"称号；三位同学获得"浦东新区青少年科学研究院学生院士"称号。其中蔡同学作品获上海市创新大赛二等奖、华师大二附中英才奖等。

3. 生活里发现，细节处培育，鼓励中创新

从学生身边的生活中发现科技，在大校园中挖掘资源，着眼于细枝末节之处，潜移默化地培育学生的科技意识和创新精神。每年为期一个月的科技节，汇聚了学生们的精品创作，作品吸引了全校师生惊诧的目光，中午时、放学时都有人驻足流连在展板前，静静地欣赏，默默地赞叹。这既集中展示了学生的聪明才智，又极大地鼓励了更多的师生在广阔的科技领域探索奥妙。

在英语科普演讲比赛中，同学对科技的理解令人惊讶，选题的多样性也令人称奇，有的同学关注贴近生活的日常睡眠、梦境；有的同学关注与日常生活密切相关的水资源，也有的同学则把目光转向太空，期望利用科技帮助我们更好地认识宇宙。关注海洋环境安全科普演讲比赛中，我校有一位同学参加了浦东新区的区级比赛。参加化学知识竞赛学生的博闻广识让大家惊叹。

科技摄影比赛旨在引导学生关注人和自然和谐相处、保护自然，引导学生了解科技如何改变生活。现场摄影比赛更是备受学生青睐，学生报名热情空前高

涨,全校共有 400 余位学生报名参加了此项比赛。现场摄影,既要求学生懂得巧妙运用光线、距离,还要求学生有空间构图的想象力、艺术审美的鉴赏力。参赛的学生都放慢了脚步,细细端详熟悉的校园,从寻常中去发现美、采撷美。

"进才科技校园安全"的标识设计大赛吸引了很多同学的关注,大家积极参与,用新奇的创意和无穷的想象设计出既抽象又具象,同时极具警示意义的标识,其中获奖的优秀作品将制作成实体标识,在校园的相关位置悬挂,在校园内真正发挥安全提示的作用。

在小木条装饰画比赛中,同学们用形似冰棍木条的小木棒巧手组装、拼贴,设计出一个个美观又温馨的小装饰,装点出一个个小小的角落。牙签贴画比赛、标本制作比赛、书本装帧设计比赛对学生的创新意识和创新能力有很高的要求,当然也考验着学生的艺术鉴赏能力,是学生综合素质的表现。"白猫杯"生活中的化学知识竞赛、牙签贴画比赛、科技微创意设计比赛引导学生关注生活、关注科技,为生活带来的改变、带来的便捷,让学生懂得学以致用。

每一个精彩纷呈的项目、每一件创意十足的作品,不仅仅培养了学生的动手能力和创新能力,更是关注于学生多方面能力和素质的提高,为学生的未来发展提供更多的可能性,更力求培养具有社会责任感的公民,这是我校一直以来致力于推行的素质教育的新的努力和实践。

三、打造三大特色,引领科技教育持续发展

科技教育、外语教育、艺术和体育教育是我校的学科教学特色。如何在原有基础上使我校的科技特色教育持续发展下去,且越做越强呢?

1. 开发科技特色创新项目

我校确定"机器人"为创建特色项目,建设有一定规模的专用场地,组建专业的机器人备课组,编写了《简易机器人》校本教材,每周 2 节机器人拓展课和 1 节社团活动课扎扎实实定时定点定人员开展。结合机器人项目,学校设立了"绿色城市"探究实验室,实验配备最新的机器人模块和航模情报,结合环保、绿色、教育、信息和能源等 5 个科学主题,在杜邦公司、电力学院支持下,尝试开发新能源与绿色城市的整合项目。该实验室已经成为浦东新区 21 所特色探究实验室之一。

2. 开设科技特色校本课程

我校通过开设拓展课培养学生科技创新能力和实践能力，相继开出了模型制作、网页设计与课件制作、身边的科学、科普英语等近 10 门科技拓展课和组织社团，并设计相应的校本课程，每周 2 课时。我校建立了各门课程的专用教室，添置了必需的仪器和设备。其中校本课程《Flash 动画制作》《Photoshop 图像处理与合成实例》在 2013 年代表浦东新区参加由市教委基教处组织的市级中学"校本课程"展示活动。

3. 开展科技特色体验活动

借助于家长和社区的支持，多方开发科技活动资源，将考察课堂由学校进入社会。参观极地考查船雪龙号、参观张江药谷、浦东机场等科技实践活动，都已经成为特色项目定期实施。参加"2012 年上海教育系统博物馆联展"活动；"垃圾分类小报制作大赛""绿色微公益"志愿者活动；中国科学院院士定期到校为学生作科学讲座，前任 NASA 肯尼迪太空中心贵宾讲解员为我校学生作了一次专题讲座。每年度在"杜邦杯"十大特长星光少年的评选中，评选出学校"科技星""实践星""安康星"，成为我校一大亮点工作。

四、收获与困惑

我校近 2 年获得上海市第二十七届、第二十八届科技创新大赛等市二等奖 3 项；获得市、区的各项科技比赛团体奖项 5 项。物理方面竞赛 23 人次；化学方面竞赛 41 人次；航模获奖 8 人次；科普英语 4 人次；其他 5 人次，其中市级奖项 21 人次。我校在科技方面的创新能力正逐步显现，在与外省市学校、社区活动交流中，将继续辐射学校的影响力。

科技教育特色形成过程是一个不断实践、不断探索的过程，我们也有些困惑，现在科技特色活动多，科技教师工作量饱和，时间和精力不够，如何更好地推进学生的科技探索意识，提升教师和学生的科学素养？如何更好地将特色项目延续，以及进一步拓展特色项目将是我们研究的课题。

搭建社团活动平台　展示学生个性特长

我校多年来一直坚定不移地落实素质教育的理念,追求高质量的办学目标。在教学质量逐年提升的过程中,积极推进学校特色的建设,确立了"以人文培育精神、艺体提升素养、科技促进创新"的课程建设目标,确立了"为每位学生的卓越发展服务"的办学理念。学生处以学校育人目标为抓手,进行进才实验中学学生社团建设,经过一年多的摸索和实践,蓬勃发展的社团为我校学生搭建了更为广阔的舞台,让更多的学生在上海市进才实验中学的校园中得到锻炼、得到成长。

一、自主管理点线结合,全方位培养和锻炼学生能力

学生社团是指学生为了实现会员的共同意愿和满足个人兴趣爱好的需求、自愿组成的,按照其章程开展活动的群众性学生组织。初中的学生社团受其年龄所限,不能完全按照高中或者高校的学生社团模式来操作,但是社团建设的宗旨都是为了满足学生兴趣爱好,丰富课余生活,培养锻炼能力。所以,我校的学生社团在成立之初便按照这样的宗旨进行建设。

首先,社团成立以生为本,凸显学校特色教育。在六年级新生入学培训期间对全体新生进行问卷调查,梳理学生的才艺特长、兴趣爱好。同时,结合我校的艺术、体育、科技特色,创建各类学生社团;采取学生自主报名、专业教师择优挑选、上一届社团核心骨干择优挑选等方法相结合形成每一个社团,做到六年级、七年级每位学生至少参加一个社团;每个社团民主推选学生团长,并与社团指导教师及协助教师共同管理社团日常运作。

其次,社团运作自主管理,实践学校育人目标。"为每位学生的卓越发展服务"是我校的办学理念,社团的日常运作和管理亦是实践学校育人目标的一个有效载体,也是我校为学生卓越发展提供的一个又一个舞台。社团课中,团长首先要与社团指导教师确定每学期的活动计划;团长还负责每次活动考勤;社团计划

总结的撰写;期末社团考核会中的工作汇报、展示等。大队社团部负责每周社团活动的巡查、各项资料的收缴、检查每个社团的管理手册以在每月的团长会议上沟通协调发现的各项问题,还在学生处教师的指导下,开展社团考核工作。每学期的社团考核汇报会完全由学生负责,各团长结合PPT汇报一学期社团工作,评委由学生、学生干部、学校领导等组成。最后,结合平时各项巡查打分最终评选出优秀社团、优秀团长,以及优秀社团指导教师。这些社团的日常运作和管理都由各个层面的学生担任,无疑又为更多学生的能力锻炼提供了很好的机会。

二、以学生发展所需,打造社团特色,真正提升学生素养

我校的社团建设虽然起步较晚,但一年实践下来,获得了学生、家长和我们校方的肯定,特别是学生们真心喜爱各个社团活动,积极参与并在其中得到了锻炼,提高了能力,他们有所获益是对社团工作最大的肯定。

在社团构建方面,以学校艺术、体育、科技教育为依托,打造社团特色。作为上海市艺术特色学校、上海市传统体育项目特色学校、浦东新区科技特色学校、体教结合学校、艺教结合学校,我校在艺术、体育、科技教育方面拥有很多资源。如何让这些资源惠及更多的学生,更好地服务于不同学生成长所需,各类社团提供了这个平台。目前我校开设了体育类、艺术类、科技类社团共28个。社团的师资来源于本校优秀教师,以及外聘的专业教师。例如,我校聘请冀瑞凯音乐培训中心的专业教师执教我校的管弦乐社团、管乐社团、弦乐队社团、长笛室内重奏社团;聘请李妍舞蹈工作室执教我校的民族舞社团、拉丁舞社团、芭蕾舞社团;聘请谢栋梁跆拳道俱乐部教练执教跆拳道社团;聘请吴悦玲教授担任我校戏剧社团专业导师等。专业的教师给学生带来视野的拓宽,让学生在自己的兴趣爱好中得到专业的指导。

在学生获益方面,努力为学生搭建各类展示平台,真正提升学生的素养。实践出真知。学生只有在实践中才能获得收益,才能得到能力的提高。社团极力为学生提供各类展示的平台。例如,新年音乐会上,各个艺术类社团大放异彩,参演节目的社团成员都是来自各班的普通学生,大部分从未有过舞台表演经历,社团提供给了他们这样一种机会,让他们发现自己的潜能;在科技艺术节上,艺术类、科技类的社团获奖无数;在体育节上,体育类的社团成员佳绩频频。

　　社团给了学生拓展能力,展现自我的又一个渠道,从而真正踏入某一领域的学习,在素养的提升中也对课内的学习起到促进作用。

　　新的学期开始,社团的发展要更进一步。特别在学生获益方面,要多为学生赢得展现自己的机会,各个社团也要全力打造自己的特色。

后　记

　　上海作为国际化大都市,它的教育如何国际化,应该体现怎样的风貌?而上海市浦东新区作为国家综合配套改革试验区,在全面深化改革、先行先试的大背景下,作为一校之长,我在这块热土上应该有何作为?

　　当 21 世纪曙光冉冉升起时,2001 年 8 月,上海市进才实验中学开始了办学旅程。这是一所与浦东开发开放相连、与浦东教育相系、与百姓教育需求相呼应的现代学校。

　　自 2007 年 7 月起,我有幸从进才中学北校调入进才实验中学,担任校长工作。在 2007—2011 年四年发展规划中,我们分析了学校所处的社区环境和前六年学校所积累的办学经验,从时代需求、社会需求和人才需求出发,确立"为每位学生的卓越发展服务"的办学理念,构建了"崇尚理性"的校园文化,培养了一批又一批思维活跃、特长鲜明、善于质疑和创新的优秀学子,形成了艺术、体育、科技、外语等办学特色。近几年,我校每年有 80％以上的毕业生被市、区重点高中录取。一些毕业生后来还在清华、北大、复旦、交大以及美国耶鲁大学、斯坦福大学等知名大学深造。

　　学校的发展离不开教师队伍的建设。学校现已形成力量雄厚的骨干、名师群体,现有的各级各类骨干教师占教师人数的 49％,全国名牌大学的优秀毕业生如华东师范大学、北京师范大学、东北师范大学、上海外国语大学,以及复旦大学、浙江大学、武汉大学、同济大学、香港理工大学,还有留学归国人员都纷至沓来。优化的师资结构,为学校教育高效能、国际化提供了人力资源。

　　学校提出的发展目标是:"切实把学校办成一所'高效能、国际化',在浦东新区乃至上海有一定知名度、影响力的素质教育实验校。"近年来,学校围绕"高效能"的办学目标,以课程建设为核心,致力于国家课程校本化实施,使学生综合素质得到提升。在学校课程保障下,学校特色教育的项目经过几年的发展,培养了一批专业队员;多位学生进入中央音乐学院深造,还有进入上海戏剧学院、上海音乐学院深造。例如,2010届毕业生常同学考入中央音乐学院附中高中,并于2012年在莫斯科举行的小号国际比赛中荣获第一名,为中国人首摘桂冠……学校积极组织学生参加全国、市、区(县)的各项比赛并屡获大奖。近些年,学校荣获全国、上海市、浦东新区各项荣誉称号30多项,学校的办学声誉卓著,得到了政府、社会和家长的高度赞誉。

"办一所高效能、国际化的现代学校"的发展定位,给我校提出了走教育国际化的命题;而高效能的实现,需要借鉴国际教育的最新成果。在高效能的办学路上,学校走出了高效益、高效率、高品位的教育之路。国际化,是学校教育品质提升的一条新路,而学校对学生培养目标的确定,使学生具有民族情结、国家情感、国际情怀,也凝聚着教育的理想,要达到这个目标,走教育国际化是一条重要的途径。

显然,在学校提升品质、教师提升素质、学生提升潜质的过程中,教育国际化无疑是推动前行的战略和策略,是培养未来人才的途径和方法。

我校作为市、区对外交流的窗口单位,不仅接待国内外友好学校的师生,还代表政府接待来自国外的一些政府代表团的来访。例如,接待了英国驻沪领事馆文化教育处派来的英国政府教育考察团的访问、巴西里约热内卢州教育厅长率领的教育代表团一行、塞尔维亚共和国武贝市市长格里希奇先生一行来访,格里希奇市长看到我校展出的该国来华担任国家足球队教练米卢带领中国国家足球队在我校操场训练的照片时非常激动,他要求我和他一起站在米卢的照片边上合影留念,这一举动给我们留下了非常深刻的印象。

我在上海市进才实验中学8年的校长工作经历,使我对教育国际化有了深入的理解。作为国际社区的一所初级中学校长,做好国际化的工作责无旁贷。我有幸于2011年9月被浦东新区教育局作为骨干校长选派到美国马里兰州的陶森大学培训。在培训期间,我每天利用晚上时间把学习、访学和交流的内容整理成文,记录了十几万字的读书笔记,自己一直有一个愿望想把这些材料与学校在国际化教育中的做法结合起来写点东西,但没有动力去做。在此,我要感谢上海市浦东新区教育发展研究院资深教研员和学科课程专家高建中老师的帮助,是高老师一直鼓励我,让我把在美国学习的读书笔记整理出来。他悉心指导我梳理该书稿的篇章布局,使该书稿有了比较清晰的脉络。他还对该书稿提出了许多中肯的意见和积极的建议。

本书编写提纲和初稿完成后,征求我的导师——上海市静安区教育学院原院长、现静安教育学院附属学校校长张人利先生的指导意见,他满口答应给予指点和帮助,并为本书写了序言。记得张校长在羊年的第一天给我的短信寄语是"感叹你对教育追求"。作为一位具有 33 年教龄,从事校长、书记工作也有十几年的我来说,这句话既是对我的激励,也是对我的鞭策。在此,非常感谢张人利校长在百忙之中对我的书稿给予悉心的指导,使我对本书的出版更有信心。

在去美国陶森大学学习前的半年时间内(2011 年 3 月至 8 月)由上海方略教育为参训的校长们提供了行前的英语和美国文化等培训任务,在美学习期间也有方略教育给予全程的服务和指导。我的书稿完成后,请方略教育总裁杨大平博士阅核,杨博士又把本书的主要内容向美国马里兰州陶森大学教育学院原院长(现陶森大学教育创新性研究及应用中心主任)Raymond P.Lorion 博士作了介绍。Raymond P.Lorion 博士了解后就为本书写了既有前瞻性,又对中国教育有启发性的一篇佳作,我自作主张权作第二个序言。在此向 Raymond P.Lorion 博士致以深深的敬意和感谢。

在本书的撰写过程中,还得到我校老师的大力支持,他们提供了许多翔实的资料和案例,使得本书更有可读性。在此也向张文慧、盛红、张益芳、杨静、祝伟、李军、陈琦、雷腾飞、王婷、丛研等老师表示感谢。

限于时间和水平关系,书中错误和不当之处在所难免,恳请专家、同仁批评指正。

杨　龙

2015 年 10 月于上海

图书在版编目(CIP)数据

国际化：让教育走向卓越 / 杨龙著. —上海；上海教育出版社，
2015.12
ISBN 978-7-5444-6500-7

Ⅰ. ①国… Ⅱ. ①杨… Ⅲ. ①中学教育—教育研究—上海市
Ⅳ.①G632.0

中国版本图书馆CIP数据核字(2015)第286028号

国际化：让教育走向卓越

杨 龙 著

出　　版　上海世纪出版股份有限公司
　　　　　上 海 教 育 出 版 社
发　　行　中国图书进出口上海公司

版　　次　2015 年 12 月第 1 版

书　　号　ISBN 978-7-5444-6500-7/G·5338

www.ingramcontent.com/pod-product-compliance
Lightning Source LLC
Chambersburg PA
CBHW080226270326
41926CB00020B/4166